国家出版基金项目
NATIONAL PUBLICATION FOUNDATION

美国版权法

张大伟 / 主编

王智丽 杨丽娟 俞 峥 / 译 马忠法 / 校

中国出版集团 东方出版中心

图书在版编目(CIP)数据

美国版权法 / 张大伟主编. —上海：东方出版中
心,2019.6
(海外现行版权法译丛)
ISBN 978 - 7 - 5473 - 1379 - 4

Ⅰ.①美… Ⅱ.①张… Ⅲ.①知识产权法—研究—美
国 Ⅳ.①D971.234

中国版本图书馆 CIP 数据核字(2018)第 273334 号

美国版权法

出版发行：东方出版中心
地　　址：上海市仙霞路 345 号
电　　话：(021)62417400
邮政编码：200336
印　　刷：上海盛通时代印刷有限公司
开　　本：710mm×1000mm　1/16
字　　数：337 千字
印　　张：22
版　　次：2019 年 6 月第 1 版第 1 次印刷
ISBN 978 - 7 - 5473 - 1379 - 4
定　　价：120.00 元

序　言

20 世纪 80 年代以来，随着数字技术、信息技术、通信技术的迅速发展，原有的著作权法（即版权法）体系已不适应技术进步和社会发展的需要，如何建立一套与新技术相适应的利益均衡的版权法体系，是社会与实践的需求，也是促进相关新兴产业（如新媒体产业和文化创意产业）发展的关键和基础。世界知识产权组织、美国、欧盟、德国、法国等国际组织和发达国家为适应网络信息的传播以及为解决著作权使用与保护等过程中所产生的一系列问题，完善其著作权法体系：或出台数字版权国际公约，或出台适应该国的数字版权法，或不断修订现有的著作权法。如：1996 年，世界知识产权组织出台的《世界知识产权组织版权条约》（WCT）、《世界知识产权组织表演和录音制品条约》（WPPT）；1998 年，美国出台《美国数字千年版权法案》（DMCA）；2000 年，欧盟出台了《著作权欧盟指令》；2003～2013 年，德国先后出台了《信息社会版权制度法》《规范信息社会著作权法》和《附属版权法案》；2009 年，法国出台了《促进互联网创造保护及传播法》，并成立了互联网作品传播及权利保护高级公署，出台了著名的互联网"三振出局"法则。在数字时代构建利益平衡的著作权法体系，这些国际著作权法律资源理应受到我们的重视和借鉴。

改革开放 40 年，中国取得了辉煌的发展成就，也越来越多地融入世界产业的竞争体系。在传统制造业得以迅猛发展之后，中国制造的"人口红利"迅速消退，无论是"中国制造 2025"，还是"大众创业、万众创新"，都预示着中国必须以前所未有的程度重视创新和创造，并通过智力成果推动经济社会进步。版权是文化创意产业的战略性、基础性资源，建构利益均衡的、符合中国文化创意产业发展需求的、与国际接轨的著作权法体系势在必行。

与发达国家动辄七八百页的版权法典相比，中国的版权法仍然处于初级阶段。我国现行的著作权法是 1990 年全国人大通过,1991 年正式实施的。这是一部基本适合我国当时实际情况并与我国加入的国际条约基本衔接的法案。但是,我国的著作权法出台以后,在近 30 年期间,只进行过两次微小的局部修订。由于数字技术和互联网的快速发展,以及在这部法律实施中不断产生的新情况、新问题,这部法律已经不能完全适应我国在面向"两个一百年"宏伟目标的新时代的要求了。我们在推进修订著作权法,建立符合中国发展实际又与国际规则相衔接的知识产权制度过程中,需要参考和借鉴其他国家的著作权立法的经验及其实践。

张大伟先生和其团队翻译完成的《海外现行版权法译丛》(第一辑)恰逢其时。该译丛是第一套系统地、大规模地介绍国外版权法现状的译著,也是这个团队深耕于数字传播与版权制度领域的研究成果。他们在研究中深刻感受到合理的版权法律体系对于新闻出版业、文化创意产业、新媒体产业发展的重要性,自 2009 年以来开始编译《海外现行版权法译丛》,力图借"他山之石",给我国现行著作权法的修改以启迪以借鉴。在翻译文字不再作为大学考评指标的当下,其拳拳之心值得称许。

本套译丛从选择和编辑的角度来看,有着以下几个特点:

一是系统性。本译丛第一辑编译了美国、英国、欧盟、世界知识产权组织现行的主要知识产权法、知识产权公约及实施细则。为了体现知识产权法体系的完整性,还补充翻译了对现行版权法的修改文件或补充性法规,总计翻译文字 200 多万字。目前,国内对于相关著作权法的翻译存在两点不足:一是只选择法律文本的正文进行翻译,却不翻译附录,无法体现系统性,其实,附录往往比法律正文更有法学意义和借鉴价值;二是有些翻译文本因为时间关系,在原著作权法已经进行了修改的情况下,没有翻译修订版。在本套译丛中,译者对美国版权法的翻译,不仅翻译了版权法正文和《数字千年版权法》这两部法律典籍,而且翻译了八个核心附录文件;对英国版权法的翻译,不仅翻译了主要法律文本,而且也翻译了为应对技术挑战而作的历次修改;对欧盟版权相关文件的翻译以时间为顺序,不仅翻译了相关文件,也翻译了实施细则;世界知识产权组织颁布的互联网版权公约(WCT、WPPT)等,国内大多已有较好的单独的翻译文本,但文本之间法律用词的规范缺乏统一性,因而本套译丛在编辑整理基础上,尽量统一了用词。

二是针对性。英、美是国际著作权体系中最具代表性的两个国家,在数字时代,其版权体系和具体条文都对新兴产业形态和权力边界进行了新的界定,这对完善我国数字时代的版权法体系有重要的启示意义。欧盟在面对数字化和一体化进程挑战时,其在知识产权领域所思考的问题、解决问题的思路以及对具体法律条文的规定,都对我国思考如何建立适应数字时代的知识产权体系有重要的借鉴意义。世界知识产权组织管辖的多部工业产权和版权公约,是缔约国和成员国关于各国知识产权法的"最大公约数",亦有重要的参考价值。可以说,本套译丛从不同角度为完善中国著作权体系提供了可供参考的"蓝本"。

三是适用性。在新时代,伴随着智力成果的创造与运用,我国的知识产权问题特别是版权的矛盾、诉讼与纠纷激增,可以预料,在当前和今后相当长时期,矛盾、诉讼与纠纷将更加凸显。在此背景下,了解和熟知贸易对象国的知识产权法律规定,是保障贸易公正、避免贸易摩擦、保护自身合法利益的基本和有效的方式之一。本套丛书的出版,有助于知识产权行政管理与司法部门、教学与研究机构、相关产业以及相关从业者全面了解国际知识产权体系以及相关法律、条文,从而更加科学地分析、判断形势并作出选择。

任何一项符合国情和技术要求的制度建构,既需要深刻的现实体验,也需要借鉴人类已有的经验。在数字时代构建利益均衡的、公正的、符合中国国情的著作权体系,仍然需要相关部门、业界、研究者付出更加艰辛的努力。从这个意义上看,此套译丛的出版,或许能给这一领域的管理者、研究者和从业者带来更多的思考和启示。

阎晓宏

(阎晓宏,全国政协文化文史和学习委员会副主任,曾任国家新闻出版广电总局副局长、国家版权局副局长)

总　目

1998 年《千禧年数字版权法》

美国版权局概要

1998 年 12 月

导　言

《千禧年数字版权法》(the Digital Millennium Copyright Act，DMCA)于
1998 年 10 月 28 日由美国总统克林顿签署。本法案用于确保世界知识产权组
织(World Intellectual Property Organization，WIPO)于 1996 年颁布的两部
条约的执行,即《世界知识产权组织版权条约》(WIPO Copyright Treaty)和
《世界知识产权组织表演和录音制品条约》(WIPO Performances and Phonograms
Treaty)。同时,《千禧年数字版权法》还涉及一系列其他与版权相关的重大议题。

《千禧年数字版权法》共分为 5 编:

- 第 I 编　1998 年《世界知识产权组织版权条约及表演和录音制品条约
  实施法案》,执行世界知识产权组织的条约。
- 第 II 编　《网络版权侵权责任限制法案》,当网络服务提供商参与的
  某些活动涉及版权侵权案件时,划定网络服务供应者的责任承担
  范围。
- 第 III 编　《计算机维修竞争保障法案》,规定以计算机维修为目的,通
  过激活计算机来备份计算机程序,无需承担版权法律责任。
- 第 IV 编　包括六项综合条款,涉及美国版权局的职能、远程教育,规
  定图书馆使用和临时录制属《版权法》例外,"网络广播"录音以及在电
  影版权转让方面的集体谈判协议责任的适用性。
- 第 V 编　《船身设计保护法案》,为船身设计提供了一种新的保护
  模式。

以上为《千禧年数字版权法》各章概要,仅是对各项条款的总括,为求简洁

明了,我们在此省去了大量细节。对《千禧年数字版权法》所有条款的全面理解请参照法律原文。

第Ⅰ编　世界知识产权组织条约的执行

第Ⅰ编用于确保《世界知识产权组织版权条约》的执行。首先,它对美国法律进行了若干技术修正,为了提供与《世界知识产权组织版权条约》相关的恰当参考和联系。其次,它在《美国法典》(U.S. Code)第 17 章中新增两项条文,并对违反条文的行为规定了民事救济和刑事处罚。两项条文分别针对规避版权人为保护其作品而采取的技术措施和对版权管理信息的篡改。此外,第Ⅰ编中规定美国版权局必须与商务部国家电信和信息管理局(National Telecommunication and Information Administration,NTIA)共同开展两项研究。

技 术 修 正 案

国 家 资 格

《世界知识产权组织版权条约》和《世界知识产权组织表演和录音制品条约》各自规定,每个成员国必须为来自其他成员国或由这些国家公民创作的特定著作提供保护。该保护程度不得低于对成员国国内作品的保护程度。

《版权法》第 104 条明确了他国著作能受到美国法律保护的适用资格。《千禧年数字版权法》中的第 102 条第(b)款修改了上述条款,并在《版权法》第 101 条中增加了一些新的定义,使那些受到《世界知识产权组织版权条约》和《世界知识产权组织表演和录音制品条约》保护的著作能同样受到美国法律的保护。

恢复版权保护

两份条约均规定成员国必须保护其他成员国已经存在的作品,尽管这些作品在原属国的保护期已满,但仍未流入公共领域。《伯尔尼公约》(Berne Convention)和《与贸易有关的知识产权协定》(the TRIPS Agreement)中也包含类似义务。1995 年这项义务在《乌拉圭回合协议法案》中得到执行,从而在

《版权法》中新增了第 104A 条,用以恢复对来自《伯尔尼公约》和 WTO 成员国作品的保护,这些作品在原属国仍受到保护,但因未能办理当时美国法律中的正式手续,或因(其作品原属国和美国)缺乏条约关系而在过去流入美国公共领域。《千禧年数字版权法》(DMCA)的第 102 条第(c)款修订了第 104A 条,恢复了相同情况下对来自 WCT 和 WPPT 成员国作品的版权保护。

注册是起诉的先决条件

现存的技术修正案涉及两份条约中决定行使或享受权利,遵守正式手续的禁令。《版权法》第 441 条第(a)款规定版权人在提起诉讼前必须在美国版权局注册自己的版权所有权,但为了与《伯尔尼公约》已有条约中的义务保持一致,该条款特许了许多外国作品。《千禧年数字版权法》(DMCA)的第 102 条第(d)款修改了第 411 条第(a)款,将特许权扩展涵盖至所有外国作品。

技术保护和版权管理系统

事实上,每份 WIPO 条约都以相同措辞要求成员国防止保护版权作品时技术措施的规避和对于版权管理信息完整性的干扰。这些义务是《版权法》赋予的专有权技术所附带的。它们为安全、有效地开发数字网络作品提供了法律保护,国际版权界认为这种保护很关键。

技术保护措施的规避

一 般 方 法

WCT 第 11 条声明:

缔约方应该对作者使用的有效技术措施之规避行为提供充足的法律保护和有效的法律救济,这些措施与他们在这一条约或《伯尔尼公约》项下的权利行使相联系,就他们的作品而言,也与限制那些未经相关作者授权或未经法律允许的行为相联系。

WPPT 第 18 条中也包含几乎相同的措辞。

《千禧年数字版权法》(DMCA)第 103 条在《美国法典》的第 17 章中增加了新的一章——第 12 章。新的第 1201 条规定了提供充分、有效的保护的义务,以防止版权人为了保护他们作品而使用技术手段规避行为。

第 1201 条将技术措施分为两类:防止未经授权使用版权作品的措施,和防止未经授权复制版权作品的措施。在特定情况下(详见后文),严禁为规避任何一类技术措施而制作或兜售特殊设备和服务。至于规避行为本身,条款禁止规避技术措施的第一大类,而非第二大类。

引入该区别是为了保证公众能持续、合理地使用版权作品。既然在适当的情况下,复制作品是合理的,那么第 1201 条就不禁止规避用于阻止复制的技术措施。相反,尽管合理使用原则并不维护未经授权使用作品的行为,但为了使用(作品)而规避技术措施的行为仍然遭到禁止。

第 1201 条禁止下述三类中任意一种的设备或服务:

- 设计、制造的主要目的在于规避(技术措施);
- 除了规避,它们的目的和用途只有有限的商业重要性;
- 因用于规避而在市场中交易。

无 授 权 准 则

第 1201 条包含了以下规定,即它明确了规避设备的禁止不要求是消费类电子产品、电信或计算机设备的制造商们为了回应任何特定的技术措施而明确地设计出它们的产品。尽管有总括性的"无授权"准则,但对于一种特定的技术类型,第 1201 条第(k)款的确要求肯定答复:在法令颁布的 18 个月内,所有模拟录像机都必须设计以符合某些特定技术,即众所周知的复制保护技术,该技术普遍用于防止未经授权复制模拟录像带和某些模拟信号。条款禁止权利人将这些指定技术应用于免费电视、基础性和扩展性基层有线广播。

保 留 条 款

第 1201 条包含两项综合性的保留条款。第一,第 1201 条第(c)款第(1)项规定第 1201 条中包括合理使用在内的任何事物都不能影响权利、救济以及版权侵害的局限性和保护性。第二,第 1201 条第(c)款第(2)项规定第 1201 条中的任何规定都不能扩大或缩小间接性的或起促成作用的版权侵害。

特　　例

最后,第 1201 条中的禁令包括了许多特例。其中一条是针对由于法律执行、情报收集和其他政府活动而对整项条款进行的操作活动[第 1201 条第(e)款]。其他有关第 1201 条第(a)款的特例,是处理控制访问作品的技术措施范畴的条款。

其中最宽泛的特例,是第 1201 条第(a)款第(1)项第(B)目至第(E)目,它确立了持续行政规章制定方面的进程,用以评估针对规避存取控制措施行为的禁令效果。此管理禁令两年后才生效,一旦生效,它将受到下述特例的影响:该特例规定,如果某一特定种类的作品因为非侵权使用方面的禁令而受到不利影响,那该作品可以不受禁令约束。豁免权的适用情况由国会图书馆馆长确定,他会根据版权注册处的建议,并与商务部负责通讯和咨询的副部长讨论后制定规章制度。

六种额外的特例如下:

1. 非营利性图书馆、档案馆和教育机构特例。[第 1201 条第(d)款]该特例允许非营利性图书馆、档案馆和教育机构可采取规避行为,但其目的仅是善意地使用作品。规避访问控制措施方面的禁令对此无效。

2. 逆向开发。[第 1201 条第(f)款]如果某人获得了使用一份计算机程序备份的合法权利,其目的仅是为了识别和分析该程序中能实现与其他程序互通的必要元素,那么此项特例则允许由他进行的规避行为以及与此类规避行为相关的技术手段的发展,保证上述行为得到版权法的许可。

3. 加密研究。[第 1201 条第(g)款]为了识别加密技术的缺陷和漏洞,加密研究方面的特例允许访问控制技术上的规避行为以及相关技术手段的发展。

4. 未成年人保护。[第 1201 条第(h)款]此特例允许法官将禁令用于某一部件或部分,考虑其技术合并的必要性,这种合并能够阻止未成年人接触网上材料。

5. 个人隐私。[第 1201 条第(i)款]当技术手段或其保护的作品本身能够收集或散布自然人网上活动的识别信息时,此特例准许规避行为。

6. 安全性测试。[第 1201 条第(j)款]此特例允许访问控制措施方面的规避行为以及与此类规避行为相关的技术手段的发展,后者的目的是在获得版权人和操作者授权的情况下,对计算机、计算机系统和计算机网络的安全性进行检查。

每个特例都各有一套适用条件,但它们不在本概要的叙述范围之内。

版权管理信息的完整性

WCT 第 12 章对相关部分作出了下述规定:

合同方必须提供充分、有效的法律救济来面对任何人的下述蓄意行为,或是关于民事救济有合理的理由知道,这些行为会引起、产生、促进或掩饰侵犯受到 WCT 和《伯尔尼公约》保护权利的行为:

(i) 未经授权移除或改变任何电子版权管理信息;

(ii) 未经授权,在已知电子版权管理信息被移除或改变的情况下,擅自将作品或作品的复制品散布、进口、广播、传播给公众。

WPPT 的第 19 章也包含几乎相同规定。

新的第 1202 条起到保护版权管理信息(CMI)完整性的作用。由两段独立的段落阐明了保护范围,第一段涉及虚假版权管理信息,而第二段则规定了版权管理信息的移除和更改。若虚假版权管理信息带有引起、产生、促进或掩饰侵权行为的意图,则第(a)款禁止蓄意提供和散布此类虚假版权管理信息,第(b)款禁止未经许可故意移除或改变版权管理信息以及在已知版权管理信息被擅自移除或改变却未得到授权的情况下散布版权管理信息或作品复制品。第(b)款中的义务要求在实施该行为时,就民事救济而言,应该有常识或是合理的根据知道这种做法会引起、产生、促进或掩饰侵权行为。

第(c)款中版权管理信息被定义为作品、作者、版权人,以及在某些特定情况下,表演者、作品作者或是导演、作品使用期限和条件的识别信息,类似的其他信息版权注册处会通过条例规定。作品用户的信息显然被排除在外。

法律实施、情报工作和其他政府活动由于总豁免权而不受第 1202 条的约束[第 1202 条第(d)款]。它也包括广播站和有线系统在特定情况下移除或更改版权管理信息的有限责任,如果它们并非有意引起、产生、促进或掩饰侵权行为［第 1202 条第(e)款］。

赔 偿 措 施

因为他人违反第 1201 条和第 1202 条而受损害的任何人都能向联邦法庭提起民事诉讼。第 1203 条使法庭有权批准一定范围内合理的经济补偿。这些补偿和在《版权法》中所能获得的补偿相似,其中包括了法定损害赔偿金。如果某人无意间违反了这两项条款,且他能证明他没有意识到并且没有理由相信他的行为会构成侵权,那么法庭能自行判断是否减少或免除其对损害的赔偿。［第 1203 条第(c)款第(5)项第(A)目］非营利性图书馆、档案馆和教育机构享有特殊保护,在上述情况下,它们无需进行损害赔偿［第 1203 条第(c)款第(5)项第(B)目］。

除此之外,出于商业利益或私人收入目的而故意违反第 1201 条或第 1202条的行为被视为犯罪。根据第 1204 条,初犯会受到的刑罚包括不超过 50 万美元的罚款或不超过 5 年的有期徒刑,对累犯则会判处不超过 100 万美元的罚款或不超过 10 年的有期徒刑。非营利性图书馆、档案馆和教育机构则完全免除刑事责任［第 1204 条第(b)款］。

美国版权局和商务部国家电信和信息管理局 (NTIA)关于技术发展的研究

《千禧年数字版权法》(DMCA)的第Ⅰ编规定美国版权局必须和商务部国家电信和信息管理局合作进行两项研究,一项涉及加密技术,另一项则涉及版权法中两种现存的特例提及的技术发展成果。《美国法典》第 17 章新增的第 1201 条第(g)款第(5)项规定版权注册处和商务部负责通讯和咨询的副部长必须在加密研究特例［新第 1201 条第(g)款］生效并用于加密研究的一年内,向国会报告加密研究的豁免对下列对象的影响:加密研究、加密技术的发展情况、版权作品的技术保护措施的充分性和有效性以及遭到非法使用其加密版权作品的作者保护情况。

《千禧年数字版权法》第 104 条规定版权注册处和商务部负责通讯和咨询的副部长必须共同评估以下两个方面:一是《千禧年数字版权法》第Ⅰ编的效

果和电子商务及其相关技术在第 109 条(首次销售原则)和第 117 条(特许计算机程序备份的所有者将其复制、修改用于计算机)操作方面的进展；二是原有和新兴技术与上述条款实施间的关联。此项研究在《千禧年数字版权法》颁布 24 个月后结束。

第 II 编　网络版权侵权责任限制法案

《千禧年数字版权法》的第 II 编在《版权法》①内新增了第 512 条,明确了四种由在线服务供应商造成的版权侵权行为的责任限制。这些限制以下述四类服务供应商的行为为基础:

1. 短暂传输

2. 系统缓存

3. 面向用户的系统或网络信息的储存

4. 信息定位工具

新增的第 512 条还包括针对非营利教育机构限制应用的特殊规定。

每条限制都完全禁止损害赔偿金,并从不同方面限制强制令救济的可用性[第 512 条第(j)款]。每条限制都有各不相同的、单独的作用,决定服务供应商是否有资格接受某条限制,并不影响决定其是否适用其余三条限制[第 512 条第(n)款]。

服务供应商没有符合第 512 条中的任何一条限制并不意味它必须对版权侵权行为负责。版权人仍须说明供应商的确侵犯了版权,供应商仍可以利用任何版权被告方通常可以使用的辩护方法,例如合理使用原则获取利益[第 512 条第(l)款]。

除了限制服务供应商的责任外,第 II 编建立了一套程序,通过这种程序版权人可以从联邦法庭获得一张传票,要求服务供应商透露一位参与侵权活动的用户的身份[第 512 条第(h)款]。

---

① 音乐许可法案中的公平准则,载于 1998 年 10 月 27 日颁布的 105—298 号公共法第 II 编,第 112 卷,第 2827、2830—2834 页,也在版权法内新增了 512 号条款。条款号的重命名将会在技术修正法案中得到修正。

第 512 条也包含确保服务供应商不会一方面处于选择责任限制,另一方面需要保护用户隐私的两难境地。第(m)款明确说明第 512 条中任何条例都不得规定服务供应商为了符合责任限制条件而违法监控它提供的服务和获取材料(例如违反《电子通讯隐私法》)。

普遍限制的资格

第 II 编规定寻求责任限制利益的一方必须是"服务供应商"。为了符合第一条限制,即短暂传输,第 512 条第(k)款第(1)项第(A)目将"服务供应商"定义为在用户间定点提供传输、路由选择、用户选择的资料,并在网上通过数字通讯联系的实体,其行为不会修改已发送或接收到的资料内容。为了符合其他三条限制,第 512 条第(k)款第(1)项第(B)目中的"服务供应商"的定义则更宽泛,为"网上服务或网络访问接口的提供者,或是这方面的设备的操作者"。

除此之外,为了有资格符合限制责任,服务供应商必须满足两项总体要求:(1) 在适当情况下,它必须采取和合理执行相应政策,冻结多次侵权的用户账号;并且(2) 它必须适应且不得妨碍"标准技术措施"[第 512 条第(i)款]。"标准技术措施"指的是版权人用来识别和保护版权作品的措施。根据版权人和服务供应商在公平、公开、自愿的跨行业进程中所达成的广泛一致,"标准技术措施"已经得以发展并符合上述条件,所有人都能以合理、非歧视性的条件使用它们,且服务供应商无需负担潜在的费用或责任。

短暂传输的限制

总体而言,第 512 条第(a)款限制了部分情况下服务供应商的责任,在这些情况下,他们只充当数据渠道的角色,并根据他人的请求,将数字信息从网络中的一点传输到另一点。该项限制包括传输、路由选择或提供信息连接以及网络操作中自动产生的中间备份和临时备份。

为了符合承担限制责任的要求,服务供应商的活动必须满足以下条件:

- 传输必须由服务供应商之外的一人开始;
- 传输、路由选择、连接供应或备份必须由自动的技术进程执行,而非由服务供应商挑选材料;

- 服务供应商不得决定材料的接受者；
- 预期接受者外的任何人通常都不得接触中间备份，后者的保留时间不得长于合理需要；
- 资料传输时其内容不得修改。

系统缓存的限制

第 512 条第（b）款限制服务供应商在有限时间内保留备份的做法的责任，由供应商以外的某一人在网上提供这些资料，并向用户传输。服务供应商可以保留资料，这样当以后需要相同资料时，就能通过传输时保存着的备份来获得，而无需通过网络从原始出处重新检索该资料。

上述规定的意义在于降低服务供应商的带宽要求，减少随后检索相同资料时的等待时间。另一方面，上述规定会把过时的信息传递给用户，也会影响网站运营商统计精确的"搜索"信息——这些信息是对网站上所需的特定资料数量的统计，从中通常能计算出广告收入。基于此，网络资料的上传者也许要更新规则，并且利用技术手段跟踪"搜索"量。

为了鼓励经常需要资料的用户能够使用它们，该限制在自动技术进程中得到执行，并应用于中间储存或临时储存。它必须服从以下条件：

- 不得修改所保留的资料的内容；
- 在指定期间，按照普遍接受的行业标准数据通信协议，供应商必须遵守"更新"法则，用原始位置的资料代替该资料的保留备份；
- 供应商不得干预把"点击"信息回馈至资料提供者的技术，这种情况下，这样的技术须满足一些特定要求；
- 供应商必须根据资料发布者设置的访问条件（例如密码保护）来限制用户访问资料；
- 一旦服务供应商被告知在原网站上未经版权人授权发布的资料已被移除或冻结，或是被要求移除或冻结，则这些资料必须立即移除或冻结。

面向用户的系统或网络信息保留的限制

第 512 条第（c）款限定服务供应商有责任在其系统网站上（或其他信息

库)提供侵权的资料。它可被用户存储。为了有资格承担该限制责任,必须满足以下条件:

- 如下文所述,供应商不具备侵权行为的必要知识;
- 如果供应商有权利和能力控制侵权行为,那么它不得收受由侵权行为直接产生的经济利益;
- 在收到适当的关于侵权行为的通告后,供应商必须立即撤销或冻结对资料的访问。

除此之外,服务供应商必须事先指定一名代理人接受侵权通知,并将该人员报美国版权局备案。美国版权局就代理人的指定提供了一份模板(网址为 www.loc.gov/copyright/onlinesp/)并在其网站上(www.loc.gov/copyright/onlinesp/list)保存着一份代理人名单。

根据知识标准,只有当服务供应商不具备实际的侵权知识,没有意识到显而易见的侵权事实或情况,或是其获得此类知识或意识到此类行为后,立即撤下资料或阻止访问,它才有资格适用限制责任的条款。

该条例还明确了正式通告的程序及其效力方面的规则[第 512 条第(c)款第(3)项]。在通知和撤除程序的过程中,面对作伪证的惩罚,版权人交给服务供应商的指定代理商一份通告,其中包括一张特定成分的目录。从本质上违反法定要求意味着服务供应商不能将其用来决定具备侵权知识的必要层次。在收到正式通告后,如果服务供应商及时撤除通告中提及的资料或阻止对其的访问,那么它将免于经济责任。此外,在已撤除相关资料的基础上,供应商将不对任何人承担任何责任[第 512 条第(g)款第(1)项]。

为了防范可能发生的错误性或欺骗性的通告,第 512 条加入了一些特定的预防措施。第(g)款第(1)项使用户有机会通过申请一份相反的通告来回应通知与撤除。为了使自身有资格免于承担撤下资料的责任,服务供应商必须及时知会用户它已经移除资料或已使后者无法访问该资料。如果用户在遵守法规的情况下,面对作伪证的惩罚,回之以一份相反的通告,其中阐明该资料是因为误认而被误删或被错误冻结的话,除非版权人借助法庭的命令来反对用户,那么服务供应商必须在收到相反通告后的 10—14 个工作日内放回该资料。

不管是在通告还是相反通告中,蓄意歪曲资料的情况都会受到惩罚。任何人都会因故意谎称资料遭到侵权或是谎称资料由于误认遭到移除或冻结而承担由此造成的损失(包括法律费用和律师费),所谓的侵权人、版权人或其许可人、服务供应商都可能造成这些损失[第512条第(f)款]。

信息定位工具的限制

第512条第(d)款有关超链接、网上目录、搜索引擎和类似事物,如果满足以下条件,该条款将限制某些行为的责任,这些行为通过使用此类信息定位工具将用户与含有侵权资料的网站联系在一起:

- 供应商不得具备该资料已侵权的必需知识。其知识标准与在系统或网络信息的限制中是一样的;
- 如果供应商有权利和能力控制侵权行为,那它不得获取由侵权行为直接产生的经济利益;
- 收到据称存在侵权行为的通告后,供应商必须立即撤销或冻结资料的访问。

从本质上来说,这些条件与之前的限制条件是一样的,只是在通告要求上有些差别。如上所述,那些明确了预防措施以防止可能发生的错误性或欺骗性通告的条款,和那些保护供应商免受根据已删材料的索赔,使供应商受到该限制责任的保护[第512条第(f)款—第(g)款]。

有关非营利性教育机构责任的特殊规定

第512条第(e)款规定了从事教育或研究工作的教职员工或研究生在何时可能影响非营利性教育机构接受四条责任限制的资格之一。对于暂时性网络传输和系统缓存的限制,只有当教员或学生被认为不是"供应商"而是个人时,才能使机构保留资格。至于其他限制,并不能把教员或学生的知识或意识归因于机构,而必须满足以下条件:

- 教员和研究生的侵权行为不包括提供过去三年内要求或推荐的课程资料的网上访问权;
- 教育机构在过去三年中没有收到超过两份关于其教员或研究生存在

侵权行为的通告；

● 教育机构向所有用户提供有描述版权法或促进遵守版权法的信息资料。

第 III 编　计算机维护和修理

第 III 编扩展了《版权法》第 117 条中有关计算机程序现存的豁免权，后者允许程序版权人在需要用该程序连接计算机时对其复制或改编。修正案允许计算机所有人或租借者在维护或修理计算机时备份或授权备份计算机程序。豁免权只允许激活计算机时自动产生的备份或是只有当该计算机已合法取得了程序的备份时。新备份不得用于任何其他用途，且必须在维护或维修结束后立即删除。

第 IV 编　综 合 条 款

美国版权局的职权说明

几十年来，美国版权局已根据现有的一般权力执行了自己的政策，履行了国际职责，第 401 条第（b）款在《版权法》第 701 条中新增了以下措辞，认可了美国版权局继续执行政策、履行国际职责的权力。

广播机构的临时录制

《版权法》第 112 条准许"临时录制"。制作这些录制品是为了便于传输。例如，在该豁免权保护下，无线电广播站可以录制一套歌曲并从新录制品而非原 CD 中播放它们（这必须在广播直播时进行操作）。

由于其先于《千禧年数字版权法》（DMCA）颁布，第 112 条允许传输组织在有权传输公共表演或作品展览的前提下，最多制作一件作品的备份并最长保留 6 个月（所以称为"临时"），这样做可以是由于受到许可，也可以归因于录音制品没有普遍的公共表演权这一事实（这一点有别于音乐作品）。

1995 年《录音制品数字表演权利法案》(DPRA)第一次在美国版权法中明确了录音制品受限的公共表演权。该权利只包含数字传输方面的公共表演,而且受数字广播的豁免权(例如由联邦通信委员会 FCC 许可的陆上广播站进行的播送)的约束,并可适用未经所求、特别订阅播送方面的法定许可(例如应对接收者的指定要求)。

《千禧年数字版权法》第 402 条扩展了第 112 条中豁免权的范围,使其包括那些促进录音制品数字传输的录制,该传输是在 DPRA 数字广播豁免权或法定许可下进行的。经过修改,第 112 条还允许传输组织出于临时录制的目的而在某些情况下规避访问控制技术。

远程教育学习

在考虑《千禧年数字版权法》的过程中,立法者对修改《版权法》使其促进远程教育充满兴趣,他们可能通过扩展第 110 条第(2)项中教学广播的现存的特例来实现这一点。《千禧年数字版权法》第 403 条指导美国版权局与受到影响的当事方进行讨论,并向国会建议如何通过数字技术促进远程教育。版权局必须在法规颁布后的 6 个月内向国会报告。

美国版权局应当考虑以下议题:

- 新增豁免权的必要性;
- 任何豁免权中包含的作品种类;
- 对可以使用豁免权的作品的比例设定适当的数量限制;
- 哪些当事方有资格享受豁免权;
- 在享受豁免权时,哪些当事方是合格的远程教育材料的接受者;
- 作为享有任何豁免权资格的条件,应该批准何种程度的技术保护措施的使用;
- 在评估任何豁免权资格的过程中,应该考虑许可证的有效性占何比例;
- 其他议题视情况而定。

非营利性图书馆和档案馆的豁免权

《千禧年数字版权法》第 404 条修改了《版权法》第 108 条中有关非营利性

图书馆和档案馆的豁免权,使其适应数字技术和不断发展的保存业务。在《千禧年数字版权法》颁布之前,第 108 条允许此类图书馆和档案馆出于保存图书和图书馆馆际互借的协定之目的,可以制作一部作品的一份复制品(例如:非数字的)。修订后的第 118 条规定,如果数字备份只能在图书馆中使用,则最多允许备份三份,其中可以有数字备份。此外,如果原格式过时了,那么修订后的条款允许图书馆和档案馆将其备份成一种新的格式——过时指用以提交作品的机器或设备不再生产或再也无法从商品市场中合理地获取。

针对录音制品数字表演权的网络广播修正案

如上所述,1995 年国会颁布了《录音制品数字表演权利法案》(DPRA),确立了仅限于数字传输的录音制品的表演权。该法涉及三大类数字传输:曾经免于表演权的广播传输;曾经遵从法定许可的订阅传输;曾经属于完整的专属权利的按需传输。《录音制品数字表演权利法案》中的广播传输是由联邦通信委员会(FCC)许可的陆上广播站负责的传输。

在过去几年中,许多实体已经开始使用串流音频技术通过网络传输录音制品。此行为并不直接属于《录音制品数字表演权利法案》提及的三类传输。《千禧年数字版权法》第 405 条修改了《录音制品数字表演权利法案》,扩展了订阅传输的法定许可,将网络广播视为"合格的非订阅传输"的新的一大种类。

除了扩大法规许可的范围,《千禧年数字版权法》还修改了相关标准,任何实体为了获得许可资格,必须符合上述标准。它也修订了版税等级(再次遵守祖父条款),并指导仲裁小组根据法律设置符合公平市场价值的版税等级。

《千禧年数字版权法》也规定了临时录制方面的新的法定许可。正如上文所述,《千禧年数字版权法》第 402 条修改了《版权法》第 112 条,允许临时录制从而促进《录音制品数字表演权利法案》广播豁免权和法定许可的录音制品的数字传输。希望对录音制品进行多次临时录制的传输组织,得到第 112 条款中完全豁免权许可,现在有资格得到法定许可录制此类额外的临时录制品。此外,新的法定许可适用于传输组织而非广播者产生的临时录制,广播者无数字表演权,且不在《千禧年数字版权法》第 402 条中扩展后的豁免权范围内。

电影权利转让方面的合同义务假设

第 416 条强调在制片人再也无法支付报酬的情况下,作者、导演和演员在电影开发方面获得剩余报酬的能力。整个行业工会的集体谈判协议目前要求制片人在某些特定情况下从发行方获得承担协议,其中发行方代替制片人承担支付剩余报酬的责任。一些制片公司严重违反上述规定,导致行业工会无法获得合同载明的共同利益而只能向发行方求助。

《千禧年数字版权法》在《美国法典》第 28 章中增加了一个新的章节,要求受让人承担支付剩余报酬的责任,该义务是制片人被要求在相关共同交涉协议下让受让人承担这些报酬。只有当发行方知道或应当知道电影是在集体谈判协议或是根据批准集体谈判协议这一仲裁裁决的法庭法令而出品的,而制片人在九十天内无法履行该集体谈判协议的情况下,上述责任才有效。此条例不适用于下述两类转让。第一类是受到公共表演权限制的转让,第二类是安全利益的补偿金以及随后安全利益持有人的任何转让。

该条例也指示总审计长与版权注册处讨论之后,研究产生该条例的电影产业环境和条例对于电影产业产生的影响。该项研究必须在条例颁布的两年内完成。

第 V 编 某些原创设计的保护

《千禧年数字版权法》的第 V 编,取名为"船身设计保护法案"(VHDPA),在《美国法典》第 17 章中新增了第 13 节。它确立了一套新的制度,用以保护某些实用物品的原创设计,这些设计可以使物品富有吸引力或在外观上显得与众不同。对《船身设计保护法案》来说,"实用物品"指的是不超过 200 英尺的船只船体(包括甲板)。

只要一件实用物品,能够体现设计理念,并向公众公开或该设计已被注册发表,《船身设计保护法案》就会保护该设计。如果设计向公众公开后的两年内没有申请注册,就会失去保护,但如果一项设计在申请注册之前已向公众公开超过一年,那么该设计无法注册。一旦注册,保护期自注册之日起算,持续十年。

《船身设计保护法案》遵从立法衰退期：该法案于颁布后的两年到期（2000 年 10 月 28 日）。美国版权局被指定和专利商标局一起对《船身设计保护法案》的影响进行两次评估，第一次截至 1999 年 10 月 28 日，第二次截至 2000 年 10 月 28 日。

生 效 期

《千禧年数字版权法》中的多数条款从颁布之日起生效，但也有例外。第 I 编的技术修正案涉及美国版权法中作品的受保护资格，而这依靠新的世界知识产权组织（WIPO）条约。只有相关条约生效后，这些技术修正案才能生效。类似地，只有相关条约生效后，这些作品受到的版权保护才能恢复。规避访问控制措施方面的禁令在其颁布两年后（2000 年 10 月 28 日）才得以生效。

《全球和国内商务电子签名法案》

公法 106 - 229 - 2000 年 6 月 30 日
全球和国内商务电子签名法案

本法令
旨在促进电子签名和记录在州际或国际电子
商务中的使用
由美国国会参众两院颁布

第 1 条：简称。

该法案可被引述为"全球和国内商务电子签名法案"。

第 I 编　商务中的电子记录和签名

第 101 条　效 力 总 则

（a）总论——凡是关于或影响州际、国际商业交易的任何法规、规章或其他法律（除了第 I 编和第 II 编）：

（1）关于该交易的签名、合同或其他记录不能仅仅因其为电子格式而否定其法律效果、有效性或可执行力；并且

（2）不能仅仅因电子签名或电子记录使用在形成过程中的格式而否定其法律效果、有效性或可执行力。

（b）保留权利和义务。——本编规定：

（1）不限制、改变或以其他方式影响法规、规章或其他法律，即涉及该法规、规章或其他法律规定的人的权利、义务、要求，除非合同或其他以书面形式记录、签署或者通过非电子方式的记录所规定；或

（2）不要求任何人同意即可使用或者接受电子记录或电子签名，但当政

府机构作为记录的一方而不是合同的一方时除外。

（c）消费者公开。——

（1）许可电子记录。——在第（a）款中，如果一项法规、规章或其他法律要求一项或多项关于或影响州际、国际商业的交易信息必须以书面形式提供给消费者或者使消费者可获得，使用电子记录提供或使消费者可获得（视何者为必须）该信息，若该信息采取书面形式，则需满足以下要求：

（A）如果消费者已经确认许可此种使用方式并且尚未撤销该项许可；

（B）如果消费者在许可前得到明确表示：

（i）该表示需告知消费者（I）其拥有权利或选择（让经营者）以纸质或者非电子版形式提供或使其可获得该记录，并且（II）其在任何情况、结果（包含各方关系的终结）及发生撤回费用的情形下，拥有撤回许可（他人）提供电子形式记录的权利；

（ii）该陈述需告知消费者许可（I）是否适用于只有当特定的交易需要消费者履行提供记录的义务时，或者（II）针对在各方关系中可能被提供或可获得的确定类别的记录；

（iii）描述消费者必须使用的程序，以撤销第（i）款规定的许可，和更新以电子方式与消费者联系所需的信息；并且

（iv）告知消费者（I）在许可后如何根据要求获得一份纸质版的电子记录，并且（II）是否需要为此支付一定费用。

（C）消费者需要——

（i）在许可前，得到一份陈述，该陈述是关于访问或持有电子记录在硬件、软件方面的要求的；并且

（ii）通过电子方式许可或者通过电子方式确认其许可，在该方式中，能够合理表明消费者能够以可用以提供信息的电子格式访问信息，并且该信息是此次许可的主体；并且

（D）根据第（A）目，在得到消费者的许可之后，如果出现关于访问、持有电子记录的硬件、软件要求方面的变动，且（该变动）产生了如下实质性风险，即消费者不能够访问、持有曾经被许可的主体的后续电子记录，那么电子记录的提供者需要——

(i) 向消费者提供陈述（I）修改过的访问、持有电子记录的硬件、软件方面的要求；（II）消费者有权利在不征收任何费用的情况下撤销许可，以及消费者有权不受第（B）目第（i）段未曾规定的条件或结果的强制，撤销许可。

(ii) 此外遵循第（C）目的规定。

(2) 其他权利。——

(A) 保留对消费者的保护。——消费者的许可内容、公开的时机以及法规、规章及其他法律要求的提供给消费者的任何其他记录均不受本编的影响。

(B) 验证或确认。——如果先于本法案颁布的法律明确要求通过特定方式提供或能获得的一项记录，并且该方式要求验证或确认收据，除非该方式被用来提供验证或确认收据（两者是必须的，以要求为准）的情况下，才可以电子形式提供该记录。

(3) 未能获得电子许可或许可确认时合同的效力。——不能仅仅因消费者未能获得第（1）项第（C）目第（ii）段规定的电子许可或许可确认，而否定消费者执行的任何合同的法律效果、效力或执行。

(4) 预期的效果。——在消费者撤回许可前，根据第（1）项向消费者提供的电子记录的法律效果、效力及执行不应因消费者撤销许可而受到影响。消费者对许可的撤销在收到记录提供者的撤销收据后的一段合理时间内生效。在消费者选择中，未能遵守第（1）项第（D）目将被视为根据本条撤销许可。

(5) 事先许可。——对于在本编生效日期前已经在法规、规章或其他法律允许的情况下许可获得电子记录的消费者，本条不适用于他们的任何记录。

(6) 口头沟通。一次口头沟通或者一次口头沟通的记录不能根据本条而给予其电子记录的资格，除非（根据冲突规范指引的）法律另有规定。

(d) 合同与记录的保留。——

(1) 准确性和可获得性。如果法规、规章或其他法律规定发生在或者影响到州际、国际商业交易的合同和其他记录必须保留，那么该规定要求的保留合同或其他记录所含信息的电子记录需要满足以下条件：

(A) 准确反应合同或其他记录中描述的信息；

(B) 需始终保持对于法规、规章或其他法律授予资格的个人可以获得该记录，可获得期限由法规、规章或其他法律规定，其无论通过传输、打印或其他方式必须能够准确地复制以供日后参考。

（2）例外。——根据第（1）项而进行的保留合同或其他记录的规定不适用于其意图仅仅是使合同或其他记录能够发送、传达或接收的任何信息。

（3）原始文件。——如果法规、规章或其他法律要求以原格式提供、使用或保留一项关于或影响州际、国际商业交易的合同或其他记录，或者法规、规章或其他法律在要求不能够以原格式提供、使用、保留的合同或其他记录时需提供结果，那么第（1）项所述的电子记录满足该法规、规章或其他法律的要求。

（4）账单。——如果一项法规、规章或其他法律要求保留账单，那么根据第（1）项，保留账单正面和背面信息的电子记录时应满足该法规、规章或其他法律的要求。

（e）获得合同及其他记录的准确性和可行性。——尽管有第（a）款的规定，如果法规、规章或其他法律要求一份以书面形式书写的关于或影响州际、国际商业交易的合同或其他记录，那么，该合同或其他记录的电子记录的法律效果、效力或执行力可在符合以下条件时被否认，即一项电子记录不是以能够被保存或者准确复制的形式存在，而是以供各当事方或有权保留合同或其他记录的人员参考的形式存在。

（f）接近性。——与任何警告、通知、公开或其他经要求贴出、展示或公开张贴的记录有关的任何法规、规章或其他法律，其接近性不受本编内容的影响。

（g）公证和确认。——如果一项法规、规章或其他法律要求关于或影响州际、国际商业交易的签名或记录必须经公证、确认、确证或宣誓作证，那么该规定只有在符合以下条件时才能得到实施：授权实施上述行为的个人的电子签名连同所有其他可适用的法规、规章或其他法律包含的信息一起，需要附加于该签名或者记录上，或在逻辑上与该签名或者记录有联系。

（h）电子机构。——只要电子机构的行动合法地依附于受约束的个人，一项关于或影响州际、国际商业交易的合同或其他记录，其法律效果、效力以及执行力不能仅因牵涉一个或多个电子机构行为的构成、创作或交付而被否认。

（i）保险。——本编和第Ⅱ编中适用于商业保险的部分由国会特别考虑。

（j）保险代理人和经纪人。——通过电子记录或电子签名方式参与合同的个人，保险代理人或经纪人可据此人指示行事，在办理经各方同意的电子手

续的过程中,如果满足以下条件,他们可不被追究法律责任:

(1) 代理人或经纪人未曾涉入疏忽、鲁莽或故意侵权行为;

(2) 代理人或经纪人未曾参与该电子手续过程的进行和形成过程;

(3) 代理人或经纪人未曾违背该手续的办理规则进行操作。

第 102 条　优先购买权的豁免

(a) 总论。——国家法规、规章或其他法律仅在以下情况下可以修改、限制或取代第 101 条中与国家法律相关的规定:

(1) 1999 年,统一国家法律全国委员会议在所有州批准、推荐《统一电子交易法案》,上述国家法规、规章或其他法律需构成成文法律或得到通过;但是根据第 3 条第(b)款第(4)项,任何由州颁布的法案适用范围之外的例外情况应该由以下两种情况的例外优先取代,即例外情况不符合本编和第 II 编的规定时,或者不被本款第(2)项第(A)目第(ii)段所允许时;或者——

(2)(A) 规定使用或接受(或两者)电子记录或电子签名的替代程序或要求,以确定合同或其他记录的法律效力、有效性或可执行性,如果:

(i) 该替代程序或要求与本编和第 II 编保持一致;并且

(ii) 该替代程序或要求对实现创建、存储、生成、接收、传播或认证电子记录或电子签名的功能的特定技术或技术规格的实施和应用不作要求,或给予更高的法律地位或效力;并且

(B) 如果在本法案颁布日期之后制定或通过的国家法规、规章或其他法律,需特别参照本法案。

(b) 国家作为市场参与者行为的例外。——第(a)款第(2)项第(A)目第(ii)段不适用于管理任何州、机构或相关部门的采购行为的法规、规章或者其他法律。

(c) 规避的防止。——第(a)款不允许州通过《统一电子交易法案》第 8 条第(b)款第(2)项规定的强加非电子传输的手段来规避本编和第 II 编的约束。

第 103 条　特 定 例 外

(a) 例外规定。——第 101 条规定不适用于以下情况中的合同或其他记录。

（1）由管理遗嘱、遗嘱附录、遗嘱信托的创立和执行的法规、规章或其他法律负责管理的；

（2）由管理收养、离婚或其他家庭法事务的州法规、规章或其他法律负责管理的；

（3）由在任一州有效的《统一商法典》管理，排除第1—107条，第1—206条，第2条和第2A条。

（b）其他例外。——第101条的规定不适用于以下情况：

（1）要求与法庭诉讼一起执行的法庭命令、公告或官方法庭文件（包含诉书、辩护书和其他文书）；

（2）以下四种情况的通知：——

（A）公共事业服务的取消或终止（包括供水、供暖和供电在内）；

（B）根据个人主要居住地的信贷协定、出租协定的违约、提前履行、收回、止赎权、驱逐或治愈权；

（C）取消和终止（排除年金在外的）健康保险或津贴、人寿保险；

（D）危及到健康和安全的产品召回或产品质量出现问题；或

（3）任何要求附带有害物质、杀虫剂或其他有毒危险物质的运输和处理的文件。

（c）例外的审查。

（1）所需评估。——商务部部长经由负责通讯和咨询的助理部长，应该在为期三年的时间中检查第（a）款和第（b）款的例外规定的执行，无论该例外情况是否继续有保护消费者的必要。在该法案颁布之日起三年内，助理部长应该向国会提交一份上述评估的报告。

（2）裁定。——如果一个联邦监管机构就其管辖范围，经过调查后决定通知公众，征求公众意见，并且发布一项调查结果，即一种或几种例外情况不再是保护消费者所必需，并且消除该例外不会给消费者带来实质性风险，该机构可以扩展第101条的使用范围达到该调查结果所确认的程度。

第104条 联邦与州政府的适用性

（a）备案和接触要求。——根据第（c）款第（2）项，本编任何规定均不得限制或替代联邦管理机构、自治组织或州管理机构关于依特定标准或格式向该机构或组织记录备案的要求。

（b）对制定规则的当局的保护。——

（1）解释权的使用。——依据第（2）项和第（c）款的规定，有权依其他法令制定规则的联邦管理机构、州管理机构可以就前述法令，通过下述方式解释第 101 条——

（A）依据法令发布法规；或者

（B）在此机构在法令授权范围内发布命令或指令的情况下，具有普遍适用性的命令或指令的发布是可以公开获得或是可以公布的（联邦管理机构发布的命令或指令在《联邦日志》上公布）。

本条并未授予任何联邦管理机构、州管理机构依据未授予此颁布权的法令来颁布法规、命令或指令的权力。

（2）解释权的限制。——尽管有第（1）项的规定，联邦管理机构不得采纳第（1）项所述的任何法令、命令或指令，州管理机构根据第 101 条抢先采纳第（1）项所述的任何法令、命令或指令，除非——

（A）此法令、命令或指令与第 101 条的规定一致。

（B）此法令、命令或指令未对此条款增加任何内容；并且

（C）与此法令、命令或指令的发布相关的方面，此机构发现——

（i）法令、命令或指令是完全正当的。

（ii）选择执行下述目的的方法——

（I）实质上等同于对非电子记录强制规定的要求；并且

（II）将不会给电子记录的接受和使用附加不合理的费用；并且

（iii）所选择的实现此目的的方法对创建、存储、生成、接收、传播、认证电子记录或电子签名功能的特定技术或技术规格的实施和应用不作要求或赋予其更高的法律地位或效力。

（3）执行标准。——

（A）精确性、记录的完整性和可获得性。

尽管有第（2）项第（C）目第（iii）段的规定，联邦管理机构或州管理机构可以解释第 101 条第（d）款以规定行为标准，保证所需留存记录的精确性、记录

的完整性和可获得性。此种行为标准可以下述方式规定,即如果违反第(2)项第(C)目第(iii)段则可强制执行,如果此要求(i)服务于重要的管理对象,(ii)与上述目标的实现有实质性的联系。

本项的任何规定均不得解释为授予联邦管理机构或州管理机构为遵守第101条第(d)款而要求使用一种特定的软件或硬件的权力。

(B)书面或打印形式。——尽管有第(c)款第(1)项的规定,联邦管理机构或州管理机构可以解释第101条第(d)款是要求以有形的打印形式或书面手写形式保存记录,如果——

(i)施加此要求是因为存在与法律强制执行或国家安全有关的政府的切身利益;并且

(ii)施加此要求对实现上述利益至关重要。

(4)政府作为市场参与者时的例外。——第(2)项第(C)目第(iii)段的规定不适用于约束任何联邦或州政府或其所属的任何机构或执行部门的有关采购的法令、法规或其他法律规则。

(c)其他限制。——

(1)禁止再强加书面要求。——第(b)款[第(3)项第(B)目的规定除外]均不得解释为授予任何联邦管理机构或州管理机构强制要求或重新要求记录必须是有形的打印形式或书面手写形式的权力。

(2)继续履行《政府消除文书工作法案》的义务。——第(a)款或第(b)款的任何规定均不得免除任何联邦管理机构在《政府消除文书工作法案》(《公共法》105—277的第XVII编)下的义务。

(d)免除许可条款的权力。——

(1)总论。——联邦管理机构可以在其管辖权范围内,在公告并给予公众评议的机会之后以法规或命令的形式,无条件地免除某一种指定的、与第101条第(c)款的许可有关的要求的记录,如果此项免除对消除电子商务的实质负担是必要的,而且不会给消费者带来实质性风险。

(2)招股说明书。——自本法颁布之日起30天内,证券和外汇委员会应依据第(1)项发布法令或命令免除第101条第(c)款要求提供的任何记录,以使广告、销售手册或其他依1940年《投资公司法》登记的投资公司发布的关于证券或关于发布者的信息被排除在 1933 年《证券法》第 2 条第(a)款第(10)项第(A)目下的招股说明书的定义之外。

(e) 电子代理信件。——在其他方面均符合委员会规则规定的情况下，联邦通讯委员会不应仅因通讯服务合同或选择改变运送人的代理信件的形式或其许可使用了电子记录或电子签名，就认定其不具有法律效力、不可执行。

第 105 条　研　　究

(a) 递送。——自本法颁布之日起 12 个月内，商务部部长应对使用电子邮件的消费者递送电子记录的有效性作调查，并与经由美国邮政服务业和私人信件快递服务业执行的书面记录的递送相比较。商务部部长应将调查报告在上述 12 个月的期限结束时提交给国会。

(b) 对电子许可的研究。——自本法颁布之日起 12 个月内，商务部部长和联邦贸易委员会应向国会提交报告，评估第 101 条第(c)款第(1)项第(C)目第(ii)段所要求的程序给消费者带来的利益；评估此规定加诸电子商务的负担；评估利益是否大于负担；评估如没有第 101 条第(c)款第(1)项第(C)目第(ii)段规定的程序，是否会增加欺诈消费者现象发生的机率；以及评估商务部部长和委员会认为适宜的条款修改建议。在进行评估时，商务部部长和委员会应征求一般公众、消费者代表和电子商务企业的意见。

第 106 条　定　　义

出于本编之目的：

(1) 消费者。——术语"消费者"意指为个人、家人或家庭目的而通过交易获得产品或服务的个人，同时也可以指此类个体的法定代理人。

(2) 电子的。——术语"电子的"意指与电的、数字化的、有磁性的、无线电的、光学的、电磁的或其他类似性能有关的技术。

(3) 电子代理。——术语"电子代理"意指可以独立启动或在运行或对电子记录做出反应之时无需人为检查或运作而能全部或部分地对电子记录做出反应或操作所使用的计算机程序或电子的或其他自动的手段。

(4) 电子记录。——术语"电子记录"意指以电子手段创建、生成、发送、传播、接收或储存的合同或其他记录。

（5）电子签名。——术语"电子签名"意指打算签署记录之人实施或采取的附着于或在逻辑上与合同或其他记录有联系的电子声音、符号或程序。

（6）联邦管理机构。——术语"联邦管理机构"意指《美国法典》第5编第552条第（f）款定义的机构。

（7）信息。——术语"信息"意指数据、文本、图像、声音、代码、计算机程序、软件、数据库或类似物等。

（8）法人。——术语"法人"意指个人、公司、商业信托、不动产、信托、合伙、有限责任公司、协会、合资企业、政府机构、公共社团或任何其他法律或商业实体。

（9）记录。——术语"记录"意指记载于有形载体或储存在电子或其他媒体上，并能以只读方式检索的信息。

（10）要求。——术语"要求"包括禁令。

（11）自律组织。——术语"自律组织"意指非联邦或州的管理机构的组织或实体，但它在联邦机构的监管之下，并由联邦法律授权通过并施行适用于其成员的规则，此规则由该组织或实体、政府管理机构或其他自律组织来执行。

（12）州。——术语"州"包括哥伦比亚区和美国的领土和领地。

（13）交易。——术语"交易"意指与商业经营、消费者或两个及两个以上人之间的商业事务有关的一个或一系列行为，包括以下几种行为——

（A）对下述进行销售、租赁、交换、许可或其他处置：（i）个人财产，包括商品和无形资产，（ii）服务和（iii）任何由此产生的组合；及

（B）对不动产或由此组合所产生的利益的销售、租赁、交换或其他处置行为。

第107条 生 效 日 期

（a）总论。——除了第（b）款规定之外，本编将于2000年10月1日生效。

（b）例外。——

（1）记录留存。——

（A）总论。——在遵守第（B）目规定的前提下，本编关于要求留存记录的规定应在 2001 年 3 月 1 日生效，留存记录的要求依据以下法律——

（i）联邦法令、法规或其他法律规则，或

（ii）由州管理机构施行或通过的州法令、法规或其他法律规则。

（B）规则制定悬置的迟延效应。——如果在 2001 年 3 月 1 日，联邦管理机构或州管理机构已宣布、建议或启动了一个尚未完成的规则制定程序，以便根据第 104 条第（b）款第（3）项制定一项关于第（A）目所述要求的法规，则本编关于此种要求的规定应在 2001 年 6 月 1 日生效。

（2）确定的担保或保险贷款。——关于涉及贷款担保或贷款担保委托的交易（如 1990 年《联邦信用改革法案》第 502 条所定义的），或涉及联邦信用附录、美国预算、FY2001 中所列的项目，本编自本法颁布之日起一年或之后仅适用于由美国政府订立的此类交易，以及设定、保险或担保的任何贷款或抵押。

（3）学生贷款。——关于依据贷款申请或依据 1965 年《高等教育法案》第 IV 编的规定并提供给消费者的贷款的任何记录，本法第 101 条第（c）款于——

（A）教育部部长根据 1965 年《高等教育法案》第 432 条第（m）款公布已修订的本票之时方可适用；或

（B）自本法颁布之日起一年后方可适用，上述两个时间以先者为准。

第 II 编　可转让的记录

第 201 条　可转让的记录

（a）定义。——出于本条款之目的：

（1）可转让的记录。——术语"可转让的记录"意指电子记录——

（A）是《统一商法典》第 3 条下的票据，如果该电子记录是书面的；

（B）电子记录的发布者明确同意此记录是可转让记录；和

（C）与不动产担保的某项贷款有关。

可转让的记录可以用电子签名来实施。

(2) 其他定义。——"电子记录"、"电子签名"和"法人"这些词的含义与本法第 106 条规定的含义相同。

(b) 控制。——如果用于证明可转让记录中权利转让的系统可靠地确定某人就是可转让记录的发布或转让人,该人对可转让记录有控制力。

(c) 条件。——如果该可转让记录以如下方式产生、储存和转让,则系统满足了第(b)款的要求,并且某人被认为对可转让记录有控制力——

(1) 除第(4)项、第(5)项、第(6)项中另有规定外,存在单一的可转让记录的权威副本,其是独一无二的、可识别的和不可改变的。

(2) 此权威副本确定主张控制权的人——

(A) 为该可转让记录发出人;或

(B) 如果该权威副本表明可转让记录已被转让,则为该可转让记录最近一次转让人。

(3) 该权威副本传送给主张控制权的人或其指定的管理人并由其留存。

(4) 只有经具有控制权的人许可才可增加或改变该权威副本已确定的受让人的复制文本或修改文本。

(5) 可轻易地辨认每一个权威副本的副本和任何一个副本的副本为非权威副本;及

(6) 可轻易地认定对权威副本的任何改动是权威或非权威的。

(d) 持有人的地位。——除非另有协议,对可转让记录有控制权的人即《统一商法典》第 1—201(20) 条中所定义的可转让记录的持有人,且与《统一商法典》规定的拥有同等记录或书面文件的持有人有相同的权利与抗辩,包括在正当程序下的持有人或购买者各自的权利和抗辩,如满足了《统一商法典》第 3—302 条第(a)款、第 9—308 条,或修订后的第 9—330 条中适用的法定要求。不要求交付、占有和背书来获得或行使本款规定的任何权利。

(e) 债务人的权利。——除非另有协议,可转让记录中的债务人与《统一商法典》同等的记录或书面文件中的债务人有同样的权利和抗辩。

(f) 控制的证据。——如果某人被请求执行,寻求执行可转让记录的人应提供合理的证据证明其对可转让记录有控制权。证据可以包括对可转让记录权威副本的接触和足以审查可转让记录条款及确认对可转让记录有控制权的人的身份的相关商业记录。

（g）《统一商法典》的参考。——就本款而言，所有对于《统一商法典》的引用都是在其生效时管辖可转让记录的法律的管辖权范围内的《统一商法典》。

第 202 条　生　效　日　期

本编于本法颁布之日起 90 天后生效。

第 III 编　国际电子商务的推广

第 301 条　国际交易中使用电子签名的原则

（a）电子签名的推广。——

（1）必需的措施。——商务部部长应依据第（2）项阐述的原则，以与本法第 101 条相一致的方式促进在国际基础上接受和使用电子签名。为了便利州与州之间及外国商业的发展，商务部部长应通过与上述原则相一致的方式，采取各种必要的措施在最大可能的限度内消除或减少电子签名在商业上推广的障碍。

（2）原则。——本项所要说明的原则如下：

（A）采纳联合国国际贸易法委员会 1996 年通过的《电子商务示范法》的相关原则，以消除书面要求对电子贸易的障碍；

（B）允许交易当事方对其交易确定适当的认证技术和执行模式，同时要确保那些技术和执行模式能被承认和执行；

（C）允许交易当事方有机会在法庭或其他程序中证明他们的认证手段和他们的交易是有效的；

（D）对来自其他管辖范围的电子签名和认证方式采取非歧视态度。

（b）咨询。——在进行本条所要求的行为时，部长应咨询电子签名产品和服务的使用者和提供者以及其他利益相关人。

（c）定义。——本条使用的"电子记录"和"电子签名"一词的含义与本法案第 106 条的规定相同。

第 IV 编　在线儿童保护委员会

第 401 条　接受礼品的权力

《儿童在线保护法案》第 1405 条(47 U.S.C. 231 note)通过在第(g)款后加入了以下新条款从而进行了修订:

"(h)礼品、遗赠物和设备。——为了协助或促进委员会工作,委员会可以接受、使用和处置礼品、遗赠物或服务设备或财产,包括不动产(包括使用办公空间)和个人财产。委员会终止时未使用的礼品或补助金/授给物应当归还捐助者或受让人。"

2000 年 6 月 30 日通过。

美国版权法以及《美国法典》
第 17 编中的相关法律

2009 年 10 月

关于版权的宪法条款

为促进科学和实用艺术的进步,国会应当有权力,在一定期限内,对作家和发明家的作品与发明赋予专有权利的保障。

美国宪法,第 I 章,第 8 条

前　言

这部法律包含《美国法典》第 17 编的内容,还包括了 2009 年 6 月 30 日第 111 届国会第一期会议通过的所有相关修正案。它包括:1976 年的《版权法》及其所有的修正案,修订后的 1984 年《半导体芯片保护法案》,修订后的《船身设计保护法案》。这三种情况的权利注册要求,由美国版权局负责。

美国与版权有关的法律条文记载于《美国法典》第 17 编的第 1 章至第 8 章、第 10 章至第 12 章。1976 年 10 月 19 日颁布的 1976 年《版权法》(as Pub. L.No.94—553,90 Stat.2541.)为现行版权法提供了基本框架。以下将按颁布顺序列出美国版权法修正案。

《美国法典》第 17 编的第 9 章和第 13 章包含了独立于版权保护之外的法定设计保护条例。

第 17 编的第 9 章是修订后的 1984 年《半导体芯片保护法案》,颁布于 1984 年 11 月 8 日。这部法案是作为 Pub.L.No98—620,98 Stat.3335,3347 的第三编颁布的。第 13 章则为《船身设计保护法案》,颁布于 1998 年 10 月 28

日,是《千禧年数字版权法》(the Digital Millennium Copyright Act)的第五编 (Pub.L.No.105—304,112 Stat.2860,2905)。下方列表中将会按照颁布的顺序列出《半导体芯片保护法案》和《船身设计保护法案》的修正案。

　　继 2007 年 10 月版《美国版权法》之后,一批重要的版权法案逐渐颁布,包括 2008 年的《知识产权的优化资源和组织法案》,2008 年的《船身设计保护修正案》,2008 年的《互联网广播调解法案》以及 2009 年的《互联网广播调解法案》。如想获知更多细节内容,可参阅下方列表的最后部分,即《美国法典》第 17 编所列法令之后的内容。

　　至于一些并未被改入第 17 编的过渡性和补充性的版权规定,请参见附录。

目　录

《美国法典》第 17 编

过渡性及相关法律规定

《美国法典》相关条文

相关国际条文

第1章 受版权保护的客体与版权范围

条 目

122　专有权利的限制：卫星运营商在本地市场内部的转播

§101　定　　义[2]

除本编另有规定外，本版权法涉及的术语及其变体的意义如下：

"匿名作品"意指一件在其复制品或录影制品上无法识别作者的作品。

"建筑作品"指以任何有形媒介展现的建筑物的设计，包括建筑物、建筑规划和草图。作品中包括整体的设计、对空间的安排和构组、设计中运用的元素等，但不包括个体标准特征。[3]

"音像作品"是由一系列有关的图像组成，可以通过放映机、阅读器或电子设备等机器或设备放映的作品，如伴有声音则连同声音一起放映，无论其载体，如胶片、磁带等的性质如何。

"《伯尔尼公约》"是在1886年9月9日签署于瑞士首都伯尔尼的一项旨在保护文学艺术作品的国际公约，以及所有后续的法案、协议和修正案。[4]

作品的"最佳版本"意指在交存之日以前的任何时候在美国出版，并为美国国会图书馆确定的最适合该书用途的版本。

某人的"子女"是其直系子女，不论子女合法与否，以及其合法收养的任何子女。

"集体作品"是期刊、选集或百科全书之类的作品，由一些独立的作品组成，并被汇编成一个整体。

"汇编作品"是通过收集、汇编原有材料，或选择、整理或编排数据而产生的独创性作品，"汇编作品"包括"集体作品"。

"计算机程序"意指为达到某种特定结果，直接或间接在计算机中使用的指令。[5]

"复制品"是除录音制品外，以现在已知的或后续发明的方法仿造某作品制造出的物体，通过该物体可直接或借助机器设备间接感知、复制、传播该作品。"复制品"一词包括除录音制品外的作品原件。

"版税裁判官"意指按照本编第802条任命的版税法官，包括按本条款任命的临时版税法官。[6]

"版权人"意指版权中包含的任一专有权利的拥有人。

"创作"一个作品意指把一个作品首次固定于一个复制品或录音制品中。如一个作品需经过一段时间才能完成,则任一特定时段固定下来的特定部分构成该时段的作品。如一个作品有不同的版本,则每一版本分别构成单独的作品。

"演绎作品"是根据一个或多个原有的作品,对其重组、变形或改编而形成的作品,例如翻译、乐曲编排、改编戏剧、改编小说、改编电影、录音、艺术品复制、节录、压缩等。但凡作品含有修订、注解、阐释或其他修改,则该作品就形成了另一部独创性作品,即"演绎作品"。

"设备""机器"或"方法"指现在已知的或以后发明的设备、机器或方法。

"数字传输"是一种全部或部分以数字形式或者其他非模拟形式运作的传输方式。[7]

"展示"一个作品意指展示作品的复制品,既可以直接展示,也可以通过影片、幻灯片、电视图像或其他任何设备、方法展示。如系影片或其他音像作品,则应显示不连续的单个图像。

"机构"指商店、店铺,或任何类似的向公众开放的经营性场所,其基本目的是出售商品或服务,为达到该目的,此经营场所总面积的绝大部分不用于居住。"机构"中可公开播放非戏剧性的音乐作品。[8]

"食品与饮品服务机构"指餐馆、旅馆、酒吧、酒馆,或者任何其他类似的以向公众提供食品、饮料为首要营业目的的经营性场所。为达到该目的,此经营场所总面积的绝大部分不用于居住,并且可在内部公开播放非戏剧性的音乐作品。[9]

"经济收益"包括收入、预期收入,以及任何财产性收益,包括其他版权作品的收入。[10]

把作品"固定"在有形载体上是指,作者或得到作者授权的人将作品制作成一件复制品或录音制品,其长期性、稳定性足以使该作品在一个较长的时间内被感知、复制或用其他方式传播。根据本编,由声音或图像组成,或由两者共同组成的作品,如在传播同时进行录制,即为"固定"作品。

"《日内瓦录音制品公约》"是在 1971 年 10 月 29 日签署于瑞士日内瓦的致力于保护录音制品的制作者,并用以抵制非法复制的一项公约。[11]

　　一个机构的"总面积"指一个机构内部所有的空间,及其室外毗邻的用于服务顾客的空间,无论是季节性使用还是以其他方式使用。[12]

　　术语"包括"和"例如"是说明性的,而非限制性的词。

　　"国际协定"指:

　　(1)《国际版权公约》;

　　(2)《日内瓦录音制品公约》;

　　(3)《伯尔尼公约》;

　　(4)《世界贸易组织协定》;

　　(5)《世界知识产权组织版权条约》;[13]

　　(6)《世界知识产权组织表演和录音制品条约》;[14]

　　(7)美国签署的其他任何版权条约。[15]

　　"合作作品"是两名或多名作者以创作一项不可分割的作品为目的,共同创作的作品。

　　"文学作品"是除音像作品以外的用文字、数字或其他语言符号、数字符号或标记表述的作品,不论该作品的载体性质如何,如书籍、期刊、手稿、录音制品、影片、磁带、唱片、卡片等。

　　"电影"是含有一系列相关图像,在连续放映时——如伴有声音,连同声音同时放映——呈现出活动的影像的音像作品。

　　"电影展映场所"指电影院、放映室,或者其他以放映拥有版权的电影为主要目的的场地,且该放映场所向公众开放,或者聚集了超过一个家庭及其正常社交圈的人群。[16]

　　"演出一个作品"意指朗诵、表演、演奏、舞蹈或表演一个作品,不论是直接地,还是使用任何设备或方法。电影或其他音像作品,则须显示连续的图像,或使公众听到作品的声音。

　　"表演权团体"指许可他人代表版权人公开表演非戏剧性作品的协会、公司或其他组织,诸如美国作曲家、作家与出版商协会(ASCAP)、广播音乐联合会(BMI)、表演权协会(SESAC)等。[17]

　　"录音制品"是以现在已知的或以后发明的任何方法,载入除电影、音像配乐外的声音的物体。通过这类物体,无论是直接地或借助于机器或设备,声音可以被听到、复制或用其他方式传播。"录音制品"一词包括原始录音制品。

"绘画、平面造型设计和雕塑作品"包括平面和立体的美术作品、制图作品、实用美术作品、照片、印刷品和艺术复制品、地图、地球仪、图表、示意图、模型、技术绘图,包括建筑平面图。此类作品应具有艺术性的工艺,无须考察其硬件或其实用性。按本条所下定义,实用物品的设计,当且仅当存在区别于实用性特征的,可单独存在的绘画、制图或雕塑的特征时,应被视为绘画、制图或雕塑作品。[18]

根据第 513 条的设立目的,"所有人"在不同的案例中,可能是拥有公司或者餐饮店铺的个人、公司、合伙企业或者其他类型的组织。但是以下主体在任何情况下都不应被认为是所有人:获得美国联邦通讯委员会许可的广播电台或电视台的所有者或经营者;有线系统、卫星载体、有线或卫星服务供应商或程序员;在线服务或网络连接供应商;网络设备、电信公司,或任何其他已知的、将来可能出现的音频、视听服务经营者或程序员;商业性音乐订阅服务和其他传输服务的所有者或经营者。[19]

"假名作品"是作者以虚构的名字在其复制品或录音制品上署名的作品。

"出版"是通过出售等方法转让所有权,或通过出租、租赁、出借等方法将作品的复制品或录音制品公之于众的行为。以进一步发行、公演、公开展示为目的,而向部分人群发行复制品或录音制品,则构成出版。作品的公演或公开展示本身不构成出版。

"公开地"演出或展示一个作品意指:

(1) 演出或展示作品的地点向公众开放,或聚集了超出一个家庭及其正常社交圈的相当数量的人的任何地点;或

(2) 利用任何设备或方法,向公众或符合第(1)项规定的地点播放或用其他方式传播演出内容或展品,不论目标受众是否在同一地点、同一时间收听、收看。

根据第 205 条第(c)款第(2)项、第 405 条、第 406 条、第 410 条第(d)款、第 411 条、第 412 条以及第 506 条第(e)款,"注册"意指对初始版权、更新版权、延期版权的注册。[20]

"录音制品"是经录制一系列音乐的、口述的或其他的声音产生的作品,不

论其载体例如唱片、录音带或其他录音制品的性质如何。但"录音制品"不包括伴随电影或其他音像作品的各种声音,比如磁盘、磁带,或者其他能呈现作品的录音制品形式。

"州"包括哥伦比亚特区和波多黎各自由联邦,以及根据《国会法案》适用本版权法的任何领土。

"版权所有权的转让"是关于版权或包含在版权中的任何专有权利的转让、抵押、给予专有许可或任何其他形式的转让、让与或抵押,而不论其时间和地点的效力有无限制,但非专有性许可不包括在内。

一个"广播节目"是一个材料的集合体,其唯一目的是以单位的形式向公众连续地广播。

"传播"一场演出或展览,就是用任何设备或方法传播该演出或展览,从而使信号输出地以外的地方也可以接收到发出的图像或声音。

"缔约方"意指除美国外的,作为国际协定缔约方的一个国家或政府间组织。[21]

"美国"在地理意义上使用时,包括各州、哥伦比亚特区、波多黎各自由联邦和美国政府管辖下的有行政组织的领土。

根据第 411 条,仅在如下情况下,作品意指"美国的作品":

(1)已出版的作品,如果作品首次出版:

(A)出版地在美国;

(B)同时在美国和其他缔约国出版,后者赋予版权的保护期限等于或长于美国提供的保护期限;

(C)同时在美国以及其他非缔约国出版;

(D)在并非缔约方的外国出版,但是作品的所有作者都是美国公民,或是定居或常居美国者,或者是总部在美国的合法的音像作品制作公司。

(2)如果是未出版的作品,作品的所有作者都是美国公民,或是定居或常居美国者,或者如果该作品是未出版的音像作品,该作品的所有作者属于总部位于美国的合法组织;或

(3)组成建筑或建筑结构的绘画、制图或雕塑作品,而该建筑或建筑结构位于美国境内。[22]

　　"实用物品"是具有内在的实用功能的物品,这种功能不仅仅是描绘该物品的外观或传递信息。通常属于一个实用物品的组成部分的物品,被视为"实用物品"。

　　作者的"遗孀"或"鳏夫"是作者死亡时定居地的法律认可的配偶,不论该配偶之后是否再婚。

　　"《世界知识产权组织版权条约》"是 1996 年 12 月 20 日于瑞士日内瓦订立的世界知识产权组织版权条约。[23]

　　"《世界知识产权组织表演和录音制品条约》"是 1996 年 12 月 20 日于瑞士日内瓦订立的世界知识产权组织表演和录音制品条约。[24]

　　"视觉艺术作品"是:

　　(1) 只有单份复制品的绘画、图片、印刷品或雕塑品,或者只有等于或少于 200 份的被作者签名或连续编号的复制品;如果是雕塑品,则其铸塑、雕刻、制作的复制品须等于或少于 200 份,且作品上须有作者的签名或是其他可识别的标记;或

　　(2) 仅出于展示目的而制作的静态摄影图片,只能存在一份被作者签名的复制品,或者有等于或少于 200 份的限量版本,它们必须被作者签名或连续编号。

　　视觉艺术作品不包括:

　　(A)(i) 任何海报、地图、地球仪、图纸、工程制图、图标、模型、实用美术、电影或者其他形式的视听作品、书籍、杂志、报纸、期刊、数据库、电子信息服务、电子出版物,或者相似的出版物;

　　(ii) 任何推销、广告、促销、修饰物、覆盖物,或者包装材料和容器;

　　(iii) 任何第(i)条或第(ii)条提及的形式的一部分。

　　(B) 雇佣作品;或

　　(C) 任何依据本编不受版权保护的作品。[25]

　　"美国政府的作品"是由美国政府的官员或雇员在其职务范围内制作的作品。

　　"雇佣作品"是:

　　(1) 雇员在其职务范围内所制作的作品;或

　　(2) 经特别约定或委托制作的作品,作为集体作品的组成部分、电影或其

他音像作品的组成部分、译文、补充作品、汇编作品、教学课文、试题及答案、地图集,如各方签署了书面的许可协议,则该作品应视为雇佣作品。上述规定中的"补充作品"意指作为另一作者的某一作品的附属物而出版的作品,其目的是介绍、推断、阐释、解释、修订、评注或在使用另一作品时起到辅助作用,序言、后记、插图、地图、图表、表格、编者按语、乐曲改编、试题答案、书目、附录和索引;"教学课文"是为出版而制作的,并用于系统的教学活动中的文字、绘画或制图作品。

判断一个作品是否符合第(2)项的雇佣作品,无论是 1999 年《知识产权和通讯产品综合性改革法令》第 1011 条第(d)款包含的修正案[颁布于《公法》106—113,第 1000 条第(a)款第(9)项],还是在修正案中删除的部分,都——

(A) 不应该被考虑或被赋予任何法律意义;或

(B) 不应该被解读成表明国会认可、不认可,或默许任何由法庭或版权局做出的法律裁定。第(2)项应该被解释为:2000 年《雇佣作品和版权修正法案》的第 2 条第(a)款第(1)项和 1999 年《知识产权和通讯产品综合性改革法令》[颁布于《公法》106—113,第 1000 条第(a)款第(9)项]的第 1011 条第(d)款相当于从未被颁布,而且在任何司法裁决的时候都不需要考虑国会的不作为或认知度。[26]

"世界贸易组织协定"和"世界贸易组织成员国"分别对应《乌拉圭回合协议法案》第 2 条第(9)项和第(10)项中赋予其的含义。[27]

§102　受版权保护的客体:总论[28]

(a) 依据本版权法,以有形物为载体的独创性作品受到版权保护,该载体包括目前已知的或以后发明的。通过载体,作品可以直接地或借助机器、设备等间接的方式被感知、复制或传播。作者的作品包括如下各类:

(1) 文学作品;

(2) 音乐作品,包括所配歌词;

(3) 戏剧作品,包括所配乐曲;

(4) 哑剧和编舞;

(5) 绘画、制图和雕塑作品;

（6）电影和其他音像作品；

（7）录音制品；

（8）建筑作品。

（b）在任何情况下，对作者的独创作品的版权保护，均不延伸到任何思想、程序、方法、体系、操作方法、概念、原理或发现，不论其在该作品中以何种形式被描述、说明、显示或体现。

§103　受版权保护的客体：汇编作品和演绎作品

（a）第 102 条规定的受版权保护的客体包括汇编作品和演绎作品，但是如果汇编、演绎作品中包含了拥有版权的原有材料，则对该作品的保护，不适用于非法使用这种原有材料的部分。

（b）汇编作品或演绎作品的版权仅限于作者独创的部分，以区别于该作品所使用的原有材料，而且作者并未拥有原有材料中的任何专有权利。这类作品的版权独立于原有材料的版权，不影响也不扩大原有材料的版权的范围、期限、所有权或权利存续。

§104　受版权保护的客体：作品的起源国[29]

（a）尚未出版的作品——第 102 条和第 103 条规定范围内的作品，在尚未出版期间，依据本版权法受到保护，不论作者的国籍或定居地如何。

（b）已出版的作品——第 102 条和第 103 条规定范围内的作品，如已出版，并属于下列情况之一者，受本版权法保护：

（1）在首次出版之日，一名或多名作者是美国公民或定居美国者，或者其所属国、定居国与美国缔结了版权条约，或为该国家的主权当局，或是无国籍人，不考虑其居住地；或

（2）作品在美国首次出版，或在外国首次出版，且出版时该国已是《世界版权公约》的缔约国；或

（3）作品是在缔约国首次完成的录音制品；或

（4）作品是运用于建筑物、建造物等的绘画、制图或雕塑作品，或者是建筑物本身，且此建筑物位于美国或其他《世界版权公约》缔约国境内；或

(5) 作品是由联合国及其专门机构,或由美洲国家组织首次出版的;或

(6) 总统公告范围内的作品。如果总统发现,一个特定的国家对作者系美国公民或定居者的作品,或对在美国首次出版的作品给予的版权保护,与该国对其本国公民、定居者的作品,以及在该国首次出版的作品的版权保护大致相同,则总统可按本版权法发布文告,对首次出版时一名或多名作者是该国国民、定居者、主权当局的作品,或对在该国首次出版的作品给予保护。总统可以修改、中止或撤销此类公告,或在公告中对版权保护附加条件或限制。

根据第(2)项的规定,根据具体情况,若作品在非《世界版权公约》缔约国出版,30天之内又在美国或者其他缔约国出版,则该作品应当被认为在美国或者该缔约国首次出版。

(c)《伯尔尼公约》的效力。——若作品符合本编中版权保护条件,其权利或利益并非凭借或根据《伯尔尼公约》,或由于美国签署了《伯尔尼公约》,才得到保护。依据本编,任何符合版权保护条件的作品,其权利只来自于本编。其他联邦或州的立法、普通法,不应凭借或根据《伯尔尼公约》,或由于美国签署了《伯尔尼公约》,而扩大或限缩该权利。

(d)《录音制品条约》的效力。——尽管有(b)条款的相关规定,但若仅依据美国签署的《日内瓦录音制品公约》或《世界知识产权组织表演和录音制品条约》,则任何除录音制品外的作品都不享有本编的法律保护。[30]

§104A　版权修复[31]

(a) 自动保护和期限。——

(1) 期限。——

(A) 根据本条,作品的版权可被恢复,恢复后的版权于恢复之日自动生效。

(B) 根据本条,任何恢复版权的作品,若从未进入美国公共领域,则其恢复后的版权在其应有版权(美国授予)的剩余期限内继续存在。

(2) 例外。——任何作品,若其版权归属于美国外侨资产管理局或受其管理,并且恢复后的版权也归外侨资产管理局中的政府机构所有,则该作品不是恢复作品。

(b) 恢复版权的所有权。——作品恢复后的版权将被授予最初的作者,

或按作品起源国的法律确定的最初的权利人。

（c）提交行使恢复版权的意向书以对抗信赖方。——自恢复之日起,任何拥有恢复版权或专有权利者,可向美国版权局提交意向书,从而正式行使版权或专有权利,或者可以直接向信赖方提交意向书。对于任何信赖方,美国版权局对意向书的接受都是有效的,但应保证其中所述事实的真实性。若信赖方和其他信赖方明知该提交行为和意向书的内容,则该提交行为对其有效。

（d）恢复版权的救济。——

（1）在没有信赖方的情况下行使恢复后的版权。——对于任何非信赖方,自作品恢复之日起,如恢复后的版权受到侵犯,可适用本编第5章中规定的救济。

（2）在有信赖方的情况下行使恢复后的版权。——若恢复后的版权受到侵犯,除第（3）、（4）项所述情形外,且自版权恢复之日起,符合以下任意一项所述,则应适用本编第5章的救济。

（A）（i）恢复版权的所有人（或其代理人）或专有权利人（或其代理人）,自恢复之日起24个月内,向美国版权局提出行使恢复版权的意向书;并且

（ii）（I）侵权行为发生于《联邦公报》登载该意向书之日起12个月以后;

（II）侵权行为在（I）中所述12个月期限届满前已经发生,并且在届满之后持续存在,此时救济仅适用于期限届满后的部分侵权行为;或

（III）恢复版权的作品的复制品或录音制品制作于根据本条款完成版权恢复、《联邦公报》登载意向书之后。

（B）（i）版权恢复后,版权人（或其代理人）或专有权利人（或其代理人）向信赖方递交了行使恢复版权的意向书;并且

（ii）（I）侵权行为发生于信赖方接受意向书之日起12个月期限届满之后;

（II）侵权行为在（I）中所述12个月期限届满前已经发生,并且在届满之后持续存在,此时救济仅适用于期限届满之后的部分侵权行为;或

（III）恢复版权的作品的复制品或录音制品制作于根据本条款完成版权恢复、信赖方接受意向书之后。如果意向书的提交同时符合（A）、（B）两条所述,则上述12个月期限的起算点应为《联邦公报》登载意向书、信赖方接受意

向书这两者中较早的时间。

（3）现存的演绎作品。——

（A）如果某演绎作品基于一个完成版权恢复的作品，并且创作于——

（i）在《乌拉圭回合协议法案》颁布之日前，如果该作品的起源国在当时已是合格成员国；或者

（ii）该作品的起源国成为合格成员国之前，如果该国在《乌拉圭回合协议法案》颁布之日还未成为合格成员国，且信赖方已向恢复后版权的所有人支付合理赔偿，信赖方可在恢复后的版权期限内继续使用该演绎作品。若无本条款，此行为可归入侵权救济。

（B）演绎作品的作者与原作者没有约定时，上述赔偿的数额将由美国州地方法院裁定，并且应考虑信赖方继续使用该作品、对作品的实际市场和潜在市场的损害、作品本身的价值，还应考虑补偿对恢复作品作出相对贡献的作者和演绎作品的信赖方。

（4）信赖方的侵权行为的开始。——根据第 412 条，就信赖方而言，若其本会构成侵权的行为，使得作品在恢复版权前就享有版权，那么该侵权行为应当被认为在注册之前就已经开始。

（e）行使恢复版权的意向书——

（1）向版权局提出的意向书——

（A）（i）向版权局提出行使恢复版权的意向书，应当由恢复版权的所有人或者其专有权利人签署，即根据（d）（2）（A）（i）提交意向书的人（本段下文简称"版权人"），或由版权人的代理人签署。意向书应确认恢复作品的名称，并应包括名称的英文翻译，以及恢复版权人所知的、可以用于命名该作品的其他名称。意向书还应包含恢复版权人的联系地址和联系电话。如果需由代理人签署意向书，那么在提交意向书之前，版权人须亲自签署证明其代理关系的书面文件。版权局可在规章中明确要求意向书须包含其他信息，但若没有提供上述信息并不影响意向书的效力，也不能作为《联邦公报》拒绝登载该恢复作品的理由。

（ii）如果完成版权恢复的作品没有正式名称，该作品的细节须在意向书中详细写明，直至该作品可以区别于其他事物。

(iii) 在意向书提交之后的任何时间内,小错误或遗漏均可以另行通知补正。补正通知的接受应根据(d)(2)(A)(i)的规定。此类通知应依照(B)条目在《联邦公报》上公布。

(B)(i) 如果行使恢复版权的意向书已被提交,版权注册处应自某一特定国家承认恢复版权之日起 4 个月内,在《联邦公报》上公布意向书,并在接下来的两年内每 4 个月公布一次,列明恢复作品及其所有人

(ii) 版权局的公共信息办公室至少应当存有一份包含所有版权行使意向书的列表,并且根据第 705 条和第 708 条,这份列表在正常工作日可供公众查阅和复印。

(C) 版权注册处有权基于行使恢复版权和此后的补正所产生的收据、加工、录制和意向书的公布等成本确定合理的费用。

(D)(i) 第 101 条第(d)款第(15)项所述《乌拉圭回合协议法案》中的《与贸易有关的知识产权协定》在美国生效前的 90 天内,版权局应在《联邦公报》上公布本条款所述的有关提交行使恢复版权的意向书的规定。

(ii) 该规定应当许可恢复版权的所有人同时注册恢复版权。

(2) 向依赖方提交的意向书。——

(A) 版权恢复之日起,向某一信赖方提交的行使恢复版权的意向书可在任何时间提交。

(B) 提交信赖方的行使恢复版权的意向书应当由版权人或其代理人签署,并应明确指出该恢复作品,若有其他使用该恢复作品的作品,也应一同指出。确认时应提供充分的细节信息,并应包括作品名称的英文翻译,任何版权人所知的、可以命名该作品的其他名称,版权人反对的一种或多种用途,以及版权人的联系地址或联系电话。如果意向书由代理人签署,在意向书送交之前,应以书面形式确立代理关系,并且由版权人签字。

(3) 虚假材料声明的效力。——若在意向书中故意伪造任何关于恢复版权的虚假材料,一旦发现,关于该项恢复版权的申请和声明都将无效。

(f) 担保和相应义务的免责。——

(1) 总论。——对于任何担保、许诺或保证某件作品不会违反第 106 条所述专有权的个人,根据本条,如果基于版权恢复的原因,违反了担保、承诺或

保证,且该担保、承诺或保证是在 1995 年 1 月 1 日前做出的,则其法律救济、衡平救济、仲裁救济或行政救济的责任将被免除。

(2) 履行。——如果对义务的履行从 1995 年 1 月 1 日前就已开始,且如果这种履行由于本条所述的版权恢复而成为一种侵权,则不应要求任何人履行任何相关义务。

(g) 恢复版权的公告。——当总统发现某一特定国家,在同本条款的规定大体上相同的基础上,为作者系美国公民或定居者的作品提供恢复版权的保护,根据本条款,总统可以发布公告为任何以下作品提供恢复版权保护。

(1) 在首次出版之日,其作者有一个或多个是该国公民、定居者,或该国主权当局。

(2) 在该国首次出版的作品。

总统可以修改、中止,或撤销任何这样的公告,或在公告中对版权保护附加任何条件或限制。

(h) 定义。——根据本条以及第 109 条第(a)款:

(1)"附件或公告的日期"指 WTO 协议在美国生效前,某个不是《伯尔尼公约》的缔约国或者 WTO 成员国的国家成为以下各项的最早日期——

(A)《伯尔尼公约》缔约国;

(B) 世界贸易组织(WTO)成员国;

(C)《世界知识产权组织版权条约》缔约国;[32]

(D)《世界知识产权组织表演及录音制品条约》缔约国;[33]或

(E) 根据(g)条款,接受某个总统公告的管辖。

(2) 恢复版权的"恢复日期"是——

(A) 1996 年 1 月 1 日,如果此时该恢复作品的起源国已是《伯尔尼公约》的缔约国或是世界贸易组织(WTO)的成员国;或

(B) 附件或公告颁布之日,如果该恢复作品的起源国是不符合(A)款条件的其他任何国家。

(3)"合格国家"指美国以外,符合下列任一款项的国家——

(A) 在《乌拉圭回合协议法案》颁布之日后成为世界贸易组织(WTO)成员国家。

（B）在颁布时已经是、或在颁布后成为了《伯尔尼公约》的缔约国。

（C）《世界知识产权组织版权条约》的缔约国。[34]

（D）《世界知识产权组织表演和录音制品条约》的缔约国。[35] 或

（E）在颁布后，成为遵守第（g）款所述公告的国家。

（4）"信赖方"指任何人——

（A）在该作品的起源国成为合格成员国之前，对于某个特定的作品做出的行为，在作品的版权恢复之后，违反了第 106 条，并且当该国成为合格成员国之后，此人继续实施上述行为。

（B）在某个特定作品的起源国成为合格成员国之前，制作或获取了该作品的一份或多份复制品或录音制品；或

（C）若根据第（d）款第（3）项中所述，通过销售或其他方式处分该演绎作品，或是根据该款项下第（A）目和第（B）目中所述，使该作品成为某人的重要资产，则成为此人的继承人、代理人或者许可人。

（5）术语"恢复版权"指根据本条恢复作品的版权。

（6）"恢复作品"指作者所拥有的原创作品——

（A）根据第（a）款受到保护；

（B）直至保护期届满，都没有出现在其起源国的公共领域内；

（C）出现在美国的公共领域内，因为——

（i）不符合美国版权法任何时期的手续要求，包括更新失败、缺乏适当的通知，或是未能遵守有关制造的要求；

（ii）于 1972 年 2 月 15 日前制作的录音制品，缺乏版权保护的主题；

（iii）缺乏公民资格。

（D）在作品创作时，至少一个作者或权利人，是一个合格成员国的公民或定居者，如果作品是在一个合格成员国首先出版的，并且在该国出版后的 30 天内没有在美国出版；以及

（E）仅限于录音制品，如果该作品的起源国仅因签署《世界知识产权组织表演与录音制品条约》而成为一个合格成员国。[36]

（7）"权利人"指——

（A）对于录音制品，被授权首次制成录音制品的人，或

（B）如第（A）目所述，通过财产让与或依照法律获得权利的人。

（8）恢复作品的"起源国"指——

（A）除美国以外的其他国家；

（B）在作品未出版的情况下——

（i）成员国。作者或权利人是该国的公民、定居者，或恢复作品有一个以上的作者或权利人，且其中大多数的外国作者或权利人是该国公民或定居者；或

（ii）除美国之外，与作品具有最重要联系的国家。如果作品的大多数作者或权利人不是外国人；以及

（C）在作品已出版的情况下，起源国是——

（i）作品首次出版的成员国，或

（ii）与作品具有最重要联系的国家，如果某个作品同时在两个或更多成员国内出版。

§105　受版权保护的客体：美国政府作品[37]

本编规定的版权保护不适用于任何美国政府的作品，但美国政府仍可接受并持有通过转让、遗赠或其他方式获取的版权。

§106　版权作品的专有权[38]

根据第 107 条至第 122 条的限制，版权人依据本编可行使或许可他人行使以下任何一项专有权利：

（1）制作版权作品的复制品或录音制品；

（2）创作版权作品的演绎作品；

（3）以销售或其他转让所有权的方式，或者以出租、租赁或出借的方式向公众发行版权作品的复制品或录音制品；

（4）涉及文学、音乐、戏剧、编舞、哑剧和电影作品以及其他音像作品时，公开表演该版权作品；

（5）涉及文学、音乐、戏剧、编舞、哑剧及绘画、制图或雕塑作品时，包括电影或其他音像作品的单个图像，公开展演该版权作品；

（6）如果是录音作品，通过数字音频播送设备公开播放该版权作品。

§106A 部分作者的署名权和保护作品完整权[39]

(a) 署名权及保护作品完整权——根据第 107 条,并独立于第 106 条所规定的专有权,视觉艺术作品的作者——

(1) 有权——

(A) 在其作品上署名,以及

(B) 禁止在任何非其创作的视觉艺术作品上使用其姓名作为作者姓名。

(2) 在歪曲、篡改该视觉艺术作品,或对作品进行其他可能有损作者声誉的修改的情形下,有权禁止将其姓名作为修改后的视觉艺术作品的作者姓名;以及

(3) 根据第 113 条第(d)款规定,有权——

(A) 禁止故意歪曲、篡改作品,或者对作品进行可能有损作者声誉的修改。任何对作品的故意歪曲、篡改或修改的行为,系侵犯该项权利的行为,以及

(B) 禁止损坏完成到一定程度的可辨识的作品,故意或因重大过失损坏作品的行为侵犯该项权利。

(b) 权利范围及其行使——只有视觉艺术作品的作者对其作品享有第(a)款所赋予的权利,无论其是否为版权人。合作视觉艺术作品的作者,根据第(a)款,为该作品的共同版权人。

(c) 例外。——

(1) 因时光流逝、作品材料的内在性质而导致视觉艺术作品的变化,不构成第(a)款第(3)项第(A)目所述之歪曲、篡改或其他修改。

(2) 因作品的保存或公开展示(包括灯光及放置位置)而导致作品的变化,不构成第(a)款第(3)项所述之损坏、歪曲、篡改或其他修改,但因重大过失而导致作品变化的除外。

(3) 如果作品属于第 101 条中"视觉艺术作品"定义中第(A)目或第(B)目所述之任何一项,基于该项而创作,或与之相关联,则第(a)款第(1)项和第(2)项所述的权利不适用于对该作品所作的任何复制、描述、描绘或其他使用。对作品所作的任何此种复制、描述、描绘,不构成第(a)款第(3)项所述的损坏、歪曲、篡改或其他修改。

(d) 权利期限。——

(1) 就 1990 年《视觉艺术家权利法案》第 610 条第(a)款所规定的生效日或之后创作的视觉艺术作品而言,第(a)款所赋予的权利期限为作者终生。

(2) 就 1990 年《视觉艺术家权利法案》第 610 条第(a)款所规定的生效日之前创作的视觉艺术作品而言,第(a)款所赋予的权利应与第 106 条所赋予的权利并存,且同时终止,但在该生效日及以后该作品的所有权及其存续期限已由作者转让的除外。

(3) 涉及由两名或两名以上的作者共同完成的合作作品时,第(a)款所赋予的权利期限截止于最后死亡的作者的死亡之年。

(4) 第(a)款所赋权利的期限截止于期满之年的 12 月 31 日。

(e) 转让与弃权。——

(1) 第(a)款所赋予的权利不得转让,但作者以其签署的书面文件明示同意弃权的,可以放弃此类权利。该书面文件应详细载明其放弃的权利所适用的作品及其使用范围。权利放弃仅适用于载于书面文件上的作品及其使用范围。如作品系由两名或两名以上的作者共同创作的合作作品,且其中一位作者依本项规定放弃权利的,则该放弃行为对所有作者均有效力。

(2) 第(a)款赋予视觉艺术作品的所有权,不同于该作品的任何复制品的所有权、该作品的版权或依该作品版权而产生的任何专有权。转让视觉艺术作品的任何复制品的所有权、作品的版权或依版权而产生的任何专有权,不构成对第(a)款所赋予权利的放弃。就视觉艺术作品而言,对第(a)款所赋予权利的放弃,不构成该作品的任何复制品的所有权、该作品的版权或依该作品版权而产生的任何专有权的转让,但作者以其签署的书面文件明确表示同意的除外。

§107　专有权利的限制：合理使用[40]

虽有第 106 条及第 106A 条的规定,出于批评、评论、新闻报道、教学(包括用于课堂的多件复制品)、学术或研究的目的而使用版权作品,包括制作复制品、录音制品或以该条规定的其他方法使用作品,均系合理使用,不视为侵犯版权的行为。在特定案件中判断对作品的使用是否属于合理使用,应予考虑的因素包括：

（1）该使用的目的与特性，包括该使用是否具有商业性质，或是以非营利性教学为目的；

（2）该版权作品的性质；

（3）所使用的部分的质量与数量与版权作品整体之间的关系；以及

（4）该使用对版权作品的潜在市场及其价值所产生的影响。

如果是考虑到上述因素而对合理使用做出的认定，未曾发表的作品也可适用合理使用的规定。

§108　专有权利的限制：图书馆和档案馆藏品的复制[41]

（a）除本编另有规定外，虽有第106条的规定，但图书馆、档案馆及其雇员在工作范围内，依本条规定，制作版权作品的不超过一件的复制品或录音制品[（b）、（c）款所述情况除外]，或发行该复制品或录音制品，若符合下列条件，则不视为侵犯版权：

（1）该复制或发行不以直接或间接营利为目的；

（2）该图书馆或档案馆的藏品——

（i）对公众开放，或

（ii）不仅该图书馆或档案馆的研究人员、该图书馆或档案馆上级机构的研究人员可以查阅，而且该专业领域的其他研究人员也可以查阅；以及

（3）复制或发行该作品的同时发布了版权声明，该声明应存在于符合本条规定的复制品或录音制品上。若没有上述版权声明，则该复制品或录音制品上应含有版权保护的标记。

（b）制作未发表作品的三份以内的复制品或录音制品，若仅为备份、保存或依第（a）款第（2）项所述，仅供另一同类图书馆或档案馆存档、研究，且符合下列条件的，不视为侵犯版权：

（1）原作品、录音制品为该图书馆或档案馆的现存藏品；

（2）以数码形式复制的作品或录音制品，未曾以该形式发行，也未曾以该形式对图书馆、档案馆以外的公共领域开放。

（c）制作三份以内的复制品或录音制品，若仅为替代已损坏、变质、丢失、失窃或现存形式已过时的作品，且符合下列条件的，不视为侵犯版权：

（1）该图书馆或档案馆已尽合理义务，却未能以合理价格获得一件未经使用的替代品；以及

（2）任何数码形式的复制品或录音制品，除了合法拥有该复制品或录音制品的图书馆、档案馆以外，不得以该形式对其他公共领域开放。

根据本条款，如果以某种形式保存的作品需要依靠一种机器或设备才能向公众展示，但该种机器设备已无法制造，或在正常情况下无法从市场获得，则该种保存作品的形式可被认为已过时。

（d）根据本条，图书馆或档案馆有权经用户要求复制并发行其藏品，有权复制并发行另一图书馆或档案馆的藏品。该复制权及发行权适用于拥有版权的集体作品或期刊中的一篇以内的文章，或一项以内的其他作品，或小部分其他拥有版权的可分的复制品或录音制品，若符合下列条件，则不视为侵犯版权：

（1）该复制品或录音制品成为该用户的财产，且除个人学习、学术活动或研究以外，该图书馆或档案馆不知该复制品或录音制品被用于其他目的；并且

（2）该图书馆或档案馆根据版权注册处的规定，在接受复印申请的场所、复印申请表上，醒目地提醒用户注意版权保护。

（e）依本条，图书馆或档案馆有权经用户要求复制并发行其藏品，有权复制并发行另一图书馆或档案馆的藏品。该复制权与发行权适用于该复制品的全部或主体部分。如果该图书馆或档案馆根据合理的调查，初步认定该版权作品的复制品或录音制品不可能以公平的价格获得，如果符合下列条件，则不视为侵犯版权：

（1）该复制品或录音制品成为该用户的财产，且除个人学习、学术或研究以外，该图书馆或档案馆不知该复制品或录音制品被用于其他目的；以及

（2）该图书馆或档案馆根据版权注册处的规定，在接受复印申请的场所、复印申请表上，醒目地提醒用户注意版权保护。

（f）本条中之任何规定：

（1）若该设备已提请使用者注意复制品的制作应遵守版权法，则不得将本条解释为，图书馆或档案馆及其雇员未经监督而使用馆内复制设备的，应承

担侵犯版权的责任；

（2）如果复制、要求制作、使用复制品或录音制品的行为超出第 107 条规定的合理使用的范围，则本条不得用于免除该复制设备的使用人、按第（d）款规定要求制作复制品或录音制品之人，及其日后使用该复制品或录音制品时所负的侵权责任；

（3）不得将本条解释为，按照第（a）款第（1）项、第（2）项和第（3）项的规定，因图书馆或档案馆只能出借数量有限的视听新闻节目的复制品或复制品片段，从而限制其复制及发行；

（4）不得以任何方式影响第 107 条规定的合理使用权，以及该图书馆或档案馆收藏所得作品的复制品或录音制品时应承担的合同义务。

（g）本条规定的复制权及发行权适用于不同场合中的就同一原作品分别制作、发行的单件复制品或录音制品，但不适用于以下情形：

（1）该图书馆或档案馆或其雇员明知或应知他在制作或发行同一作品的多件内容相关或目的一致的复制品或录音制品，无论该复制或发行行为是一次性完成的还是持续一段时间的，也不论是否旨在由一人或多人同时使用，或由一个组织的个别成员单独使用；

（2）该图书馆或档案馆，或其雇员在系统地复制或发行第（d）款所述作品的单件或多件复制品或录音制品，但本款不禁止图书馆或档案馆参加馆际活动，若活动的目的或结果在于使图书馆或档案馆接受足够的复制品或录音制品，从而无需订阅或购买该作品，则此类活动除外。

（h）（1）根据本条款，在已出版作品的版权保护期的最后 20 年内，如果图书馆或档案馆（包括与其功能相同的非营利性教育机构），已经基于合理的调查，认定本条第（2）项中的第（A）目、第（B）目、第（C）目所述条件均不适用，那么为了保存、学习或研究，图书馆和档案馆可以传真、数据电文的形式复制、发行、陈列或演示这个作品的复制品、录音制品或者其部分内容。

（2）不可依据本条复印、发行、陈列和演出以下作品：

（A）用于普通商业开发的作品；

（B）可以合理的价格获得其复制品或录音制品的作品；或

（C）作品的版权人或其代理人已依照版权注册处的规定，发布了适用第

(A)目或第(B)目的声明。

(3) 除该图书馆或档案馆外,其他用户的后续使用,不适用本款所述的豁免权。

(i) 本条规定的复制权及发行权不适用于音乐作品、绘画、图形、雕塑作品、电影,或除有关新闻的音像作品以外的其他音像作品,但此种限制不适用于第(b)款与第(c)款以及第(h)款所赋予的权利,或不适用于作为其复制品系依第(d)款和第(e)款制作或发行的作品的插图、图表或类似附属物而发表的绘画或图形作品。

§109　专有权利的限制：特定复制品或录音制品转让的效力[42]

(a) 尽管有第 106 条第(3)款的规定,依据本编合法制作的特定的复制品或录音制品的版权人,或者经该版权人授权的任何人,无需经原版权人许可,有权出售或以其他方式处置该复制品或录音制品的所有权。

尽管有先前的条款,按第 104A 条的恢复版权的规定,如果作品的复制品或录音制品是在版权恢复之日前制作的,那么对于依赖方来说,在依照第 104A 条第(e)款出版或提交声明之日前,未经恢复版权的权利人许可而出售或为获取直接或间接的商业利益处分作品的,仅在从以下日期开始后的 12 个月内,其出售、处分的行为有效:

(1) 根据第 104A 条第(d)款第(2)项第(A)目,向版权局提交意向书时,《联邦公报》上登载意向书的日期,或

(2) 根据第 104A 条第(d)款第(2)项第(B)目,收到实际意向书的日期。(1)、(2)两个日期中选取较早的日期。

(b) (1) (A) 尽管有第(a)款的规定,除非录音制品或计算机程序(包括磁带、光盘或者其他程序的载体)的版权人授权,若未经所包含的录音制品和音乐作品的版权人授权,特定的录音制品版权人或特定计算机程序(包括磁带、光盘或者其他程序的载体)复制品的版权人不可为了直接或间接的商业利益,以出租、租赁、出借或其他属于出租、租赁、出借性质的任何行为处置或授权他人处置该录音制品或计算机程序(包括磁带、光盘或者其他程序的载体)的所

有权。上述规定不适用于非营利图书馆或非营利教育机构进行的非营利性的出租、租赁或出借录音制品。

根据本款规定,合法制作的计算机程序的复制品的所有权,在非营利性教育机构之间及其与教师、职工、学生之间的转让,并不构成以直接或间接的商业利益为目的的出租、租赁或出借。

(B) 本条款并不适用于——

(i) 机器或其他产品中含有的,或在正常操作或使用中不能被复制的计算机程序;或

(ii) 视频游戏机或其他目的特定的专用计算机中使用或包含的计算机程序。

(C) 本部分中的任何条款都不对本编第 9 章中的规定产生影响。

(2)(A) 如果非营利性的图书馆出借的计算机程序已经在外包装上附加了版权标记,同时程序中也包含了一个有关版权的、与版权注册处的相关规定一致的警告,那么本部分下的任何条款都不应适用于非营利性图书馆以非营利性的目的出借此类计算机程序。

(B) 1990 年《计算机软件租借修正法案》颁布之日后的三年内,版权注册处应选择合适的时间,在和版权人、图书馆的代表协商后,向国会提交一份报告,说明本段规定是否达到了预期目的:维护版权系统的完整性,同时给予非营利性图书馆履行职能的能力。版权注册处应当在该报告中向国会提出其认为达到上述目的所必需的任何信息及建议。

(3) 本款的规定不应影响反托拉斯法的任何规定。据前述规定,"反托拉斯法"的含义与《克莱顿法案》第 1 条中"反托拉斯法"的含义相同,并包括《联邦贸易委员会法案》第 5 条涉及不公平竞争时的含义。

(4) 任何人如若违反第(1)项的规定而发行录音制品或计算机程序复制品(包括磁带、光盘或者其他程序的载体),即为本法第 501 条规定的版权侵权人,并受第 502 条、第 503 条、第 504 条和第 505 条法律救济条款的约束。这种违法行为不应认定为第 506 条规定的刑事犯罪,也不应使行为人受到第 18 编第 2319 条所述的刑事处罚。

(c) 尽管有第 106 条第(5)项的规定,依照本编条款合法制作的特定复制

品的版权人,或得到该版权人授权的任何人,即使未经原版权人授权,都有权在该复制品所在场地公开展示该复制品,可以直接展示,也可以一次投影最多一幅画面。

(d) 除非由版权人授权,若行为人以出租、租赁、借贷或其他形式从版权人处获得录音制品或复制品,但并未获得其所有权,则第(a)款和第(c)款所规定特权并不适用。

(e) 尽管有第 106 条第(4)项和第 106 条第(5)项的规定,涉及用于投币点唱机的电子视听游戏情形时,若这种游戏的某个特定复制品是按本编规定合法制作的,那么该复制品的所有人,即使未经游戏版权人授权,仍有权在公开场合使用投币点唱机演示、表演该游戏。但是如果该电子视听游戏的版权人并不是该作品的版权人,则本条款不适用于任何利用视听游戏播放的,包含版权的作品。

§110　专有权利的限制: 对于某些作品表演与展示的法定许可[43]

尽管有第 106 条的规定,下述各项行为都不构成版权侵权:

(1) 在非营利教育机构的面对面教学活动中,在教室里或专用于教学的类似场所,由教师或者学生表演或者展示一部作品。但如果电影或其他音像作品、表演、展示的个别图像并非建立在依据本法制成的合法复制品上,而且演出的负责人员明知或应知该复制品属于非法复制品,则不适用此款规定;

(2) 除了下述情形:某作品制作或销售的目的,主要是在网络播送的间接教学活动中表演或展示,或者某表演或展示基于并非按本编规定合法制作或取得的复制品或录音制品之上,负责传播的政府机构或者公认的非营利性教育机构明知或应知其并非合法制作或获取的复制品或录音制品,演出非戏剧文学作品、音乐作品或其他任何作品合理以及有限的部分,或展示一部作品,与在现场课堂教学过程中具有代表性的展示数量相当,在播送过程之前或之时,如果——

(A) 表演或展示是由政府组织或可信赖的非营利性教育机构举办的整体性的教学活动的常设部分,该部分在某个授课者的实际监督下,成为课程的主体；

(B) 表演或展示直接关系到教学效果，并且能够辅助教学；

(C) 播送的唯一原因在于技术，且其程度取决于技术的发展，接受这种播送应受到以下各项的限制：

(i) 以授课为目的播送的材料，只有正式参加该课程的学生才能接收；或

(ii) 政府机构中，以播送材料为其公职的工作人员或雇员才能接收；以及

(D) 播送的主体或机构——

(i) 设立关于版权政策时，须提供信息资料给教师、学生，以及相关工作成员，详细介绍并促使以上人员遵守有关版权的美国法律，提醒学生注意，在课程中使用的相关资料是受到版权保护的；以及

(ii) 在以数码形式播送的情形中——

(I) 运用技术手段来适度阻止——

(aa) 接收者从播送主体或教育机构获得作品，且保存该作品的时间长于上课时间；以及

(bb) 未经授权，接收者对接收的作品向他人进一步散播；以及

(II) 版权人可利用技术手段阻止上述逾期保留和未经授权的发布，该权利他人无权干涉。

(3) 在礼拜堂或其他宗教集会场所做礼拜时演出非戏剧性文学或音乐作品，或具有宗教性质的音乐戏剧作品，或者展示一部作品；

(4) 以向公众广播以外的方式演出非戏剧性文学或音乐作品，没有任何直接或间接的商业目的，也不付给任何表演者、主持者或组织者任何演出费或其他报酬，但须具备以下条件——

(A) 不直接或间接地收取入场费；或者

(B) 将扣除演出的合理费用后剩余的收入专门用于教育、宗教或慈善事业，不作为私人的经济收益。版权人按下列要求发出反对演出的通知的，不适用上述规定：

(i) 通知应以书面形式发出，并应由版权人或其正式授权的代理人签字；而且

(ii) 通知须在演出日前七天向演出的负责人传达，并应说明反对演出的

理由;而且

(iii) 通知的形式、内容和送交方式应遵照版权注册处的规定。

(5)(A) 除了第(B)目中的规定外,播送含有某个作品的表演或展示信号,且通过一种用于接收公众信号的,私人家庭普遍使用的独立的设备接收,除非——

(i) 为了能听到或看到播送内容,已直接支付费用;或

(ii) 接收到的播送内容还会进一步传送给公众。

(B) 播送或转播含有非戏剧性音乐作品内容的表演或展示,且其目的在于向公众播送,其信号的来源是由联邦通讯委员会认证的电台或电视台,或是涉及有线系统或卫星载体的视听传播,如果——

(i) 除了提供食品和饮料服务的机构,其他类型机构,不管是在总面积不超过 2 000 平方英尺的空间(不包括仅供顾客停车的空间)中传播,还是在总面积等于或超过 2 000 平方英尺的空间(不包括仅供顾客停车的空间)里传播,以及——

(I) 如果表演仅有音频方式,且传播该表演总共不超过 6 个扬声器,其中不超过 4 个扬声器是位于任何同一房间里,或毗邻户外场所;或

(II) 如果表演或展示是通过视听方式展现的,任何表演或展示中的视觉部分的传播,不得使用超过 4 个视听播放设备,任何一个房间里不得装配超过一个视听播放设备,并且每个视听播放设备的屏幕对角线不得大于 55 英尺,且传播该表演的声音部分总共不超过 6 个扬声器,其中不超过 4 个扬声器是位于任何同一件房间里,或毗邻户外场所;

(ii) 在提供食品和饮料服务的机构中,其他类型机构,不管是在总面积不超过 3 750 平方英尺的空间里(不包括仅供顾客停车的空间)播送节目,还是在总面积等于或超过 3 750 平方英尺的空间(不包括仅供顾客停车的空间)里播送,以及——

(I) 如果表演仅有音频方式,且传播该表演总共不超过 6 个扬声器,其中不超过 4 个扬声器是位于任何同一房间里,或毗邻户外场所;或

(II) 如果表演或展示是通过视听方式展现的,任何表演或展示的视觉部分的传播,不得使用超过 4 个视听播放设备,任何一个房间里不可装配超过 1

个视听播放设备,并且这样的视听播放设备的屏幕的对角线不得大于 55 英尺,且传播该表演的声音部分总共不超过 6 个扬声器,其中不超过 4 个扬声器是位于任何同一房间里,或毗邻户外场所;

(iii) 收看或收听播送或转播的内容无需支付直接费用,也无需直接收费;

(iv) 在接收机构之外,不会进一步转播;以及

(v) 在公众场合表演或展示作品得到了版权人的授权。

(6) 政府机构或非营利性的农业或园艺组织在一年一度的农业或园艺博览会或展览会上,播放非戏剧性音乐作品;当被许可人、商业机构或其他人员在上述博览会或展览会上播放时,根据替代责任(vicarious liability)或连带侵权理论,该政府机构或非营利性农业、园艺组织本应承担侵犯版权的责任,但根据本条可以豁免。但不能根据本条免除该被许可人、商业机构或任何其他人员由于侵权播放而应负的责任;

(7) 一个向公众普遍开放的售货机构演出非戏剧性音乐作品,且不直接或间接收取入场费,其演出的唯一目的是促进该作品、音像作品或用于播放的其他设备的复制品或录音制品的零售,播放地点不可超出机构所在地点的范围,并且须在促销进行时播放;

(8) 在专为残障人士(本条所称残障人士指盲人或其他由于残疾不能阅读普通阅读材料的人,或失聪者以及其他由于残疾而无法获取伴随视觉信号同时发出的声音信号的人)设计,并主要向残障人士发布的非戏剧性文学作品的发布过程中,如果该发布活动没有任何直接或间接的商业目的,且通过以下设施进行:

(i) 政府机构;或

(ii) 非商业性的教育类广播电台(如第 47 编第 397 条所述);或

(iii) 经授权的电台副载波(如《美国联邦规则法典》73.293—73.295 和 73.593—73.595 规定);或者

(iv) 有线系统[如第 111 条第(f)款规定]。

(9) 对专为盲人或其他由于残疾不能阅读普通材料的人设计,并主要向其发布的戏剧性文学作品,若该作品在出版之日起十年后向上述人员发布,该发布活动没有任何直接或间接的商业目的,且是通过第(8)项第(iii)段所提到

的经授权的电台副载波发布的,同一作品只能由同一发布者或同一主办机构发布一次。

(10) 尽管有上述第(4)项的规定,以下行为不构成版权侵犯:在由非营利性退伍军人协会或非营利性大学生协会组织主办或赞助的大型社交集会上表演非戏剧性文学或音乐作品,该种集会对公众开放(上述组织者邀请的人员除外),且将扣除演出的合理费用后的剩余收入全部用于慈善事业,不作为其经济收益。根据本条,任何大学或学院的大学生联谊会、女学生联谊会等大型社交集会不适用本条,除非这种社交集会是专为慈善事业筹集资金而举行的;以及

(11) 下述行为是"难以察觉的制作行为":由某一私人家庭成员或在其指导下以一个经授权的电影复制品中的部分视频和音频为材料制作,或者创建或提供上述制作行为所需的计算机程序或其他技术,同时该计算机程序和技术也是为家庭成员或在其指导下进行上述制作行为而设计和销售的,且上述计算机程序或其他技术手段制造出来的改动后的电影版本没有形成复制品。

在任何行政管理的、司法的或其他政府的诉讼中,确定或调整因公开演出或展示其作品而应支付版权人的版税时,不应将第(5)项规定的豁免考虑在内。为公开演出或展示其作品而支付给作品版权人的版税,不应因此类豁免而在任何方面有所减少。在第(5)项中提到的被豁免的公共演出和展示除外。

在第(2)项中,术语"间接教学活动",即本章所述的通过数字传输演出或展示作品的,是指在指导者的实际监督之下,使用这些作品作为课堂体验的组成部分,以及其他类似的、当堂进行的演出或展示。若某教科书、课程资料包或其他任何形式的材料及其复制品、录音制品是由高等学校的学生为独立使用或保存而特意购买或取得的,或是由小学、中学生为独立使用或拥有而特意购买或取得的,则在某个单一课程中的 1 节或多节课里使用上述材料的行为,不构成术语"间接教学活动"。

根据第(2)项可认定——

(A) 认证高等教育机构的主体,应当是得到高等教育认证委员会或美国教育部承认的、地区性或国家性的认证机构;以及

(B) 认证中小学教育机构,应当经过相应的国家证明或许可程序。

按照第(2)项规定授权后,数字传输中的自动技术程序可对资料中所含的

作品进行表演和展示。根据第(2)项,对发生在传输过程中的,或临时储存的上述资料中的侵权行为,政府主体或得到认证的非营利性教育机构无需承担责任。传输主体或本条所述的机构所控制或运营的系统或网络可存储上述资料。该存储行为须保护资料,在一般情况下,除目标受众外,公众不得获取资料。在此系统或网络中,目标受众只能在一定期限内获取该资料。该期限为达到传播目的的合理期限。除了预期接收者外的其他任何人以通常性开放方式在系统或网络中保留该复制品的时间不应当超过合理促进传输所需要的时间。

根据第(11)项,术语"难以察觉的制作"并不包含演出或展示或代替电影原先内容的附加的音频或视频内容。

第(11)项不应被解释为本编第106条中的更进一步的权利,也不影响保护或限制本编其他条款或本条款下其他项目所授予的权利。

§111 专有权利的限制:转播[44]

(a) 特定转播的豁免。——对一部作品演出或展示的首次播送的转播,在下述情况下不属于侵犯版权:

(1) 该转播不是通过有线系统进行的,而纯粹是由一个旅馆、公寓或类似机构的管理者把经美国联邦通讯委员会发给执照的广播电台信号,在上述机构的服务区域内,向上述机构的房客或居民转播,并且不直接收取收听收看转播的费用;或

(2) 转播仅根据第110条第(2)项进行,符合该项规定的条件;或

(3) 该转播的实施者无权直接或间接控制或选择首播的内容或转播的特定接收者,而且该转播者的转播活动又仅限于向使用者提供电线、有线或其他通讯渠道。但是,本项的规定只适用于与转播有关的上述转播者的活动,并不能免除与首播和转播有关的其他人员的责任;

(4) 转播是由卫星运载工具完成的;该卫星运载工具必须依照第119条获得法定的执照;或

(5) 该转播不是由有线系统进行的,而是由一个政府机构或其他非营利组织进行的,其没有任何直接或间接商业目的,并且除了必要的用于维修和管

理的实际合理开支外,对接收者不收取其他费用。

(b) 首播时有范围限制的内容的转播。——尽管有第(a)款和第(c)款的规定,如果该首播不面向全体公众,而是只面向特定范围内的公众,则向公众转播该内容仍属第 501 条的侵权行为,可以对此提起诉讼,并且完全适用第502 条至第 506 条规定的救济。但下列情况中的转播行为不构成侵权,不可对其提起诉讼——

(1) 首次播送的广播电台已取得美国联邦通讯委员会授予的执照;而且

(2) 传送该转播信号,依照美国联邦通讯委员会的规章、条例并经其授权;而且

(3) 该转播者对首次播送的信号没有做任何的改变或更改。

(c) 通过有线系统转播。——

(1) 依照本款第(2)项、第(3)项和第(4)项以及第 114 条第(d)款的规定,通过有线系统向公众转播一部作品的演出或展示,应依照第(d)款,符合美国联邦通讯委员会的规章、条例、授权条件,并得到法定许可。该作品的首播者须为经美国联邦通讯委员会或加拿大或墨西哥相应的政府机构发给执照的电台。

(2) 尽管有本款第(1)项的规定,但下列情形中故意或重复进行第(1)项所述行为的,构成第 501 条规定的侵权行为,可以对此提起诉讼,并完全适用第 502 条至第 506 条规定的救济:

(A) 按美国联邦通讯委员会的规章、条例或授权,该信号不允许转播;或者

(B) 该有线系统没有按第(d)款的规定提交账目报表和版税。

(3) 尽管有本款第(1)项的规定,在符合本条第(e)款规定的条件下,如果转播的有线系统故意以变更、删节或补充的形式,任意改动包含作品演出或展示的特定节目的内容,或首播者在节目中或在节目刚开始前、刚完结后所做的商业广告或电台通知,则第(1)项所述行为仍然属于第 501 条规定的侵权行为,可以对此提起诉讼,并完全适用第 502 条至第 506 条和第 510 条的救济。然而从事电视商业广告市场研究的人员对商业广告所作的改变、删节或替换除外,但该研究公司应事先征得购买原商业广告时间的广告商、播送该商业广

告的电视台以及进行转播的有线系统的同意;而且这种商业性的改变、删节或替换不得以出售该广告时间为目的。

（4）尽管有本款第（1）项的规定,在下列情况下,对一部作品的演出或展示由加拿大或墨西哥的相应政府机构认证的广播电台首播,通过有线系统向公众转播该首播的行为仍然属于第 501 条规定的侵权行为,可以对此提起诉讼,并完全适用第 502 条至第 506 条的救济:（A）就加拿大的信号而言,有线系统的受众居住于美国和加拿大边界 150 英里以外,并在北纬 42 度以南,或者（B）就墨西哥的信号而言,除了有线系统直接截取并转播此类广播电视台首播的自由空间内的无线电波外,其他有线系统地转播形式均构成侵权。除非在遵照美国联邦通讯委员会的规章、条例、授权条件的前提下,该有线系统对这种外国电台的信号的转播在 1976 年 4 月 15 日之前就已经开始并持续进行,或已经获得特别授权。

（d）有线系统转播的法定许可。[45]——

（1）按第（c）款规定取得法定许可的有线系统,其转播活动应符合版权注册处以条例形式规定的要求,每半年向版权注册处提交——

（A）一份前 6 个月的账目报表,其上应载明该有线系统向其用户转播时所用的频道号码、由该有线系统所转播的全部首播者的名称和位置、用户总数,提供该有线系统收取的作为转播的基本服务费的总金额,以及版权注册处以条例形式规定的其他资料。在确定用户总数以及有线系统收取的作为转播的基本服务费的总金额时,不应将其计入按第 119 条接收转播的用户数目及其支付的金额。此类报表还应包括一个专门的账目报表,内容为该有线系统按照美国联邦通讯委员会在特定情况下允许替换或增补信号的规章、条例或授权要求,所转播的全部或部分超出首播者服务区域的非网络电视节目,以及其播送日志,写明此类替换或增补的次数、日期、电台和节目。

（B）除了由第（C）目或第（D）目规定版税的有线系统外,报表体现的该期间内全部版税的计算基础为,用户在此期间内向有线系统缴纳的基本转播服务费的下述特定百分比:

（i）对首播者的任何非网络节目全部或部分超出其当地服务区的转播权,应付额为上述行为总收入的 1% 的 0.675,如果按第（ii）段至第（iv）段交付费

用,则该费用的计算适用上述数额;

(ii) 第一个远程等效信号应付额为总收入 1% 的 0.675;

(iii) 第二、第三和第四个远程等效信号应付额为总收入 1% 的 0.425;

(iv) 第五个远程等效信号和以后增加的每一个远程等效信号应付额为总收入 1% 的 0.2;并且

在按上述第(ii)段到第(iv)段的规定计算应付数额时,一个远程等效信号的任一个分数部分都须计算,若一个有线系统的部分位于首播者当地的服务区之内,部分位于其外,上述总收入应只限于从首播者当地服务区以外的用户收取的总收入;而且

(C) 如果在报表载明的期限内,因提供转播的基本服务,该有线系统向用户收取的实际总额为 80 000 美元或不足 80 000 美元,依照本目计算该有线系统的总收入时,应从这个实际收入总额中减去该总额与 80 000 美元之间的差额,但无论如何有线系统的总收入不得少于 3 000 美元。根据本目规定,应付的版税应为 1% 的 0.5,不论有无远程等效信号、其数目多少;而且

(D) 如果在报表载明的期限内,因提供转播的基本服务,该有线系统向用户收取的实际总额超过 80 000 美元但不足 160 000 美元,根据本目,应付的版税数额为:

(i) 80 000 美元以下的部分为其 1% 之 0.5;而且

(ii) 超过 80 000 美元但不足 160 000 美元的部分为其 1%,如有远程等效信号,不论等效信号数目如何,均应支付 1%。

(2) 版权注册处应收取本条规定的一切款项,并在美国版权局按本条规定扣除必要费用之后,遵照美国财政部长指定的方式,将余额存入美国国库。财政部长所掌握的全部资金应用于购买有利息的美国证券,在版税裁判官的授权下,所得利息由国会图书馆馆长加以分配。

(3) 若以下版权人的作品在相关的半年间被有线系统转播,则缴纳的版税应按照第(4)项所规定的程序,分配给该版权人:

(A) 任何一个版权人,若其作品包括在一个由有线系统转播的非网络电视节目中,且该转播的范围全部或部分地超出首播者当地的服务区;而且

(B) 任何一个版权人,其作品是按第(1)项第(A)目提交的专门账目报表

中指明的转播作品;而且

(C) 任何一个版权人,其作品包括在一个由有线系统转播的仅由声音信号构成的非网络节目中,且该转播的范围全部或部分地超出该节目首播者当地的服务区。

(4) 缴纳的版税应按下列程序进行分配:

(A) 每年7月,转播的法定许可费用的申请人,应按版税裁判官以条例形式规定的条件,向版税裁判官提出申请。尽管反托拉斯法已有规定,根据本项,申请者可自行议定强制许可费的分配比例,并汇集各自的申请,共同提交,或者形成单一的申请提出,或共同指定一个代理人为他们收取付款。

(B) 每年8月的第一天之后,版税裁判官应确定在版税分配方面是否存在争议。如果该裁判官判定不存在此类争议,在根据本条扣除合理的管理费用之后,应授权国会图书馆馆长把这些版税分配给有资格的版权人或版权人指定的代理人。如果该裁判官发现存在争执,应遵照本法第8章进行审理以确定版税的分配。

(C) 在按本款进行审理的过程中,版税裁判官可授权国会图书馆馆长分配没有争执的任何数额。

(e) 有线系统的非同时转播。——

(1) 尽管第(f)款第二段规定了有线系统的非同时性的转播,任何这种转播都属于第501条的侵权行为,可以对此提起诉讼,并完全适用第502条至第506条和第510条规定的救济,但以下情况除外:

(A) 录像带上的节目只向有线系统的用户播送一次;而且

(B) 有版权的节目、剧集或电影录像磁带及其中的商业广告,在转播时没有删除或剪辑;而且

(C) 有线系统的所有者或职员

(i) 作为该系统的所有人期间,禁止复制录像带;

(ii) 如果该系统拥有或控制为其制作录像带的设备,则在拥有或控制期间,禁止该设备进行未经授权的复制,如果该系统未拥有或控制上述设备,则应采取适当的预防措施防止这种复制;

(iii) 在磁带运送过程中,采取充分的预防措施防止其被复制;而且

(iv) 按照第(2)项规定抹去或销毁录像带,或者通过其他方法使录像带被抹去或销毁;而且

(D) 在每一季度末之后的 45 天内,有线系统的所有者或职员应签署一份证明书

(i) 证明为防止录像带被复制,所采取的步骤和预防措施;而且

(ii) 证明按照第(2)项规定,抹去或销毁在这个季度制作或使用过的全部录像带;而且

(E) 有线系统的所有者或职员应把此类证明书,以及按照第(2)项第(C)目得到的证明书归档,在进行转播的地区,上述档案应在该系统的主办公地公开,或者在该系统设有的最邻近的办公地公开,供公众查阅;而且

(F) 如果进行同时播送,根据该非同时性播送时有效的美国联邦通讯委员会的规章、条例和授权可以批准有线系统的非同时播送,但因过失或意外而导致的播送不适用本目。

(2) 如果有线系统向任何人转移该系统非同时播送的节目的录像带,这种转移即属于第 501 条的侵权行为,可以对此提起诉讼,并完全适用第 502 条至第 506 条规定的救济。以下情况除外:按照书面非营利性的合同,公平分摊录像带及其转移费用,非同时播送的录像带可以根据第(1)项规定由阿拉斯加州的一个有线系统转移给阿拉斯加州的另一个有线系统,由夏威夷州的一个有权进行这种非同时播送的有线系统转移给夏威夷州的另一个有线系统,或者由关岛、北马里亚纳群岛或太平洋岛屿托管地的一个有线系统转移给这三个地区中任一地区的另一有线系统,但应符合以下条件——

(A) 每一份这种合同都要放在相应的有线系统办公室内供公众查阅,并且在这种合同签订之后 30 天内将该合同的副本提交版权局归档(版权局应将这些合同供公众查阅);而且

(B) 接收录像带的有线系统要遵守第(1)项第(A)目,第(B)目,第(C)目的第(i)段、第(iii)段和第(iv)段,以及第(D)目至第(F)目的规定;而且

(C) 该有线系统将按照第(1)项第(D)目要求,签署证明书的副本,并提供给每个此前进行同一录像磁带非同时性播送的有线系统。

(3) 本款不应解释为,在有线系统和其所在地的电视台之间,或有线系统

和电视台所属的电视网络之间的现有的或今后达成的协议中,代替关于保护专有播送权的条款。

(4) 本款所述"录像带"及其每种变体指的是复制广播电视台的一个节目或若干节目中的图像和声音,且该广播电视台应持有美国联邦通讯委员会执照,而不论承载该复制品的物体,例如磁带或胶卷的性质如何。

(f) 定义。——本条所用的专有名词及其变体的意义如下:

"首次播送"是播送设施向公众进行的一种播送,其信号由转播者接收和转播,不论演出或展示的首次播送是在何时何地进行。

"转播"是与首次播送同时进行的,对首次播送的转播,或者由并非全部或部分设在 48 个毗邻州、夏威夷或波多黎各境内的"有线系统"与首播非同时进行的转播。但如果根据美国联邦通讯委员会的规章、条例或授权,允许构成这种转播的电视广播信号传播,则设在夏威夷的有线系统对首次播送的进一步非同时性播送应视为转播。

"有线系统"是设在任何州、领土、托管领土或领地的一种设备,将全部或部分地接收持有美国联邦通讯委员会执照的一个或多个电视台播送的信号或广播节目,通过电线、电缆、微波,或其他通讯渠道向订购这种服务的用户转播这种信号或节目。为了确定第(d)款第(1)项规定的版税,若两个或多个有线系统位于毗邻地区,并受同一所有者或同一人控制或从同一数据转发器发出,则应视其为一个系统。

"首次播送者的当地服务区",就电视台而言,指该电视台有权要求有线系统按照 1976 年 4 月 15 日生效的美国联邦通讯委员会的规章、条例和授权要求转播其信号的地区;或者在《美国联邦规则法典》(1993 年 9 月 18 日生效)第 47 编第 76.55 条第(e)款有明确规定的该电视台的电视市场;或者在 1993 年 9 月 18 日之后,根据《美国联邦规则法典》第 47 编第 76.55 条第(e)款或第 76.59 条对于该电视台电视市场的任何修改;或者就取得加拿大或墨西哥有关政府当局执照的电视台而言,系指在这些规章、条例和授权范围以内的电视台有权转播其信号的地区。就低功率电视台而言,"首次播送者的当地服务区"按美国联邦通讯委员会的规章、条例所规定,系指该播送者所在地的 35 英里以内的地区,但如果这种电视台设在典型的都市统计区,即全美国 50 个人口最多的地区之一（根据 1980 年商务部长主持进行的 10 年一次人口普查统计），则上述英里数应为 20 英里。无线电广播台的"首次播送者的当地服务区"按照美国联邦通讯委员会的规章和条例，系指该电台的首次服务区。

"远程等效信号"是有线系统全部或部分超出首次播送者的当地服务区而转播的任何非网络电视节目的数值。其计算办法是，对于按照美国联邦通讯委员会的规章、条例和授权转播的非电视网节目，每一独立台记作 1，每一网络电视台和非商业性教育台记作四分之一，再将两数值相加。可是，上述独立台、网络电视台和非商业性教育台的数目在计算时有以下的例外和限制。如果美国联邦通讯委员会的规章和条例要求有线系统删去对某一具体节目的转播，而且允许用包含某一作品的演出或展示的另一节目来代替删去的节目；或者如果在本法生效之日，已有效力的这些规章和条例允许有线系统自行选定并实行这种删除，并以非实况节目代替；或者播送有线系统设在其当地服务区内的，首次播送者没有播送的附加节目，则代替的或附加的节目的数目不应计入。凡是美国联邦通讯委员会于本法生效之日已产生效力的规章、条例或授权允许有线系统自行选定删除某一具体节目的再播送，而且这些规章、条例或授权还允许用包含某个作品演出或展示的另一节目来代替删去的播送，就实况播送节目来说，代替的节目或附加的节目的数目将以一个分数乘以一个远程等效信号的数值，这个分数以该年发生这种代替的天数为其分子，而以该年的天数为其分母。对按照美国联邦通讯委员会深夜节目规则、专题节目规则运营的电台、非全日制电台（因有线系统缺少可用的转播通道，而不能全天候转播有权转播的所有信号）而言，上述独立台、网络电视台和非商业性教育台的数值根据其情况应与一个分数相乘，这个分数等于有线系统转播的节目的时间与上述电台全部的节目时间之比。

"网络电视台"是在全美国范围内提供播送服务的一个或多个电视网站拥有的或经营的电台或其所属电台，而且该电台典型广播日大部分时间是播送这些电视网所安排的大部分节目。

"独立台"是网络电视台以外的商业性电视广播台。

"非商业性教育台"是第 47 编第 397 条所规定的非商业性教育广播电台那样的电视台。

§112 专有权利的限制：临时录制品[46]

（a）（1）尽管有第 106 条的规定，除电影或其他音像作品以外，根据版权许可或转让，或依第 114 条第（a）款的录音制品专有权利的限制，或依据第 114 条第（f）款的法定许可证，或经美国联邦通讯委员会许可的广播电台或电视台在非订阅的基础上以数字形式传送一个录音演出，有权向公众播送一部作品的演出或展示的播送机构，对该节目制作复制品或录音制品不超过一部，且具备下列条件者，不构成侵犯版权：

（A）复制品或录音制品仅由制作它的播送机构保存和使用，并不再由此复制更多的复制品和录音制品；而且

（B）复制品或录音制品仅出于该播送机构在当地的服务区内播送、保存档案或安全的目的；而且

（C）除用于存档的以外，复制品或录音制品要在该播送节目首次向公众播放之日起的 6 个月内销毁。

（2）根据第（1）项的规定，若一个播送机构有权向公众播送一部作品的演出或展示，则其有权制作复制品或录音制品。当版权人使用技术手段不允许该播送机构制作复制品或录音制品时，如果对于版权人在技术上和经济上都可行的话，版权人应当向播送机构提供制作上述许可的复制品或录音制品所需要的方法。如果版权人没有根据播送机构的合理的商业需求提供相应的方法，则播送机构在本条款第（1）项允许的情况下制作复制品或录音制品，将不被视为违反本编第 1201 条第（a）款第（1）项。

（b）尽管有第 106 条的规定，依据第 110 条第（2）项或第 114 条第（a）款中对录音制品专有权利的限制，有权播送一部作品的演出或展示的一个政府机构或其他非营利机构，制作该演出或展示的特定播送节目的复制品或录音制品不超过 30 部，且具备下列条件者，不构成侵犯版权：

（1）依据本项制作复制品或录音制品后，不再以其为原件复制更多的复制品或录音制品；而且

（2）除专为存档目的，可以保留一件复制品或录音制品外，其余复制品或录音制品，须在该播送节目首次向公众播送之日起的 7 年之内销毁。

（c）尽管有第 106 条的规定，若某一播送节目包含了一部宗教性非戏剧音乐作品的演出或其录音，一个政府机构或其他非营利机构制作或向本款第（2）项规定的每个播送机构发行其复制品或录音制品，则其数目不超过一部，并具备下列条件者，不构成侵犯版权：

（1）对制作或发行任何此类复制品或录音制品者，不收取直接或者间接的费用；而且

（2）除有权向公众播送的机构基于版权许可或转让向公众进行一次播送外，此类复制品和录音制品不作任何演出使用，而且

（3）除专为存档目的，可以保留一件复制品或录音制品外，所有复制品或录音制品在播送节目首次向公众播放之日起的一年之内，一律销毁。

（d）尽管有第 106 条的规定，根据第 110 条第（8）项，有权播送某部作品演出的政府机构或其他非营利机构，制作收录了该演出的复制品或录音制品不超过 10 部，或者许可依据第 110 条第（8）款有权播送的任何政府机构或非营利机构使用任何此类复制品或录音制品，并具备下列条件者，不构成侵犯版权：

（1）任何此类复制品或录音制品，仅由制作它的机构保留和使用，或依据第 110 条第（8）项，由一个有权播送某部作品演出的政府机构或非营利机构保留和使用，并不再由此复制更多的复制品或录音制品；而且

（2）任何此类复制品或录音制品，仅依据第 110 条第（8）项用于播送；或用作存档或安全的目的；而且

（3）政府机构或非营利机构根据本款，在许可任何政府机构或非营利机构对任何此类复制品或录音制品作任何使用时，不对此种使用收费。

（e）强制许可证。——

（1）依据第 114 条第（d）款第（1）项第（C）目第（iv）段对专有权的限制，或第 114 条第（f）款中的法定许可证，有权向公众播送录音演出的播送机构，有权获得法定许可证，来复制该录音不超过一部（法定许可证允许制作多部的情况除外）的录音制品，但必须具备下列条件：

（A）该录音制品仅由制作它的播送机构保存和使用，并不再由此复制更多的录音制品；

（B）该录音制品仅用于该播送机构源自美国的播送，且应依据第 114 条

第(d)款第(1)项第(C)目第(iv)段规定的限制专有权利,或依据第114条第(f)款中的法定许可证进行播送;

(C) 除专为存档目的可以保留外,该录音制品在首次向公众播放之日起的六个月之内,一律销毁;

(D) 经版权人授权后,录音制品已经在公众中播送,或版权人授权传播机构播送该录音制品,传播机构应依据本款,根据一个已取得版权人授权且合法制作和获得的录音制品制作录音制品。

(2) 尽管有反托拉斯法的规定,录音制品的任何版权人和根据本款有权获得法定许可证的任何播送机构,可以协商确定版税税率、许可证期限、制作此类录音制品的许可条件、版权人各自的收益比例,并且可以指定共同代理人来协商、确定、支付、收取版税费用。

(3) 第8章规定的诉讼程序中应确定,第(1)项具体规定的行为,在5年之内,或其他各方均同意的时间段内,产生的版税的税率和期限。上述5年的期限自诉讼程序开始后第二年的1月1日开始计算。税率应包括由播送机构提供的每种服务的最低费用。录音的任何版权人或根据本款有权获得法定许可证的任何播送机构,可以向版税裁判官提交包含与这些录音有关的活动的许可证。每项诉讼的当事人应该承担自身的诉讼费用。

(4) 由版税裁判官确定的合理的税率及期限,应当符合第(5)项的规定,在第(3)项规定的5年内或者其他各方均同意的期限内,对所有录音的版权人和依据本款有权获得法定许可证的播送机构均有约束力。税率应包括由播送机构提供的每种服务的最低费用。版税裁判官应当确定合适的税率,这种税率应尽可能符合愿意购买的买家和愿意出售的卖家在市场上协商确定的费用标准。在确定这种税率和期限时,版税裁判官应充分考虑各方提供的经济实力、竞争力和节目信息。这些信息包括:

(A) 使用这些服务是否会替代或促进录音制品的销售额,或是否会影响或增加版权人的正常收入;而且

(B) 在创造性贡献、技术性贡献、资本投资、成本以及风险等方面,版权人和传播机构在受版权保护的作品中,以及面向公众的服务中,扮演相对的角色。

在确定税率和期限时,版税裁判官可以考虑第(2)项和第(3)项描述的自

愿许可协议中的税率和期限。版税裁判官也应当做出相应的规定,根据这些规定,版权人可以根据本条收到合理通知以使用他们的录音作品,以及依据本款有权取得法定许可证的播送机构应当保存和使用的录音。

(5) 在任何时间,若许可协议是由一个或多个版权人,或一个或多个依据本款有权取得法定许可证的播送机构,通过自愿协商达成的,则该协议应当替代国会图书馆馆长或版税裁判官做出的任何裁定并生效。

(6)(A) 任何一个取得本款规定的法定许可证的人,如果具备下列条件,那么其制作一个录音的录音制品并不会侵犯第 106 条第(1)项规定的该录音的专有权——

(i) 遵守通知的要求,该要求是由版税裁判官根据条例和版税费用(根据本款交纳)确定的;或

(ii) 如果上述版税费用尚未确定,那么应根据本款确定版税费用,并同意支付该费用。

(B) 拖欠的版税应该在确定版税费用的次月的 20 日之前(包括 20 日)交纳完毕。

(7) 版权人可使用技术手段阻止一个本款授权的播送机构制作复制品或录音制品,此时如果在技术上和经济上都可行,那么版权人应当向播送机构提供允许制作这类复制品或录音制品的方法。如果版权人没有根据播送机构的合理商业需求提供相应的方法,那么播送机构在本条款允许的情况下制作复制品或录音制品,将不会被视为违反本编第 1201 条第(a)款第(1)项。

(8) 除非在本款中另有规定,本款中的任何规定不能废除、限制、损害或者通过其他形式影响录音制品版权人的专有权及其价值,或音乐作品版权人的专有权及其价值。这种专有权包括复制和发行录音制品或音乐作品的专有权,包括根据第 106 条第(1)项、第 106 条第(3)项以及第 115 条的规定,通过数字录音制品传播以及公开演播录音制品或音乐作品的权利,包括根据第 106 条第(4)项和第 106 条第(6)项通过数字音频播送的方式。

(f)(1) 尽管有第 106 条的规定,且在适用第(b)款的情况下,根据第 110 条第(2)项的规定,有权播送一部作品的演出或展示的一个政府机构或其他非营利机构,制作一个数字作品的复制品或录音制品,并且仅在第(2)项许可的

情况下,制作一个模拟作品的复制品或录音制品,上述复制品或录音制品体现了,在第110条第(2)款的规定下获得授权后播送的演出或展示。若上述行为具备下列条件,则其不构成侵犯版权:

(A) 任何此类复制品或录音制品,仅由制作它的机构保留和使用,并且不再以此为原件制作更多的复制品或录音制品,依据第110条第(2)项获得授权的除外;而且

(B) 任何此类复制品或录音制品,仅用于第110条第(2)项授权进行的播送。

(2) 本款并未授权将印刷作品或其他模拟版本的作品转换成数字形式,除非这种转换满足下列条件,且仅与第110条第(2)项授权演出或展示的作品有关:

(A) 该机构没有该作品的数字版本;或

(B) 该机构获得的数字版本受到技术手段保护,不能根据第110条第(2)项的规定使用。

(g) 根据本条规定制作的复制品或录音制品中,播送节目不能作为演绎作品而受本编保护,除非该节目使用的是先前存在的作品,且版权人已明确同意。

§113 绘画、平面设计和雕塑作品的专有权利的范围[47]

(a) 在符合本条第(b)款和第(c)款规定的情况下,根据第106条,具有版权的绘画、平面设计和雕塑作品的复制品,其专有权利包括将该作品复制在任何种类的物品内或物品上,而不论此物品有无实用价值;

(b) 对于绘制一件此类实用物品的作品的版权人,本编所提供的有关制作、发行和展示绘制后的实用物品的权利,不多于也不少于法律给予此类作品的权利。这些法律包括第17编或1977年12月31日生效并且在根据本法提起的诉讼中,法庭认为可以适用并加以解释的一个州的普通法或成文法。

(c) 在售的或以其他方式向公众发行的实用物品中的作品,且是合法复制的,版权不能阻止下列行为:制作、发行或展示与此类物品的广告、评论、新闻报道有关的图片或照片。

(d)(1)在下列情况下——

(A)从一个建筑物中,通过一些将会破坏、扭曲、损毁作品的或其他如第106A条第(a)款第(3)项规定的更改,移除一个已包含在该建筑物中或已成为该建筑物一部分的视觉艺术作品,而且

(B)在1990年颁布的《视觉艺术家权利法案》第610条第(a)款规定的有效日期前,作品的作者同意在该建筑物安装其作品,或者建筑物的主人和该作者共同签署书面许可在该日期及以后在该建筑物安装作品,且该文件具体说明了安装该作品意味着该作品可能在被移除的过程中受到破坏、扭曲、损毁或其他更改,那么第106A条第(a)款第(2)项和第(3)项中规定的权利就不能生效。

(2)如果建筑物的主人希望移除一个已经成为建筑物一部分的视觉艺术作品,且该移除过程不会引起作品的破坏、扭曲、损毁或其他如第106A条第(a)款第(3)项中规定的更改,那么第106A条第(a)款第(2)项和第(3)项规定的作者权利均可适用,下列具体情况除外——

(A)建筑物的主人将实施影响视觉艺术作品的行为,真诚且积极地通知作者,尽管这种努力没有成功,或

(B)建筑物主人发出了书面通知,且通知的接收者在收到通知的90天内没有移除作品或支付移除的费用。

出于第(A)目的目的,如果建筑物主人向第(3)项中由版权注册处注册的作者的最新地址以挂号信的方式发出通知,那么建筑物的主人可以视为真诚且积极地发出通知。如果作品的移除由作者付费,那么关于该作品复制品的权利将属于作者。

(3)版权注册处应当建立记录系统,在该系统下,任何包含在一个建筑物中或已成为该建筑物一部分的视觉艺术作品的作者,均应在版权局注册登记身份和地址。版权注册处还应当确定程序更新上述作者的个人信息,登记建筑物主人为了符合本款规定在版权局登记其实施积极行为的凭证。

§114 录音制品的专有权利的范围[48]

(a)录音制品的版权人的专有权利,只限于第106条第(1)项、第(2)项、第

(3)项、第(6)项所规定的权利,不包括第 106 条第(4)项的任何演出权。

(b) 录音制品的版权人依据第 106 条第(1)项拥有的专有权利只限于制作直接或间接再现录音中的实质性声音的录音制品或复制品。录音制品的版权人依据第 106 条第(2)项拥有的专有权利只限于制作一部演绎作品,把录制在原录音中的实质性声音在演绎作品里改编、重新组合或以其他方式变动顺序与音质。录音制品的版权人依据第 106 条第(1)项和第(2)项拥有的专有权利不包括制作和复制仅含单独录制的其他声音的另一部录音制品,即使该声音是模拟或仿效有版权的录音制品中的声音。由公共广播台或通过公共广播台[依照第 118 条第(g)款的规定]发行或播送的,包括在教学电视或广播节目(依照第 47 编的第 397 条的规定)里的录音制品,不适用其版权人依据第 106 条第(1)项、第(2)项和第(3)项拥有的专有权利。但上述节目的复制品或录音制品不得由公共广播台或通过公共广播台向公众进行商业性发行。

(c) 本条不限制或损害通过录音制品来公开表演任何第 106 条第(4)项规定的作品的专有权利。

(d) 专有权的限制。——尽管有第 106 条第(6)项的规定——

(1) 播送和转播的豁免。——通过数字音频(非互动式服务的一部分)播送的方式,公开演出一个录音制品,不违反第 106 条第(6)项,如果该演出属于下列具体情况的一部分:

(A) 非订阅播送;

(B) 对于非订阅播送的转播;但是,对于广播电台播送的转播——

(i) 广播电台不得故意地或重复地在超出以广播电台为中心、半径为 150 英里的范围转播其播送,但是——

(I) 本款规定的 150 英里的限制并不适用于已获得美国联邦通讯委员许可的地面广播电台、地面译码器或地面中继器在非订阅的基础上转播获得美国联邦通讯委员会许可的广播电台的非订阅播送;而且

(II) 以订阅方式转播第(I)段规定的非订阅性广播转播时,上述 150 英里的半径应以转播电台为中心确定;

(ii) 对于广播电台播送的转播——

(I) 从空中获得转播电台发出的信号;

(II) 未经转播电台电子处理,用来传送独立和分离的信号;而且

(III) 仅在转播电台提供服务的当地范围之内转播;

(iii) 广播电台的播送通过卫星运载工具在 1995 年 1 月 1 日被转播到有线系统[如第 111 条第(f)款定义],而且有线系统将该转播作为单独且分离的信号再次转播,并且卫星运载工具以模拟形式获得广播电台的播送。但是,被转播的播送内容仅能包含不超过一个广播电台的节目;或

(iv) 根据 1934 年《通讯法》第 396 条第(k)款[《美国法典》第 47 编第 396 条第(k)款]的规定,在 1995 年 1 月 1 日及以后,得到资助的非商业性教育广播电台制作的播送,应仅包含非商业性教育和文化广播节目,并且无论转播是否同时,均应为非订阅性地面转播;或

(C) 属于下列类别之一的播送——

(i) 附属于豁免播送的一个先进行的或同时进行的播送,例如豁免播送者的接收以及之后的转播。但是,这种附属播送并不包括任何直接由公众接收的订阅播送;

(ii) 在营业机构中的播送应限制在其经营场所及其毗邻地区;

(iii) 如果转播与获得许可的播送同时发生,且转播获得播送者的授权,若播送者已获得授权,可以将录音制品作为其播送的一部分向公众演出,则其进行的播送可以被任何转播者转播,包括 1934 年《通讯法》第 602 条第(12)项[《美国法典》第 47 编第 522 条第(12)项]定义的多频道视频节目发行商,或

(iv) 在常规营业中,面向营业机构的播送。但是,营业机构的接收器不应在营业场所及其毗邻地区之外转播,且播送没有超出录音演出的补充范围。本款不能限制第(ii)段规定的豁免范围。

(2) 特定播送的法定许可。——

通过不符合第(1)项中豁免要求的订阅数字音频播送、合格的非订阅播送或不符合第(1)项中豁免要求的由先前存在的卫星数字视频广播业务进行播送的方式,公开演出一个录音制品,应根据第(f)款取得法定许可,如果——

(A) (i) 播送不属于交互型服务的一部分;

(ii) 除了向营业机构播送外,播送组织没有自动地或故意地使任何接收播送的设备从一个节目频道转换到另一个频道;而且

(iii) 除了本编第 1002 条第(e)款规定的情况外,如果技术可行的话,录音制品的播送应附有其编码信息。如果有编码信息,在录音版权人授权后该信息应包含该录音制品的标题、主要歌唱艺术家以及相关信息,包括关于隐含的音乐作品及其作者信息;

(B) 不属于第(1)项豁免的订阅播送,且该订阅播送是由先前存在的订阅服务,使用与 1998 年 7 月 31 日用于该类服务的同种传输媒介进行的;或不属于第(1)项中豁免的播送,且由先前存在的卫星数字视频广播业务进行的播送——

(i) 播送没有超出录音制品演出的补充范围;而且

(ii) 播送组织无需公布预先安排的节目表,或提前发布通知以告知具体录音制品的标题,或包含该录音制品的录制品的标题;而且

(C) 一个合格的非订阅播送,或一个不符合第(1)项豁免要求的订阅播送,且该订阅播送是一种新的订阅服务,或是由先前存在的但不使用1998 年 7 月 31 日使用过的同种传输媒介进行播送的订阅服务——

(i) 播送没有超出录音制品演出的补充范围,但是如果转播的播送组织没有权利或能力控制播送节目的安排,则本项规定不适用于该转播,除非——

(I) 广播电台进行广播播送——

(aa) 以数字形式,且该数字形式经常超出录音制品演出的补充范围;或

(bb) 以模拟形式,且其中相当一部分每周都超出录音制品演出的补充范围;而且

(II) 录音制品版权人或其代理人已经以书面形式告知播送组织,其对于版权人的录音制品的播送超出本项所规定的录音制品演出的补充范围。

(ii) 播送组织无需公布预先安排的节目表或提前发布通知来告知播送中包含的具体录音制品的标题、包含该录音制品的录制品的标题,或主要灌唱艺术家的姓名,但用于解释说明的除外。除非符合下列情况:如果一个播送组织提前发布通知,表示某位特定的艺术家将在未来某个非确定的时间段内演出,那么本款将不会取消该播送组织的资格,而且,若播送组织没有权利和能力控制播送节目安排,则本款的规定不适用于广播电台的提前口头通知;如果播送组织并不知道且没有收到版权人或其代理人的关于广播电台发布或促使

发布这类预先安排的节目表的书面通知,或如果这类预先安排的节目表是古典音乐的节目表,且广播电台公布该节目表的方式与 1998 年 9 月 30 日或之前的方式相同,那么本款的规定也不适用于广播电台发布或促使发布的预先安排的节目表。

(iii) 播送——

(I) 不是持续时间少于 5 小时的已归档节目的一部分;

(II) 不是持续时间为 5 小时及以上的已归档节目的一部分,且该节目使用期超过两周;

(III) 不是持续时间少于 3 小时的连续节目的一部分;或

(IV) 不是一个可以确认的,且其录音演出以预先确定的顺序呈现的节目(未归档的或非持续性的节目)的一部分,且其播送符合下列条件——

(aa) 对持续时间少于 1 小时的节目,在提前公布后的任意两周内应播送超过 3 次;或

(bb) 录音版权人已以书面形式告知播送组织,其播送经常违反本款要求的除外,若播送组织没有权利和能力控制播送节目安排,则本款不适用于此类组织进行的播送的转播,否则对于持续时间为 1 小时或超过 1 小时的节目,在提前公布后的任意两周内应播送超过 4 次;

(iv) 播送组织没有为了联系、连接或联合版权人、主要灌唱艺术家与播送组织、为播送组织做广告宣传的特定的产品或服务,或为了版权人、主要灌唱艺术家对播送组织的行为(对录音演出本身的原创、赞助或支持除外),而故意以欺骗或以可能造成混淆、错误的方式演出一个录音制品,并将其作为一个同时提供视觉图像和录音的播送服务的一部分。

(v) 播送组织在可行的的范围内,且在不会增加过多成本和负担的前提下,相互合作以防止播送的接收者或其他人或组织,为了选出一个特定的录音来传播给接收者,而自动扫描播送组织的播送,或者与其他播送组织的播送一起扫描,但是本款不适用于正在使用的卫星数字广播业务或由美国联邦通讯委员会在 1998 年 7 月 31 日或之前所许可的卫星数字广播业务;

(vi) 播送组织没有积极引导或促使播送的接收者制作录音制品,如果播送组织使用的技术可以限制播送的接收者直接制作播送的数字形式的录音制

品,那么播送组织可以在技术所允许的范围内限制这种录音制品的制作;

(vii) 在版权人授权后,录音制品已经向公众发行,或版权人授权播送组织播送录音,而且播送组织根据版权人的授权合法制作的录音制品进行播送,但是除非录音的版权人以书面形式告知播送组织,其播送经常违反本款规定,且该播送组织没有权利和能力控制播送节目安排,那么本款的规定就不适用于此类播送组织的转播;

(viii) 播送组织应适应用以识别、保护版权作品的技术手段,且不干扰版权人广泛使用该技术,这些技术手段在技术上可以由播送组织播送,且不会导致播送组织增加过多成本,或导致数字信号发生可察觉的听觉或视觉衰减,但是本款不适用于正在使用的卫星数字广播业务或由美国联邦通讯委员会在1998年7月31日或之前所许可的卫星数字广播业务。如果在录音的版权人广泛使用这类技术手段之前,上述服务已经规划、发展或做出承诺要研发出与上述技术手段不兼容的设备或技术;而且

(ix) 在该作品演出的时间段内,且不早于该时间段,以允许其通过用以接收播送组织所提供的服务的设备或技术向播送的接受者展示的方式,播送组织在文本数据中辨别录音,包括录音的标题、包含该录音的录音制品的标题以及主要灌唱艺术家(如果存在这样的灌唱艺术家)。但是,在《千禧年数字版权法》生效的第二年之前,本款规定的义务并不会生效;对没有权利和能力控制播送节目安排的播送组织,本款的规定不适用于此类组织播送内容的转播;如果播送组织有能力展示这类文本数据,而且用来接受该播送组织提供的服务的设备或技术在市场上并不常见,那么本款的规定也不适用。

(3) 交互服务播送的许可。——

(A) 在第106条第(6)项的规定下,交互服务不可获得以数字音频播送的方式在超过12个月的时间段内公开演出录音的专有许可证,除非许可证颁发者颁发给一个交互服务专有许可证且该许可证颁发者拥有1 000份以内录音制品的版权,该许可证的有效期不应超过24个月;但是这类专有许可证的接受者不应具有获得另外一个专有许可证的资格,另外一个专有许可证允许其接受者在前一个专有许可证到期之后的13个月内演出该录音制品。

(B) 第(A)目所述的限制在下列情况中不会生效——

(i) 根据第 106 条第(6)项的规定,许可证颁发者已经颁发许可证且许可证依然有效,该许可证许可通过数字音频播送的方式,由至少 5 个不同的交互服务进行公开的录音演出。但是每一个这类许可证中,至少 10％有版权的录音制品是由许可证颁发者拥有的,且该颁发者已经向交互服务批准了不少于50 个录音制品;或

(ii) 专有许可证允许公开演出一个长达 45 秒的录音,且该演出的唯一目的是促进录音制品的发行或演出。

(C) 尽管根据第 106 条第(6)项的规定,专有或非专有许可证授予公开演出的权利,但交互服务不得公开演出录音。除非公开演出的录音中包含的任何版权音乐作品已获得授权。但是代表版权人的演出权利协会或版权人均可授予允许公开演出版权音乐作品的许可证。

(D) 如果具备下列条件,通过转播数字音频的方式演出一个录音,将不会构成第 106 条第(6)项所述的侵权行为——

(i) 转播一个交互服务的播送,且已获得授权,可以作为其播送的一部分,向某特定社会成员公开演出录音;而且

(ii) 转播与获得广播电台授权的播送同时进行,且其接收者限于交互服务指定的特定社会成员。

(E) 根据本项——

(i) "许可证颁发者"应包括授权组织,和其他在物质上拥有共同所有权、管理或控制拥有录音版权的组织;而且

(ii) "演出权利协会"是一个代表版权人授权他方公开演出非戏剧音乐作品的联盟或社团,比如美国作曲家、著作人与出版商协会、广播音乐协会和美国作曲家协会。

(4) 除非权利另有限制——

(A) 除了本条明确规定的情况外,本条并不限制或妨碍基于第 106 条第(6)项的通过数字音频播送方式公开演出一个录音制品的专有权。

(B) 本条不会以任何方式取消或限制——

(i) 基于第 106 条第(4)项的以包括通过数字音频播送在内的方式公开演出一个音乐作品的专有权;

(ii) 第 106 条第(1)项、第 106 条第(2)项和第 106 条第(3)项规定的录音制品或音乐作品的专有权;或

(iii) 第 106 条的其他条款规定的权利,或基于本编的救济条款,如果这类权利或救济条款在 1995 年颁布之前或之后存在。

(C) 本条对第 106 条第(6)项规定的专有权利的任何限制,仅适用于第 106 条第(6)项明确规定的专有权,不适用于第 106 条所述的其他专有权。注意,如果第 106 条第(1)项、第 106 条第(2)项和第 106 条第(3)项规定的权利,和本编规定的这些权利的救济条款在 1995 年《录音制品数字表演权利法案》颁布之前或之后存在,本条不应被解释为取消、限制、侵犯或以其他方式影响录音制品版权人行使该权利或获得该救济。

(e) 协商的授权。——

(1) 尽管有反托拉斯法的规定,在根据第(f)款对法定许可证进行协商时,录音制品的版权人和任何演出时受本条约束的录音制品的组织,可以协商确定版税税率、许可证期限、演出此类录音的情况以及版权人之间的收益比例,并且可以指定共同代理人来协商、确定、支付或收取版税费用。

(2) 除法定许可证之外,针对第 106 条第(6)项授权的许可证,比如对交互服务的演出的许可证,或超出录音制品演出补充范围的演出的许可证——

(A) 受本条约束的录音制品的版权人可以指定共同代理人来代表他们授权许可证、接受和减免版税费用。但是每个版权人应各自确定,而不是与其他录音制品版权人联合或协商确定版税税率、物质许可证期限和条件。

(B) 演出受本条约束的录音制品的组织可以指定共同代理人来代表他们获得许可证、收取和支付版税费用。但是每个演出录音制品的组织应各自,而不是与其他演出录音制品的组织联合或协商来确定版税税率、物质许可证期限和条件。

(f) 特定非豁免播送的许可。

(1)(A) 在自诉讼程序开始的第二年的 1 月 1 日起 5 年的时间段内,由先前存在的订阅服务进行的订阅播送的合理税率及期限,和根据第(d)款第(2)项具体规定的先前存在的卫星数字广播业务进行的播送的合理税率及期限,应在第 8 章规定的诉讼程序中确定。但是,2004 年《版税和分配改革法案》第

6 条第(b)款第(3)项规定的不同的过渡时间段,或各方均同意的其他时间段的情况除外。这些税率和期限应区别于正在使用中的不同类型的数字音频播送服务。录音制品的任何版权人、先前存在的订阅服务,或先前存在的卫星数字广播业务经营者应向版税裁判官递交包括关于这些录音制品的订阅服务的许可证。每项诉讼的当事人应该承担各自的诉讼费用。

(B) 由版税裁判官确定的合理税率和期限的计划应当符合第(3)项的规定,在第(A)目规定的 5 年的时间段内、2004 年《版税和分配改革法案》第 6 条第(b)款第(3)项规定的过渡时间段或者其他各方均同意的时间段之内,对所有录音制品的版权人和演出受本条约束的录音制品的组织均有效。在确定先前存在的订阅服务和先前存在的卫星数字广播业务的税率和期限时,除了第 801 条第(b)款第(1)项规定的目标之外,版税裁判官可以考虑同类订阅数字音频传播服务的税率和期限,和第(A)目规定的自愿许可协议中的同类情况的税率和期限。

(C) 根据录音制品版权人、先前存在的订阅服务或先前存在的卫星数字广播业务的申请,该申请表明,演出录音的新的订阅数字音频播送服务可以或将可以使用,那么第(A)目和第(B)目规定的程序将启动,其目的是在一个指定时间段内,或其他各方均同意的时间段内(该时间段开始于这种新服务开始时,结束于根据第(A)目、第(B)目和第 8 章最新确定的订阅数字音频播送服务的税率和期限到期之日),确定与新的播送服务有关的合理的版税税率和版税期限。

(2)(A) 第 8 章规定的诉讼程序应确定,在自诉讼程序开始后的第二年的 1 月 1 日起的 5 年的时间段内,公开演出的录音制品的版税的合理税率以及期限,该公开演出的形式可以是合格的非订阅播送服务,或第(d)款第(2)项具体规定的新的订阅服务。但是,2004 年《版税和分配改革法案》第 6 条第(b)款第(3)项规定的不同的过渡时间段或各方均同意的其他时间段的情况除外。这些税率和期限应区别于正在使用中的不同类型的合格的非订阅播送服务和新的订阅服务,并且应该包括每种服务的最低费用。录音制品的任何版权人或其演出受本条约束的录音制品的组织,应向版税裁判官[49]递交包括与这些录音制品有关的合格的非订阅服务和新订阅服务的许可证。每项诉讼的当事人应该承担各自的诉讼费用。

（B）由版税裁判官确定的合理税率和期限的计划应当符合第（3）项的规定，第（A）目规定的 5 年的时间段、2004 年《版税和分配改革法案》第 6 条第（b）款第（3）项规定的过渡时间段或者其他各方均同意的时间段之内，对所有录音制品的版权人和其演出受本条约束的录音制品的组织均有约束力。这些税率和期限应有别于正在使用中的不同类型的合格的非订阅播送服务，并且应该包括每种服务的最低费用。这些区别应基于（但不限于）以下标准：对录音制品使用的品质和性质如何，以及应用该服务会在多大程度上替代或促进消费者对录音制品的购买。对合格的非订阅服务和新的订阅服务进行的播送，在确定其版税税率和版税期限时，版税裁判官应确定合适的税率，这种税率应尽可能地代表愿意购买的买家和愿意出售的卖家在市场上协商确定的税率和期限。在确定这种税率和期限时，版税裁判官应充分考虑各方的经济实力、竞争力和节目信息。这些信息包括——

（i）使用这些服务是否会替代或促进录音制品的销售，或是否会影响或增加版权人的往常税收；而且

（ii）在相关的创造性贡献、技术性贡献、资本投资、成本以及风险等方面，版权人和播送机构在受版权保护的作品中以及面向公众的服务中起到的相应作用。

在确定税率和期限时，版税裁判官可以考虑同类数字音频播送服务和第（A）目规定的自愿许可协议下的同类情况的税率和期限。

（C）根据录音制品版权人、合格的非订阅服务或新的订阅服务的申请，该申请表明演出录音制品的新类型的非订阅服务或订阅服务可以使用或将可以使用，那么第（A）目和第（B）目规定的程序将启动，其目的是在指定的时间段内或其他各方均同意的时间段内[上述时间段始于这种新服务的开始，结束于根据第（A）目、第（B）目和第 8 章确定的先前存在的订阅数字音频播送服务或先前存在的卫星数字广播服务的税率和期限到期之日]，确定与新类型的服务有关的合理的税率和期限。

（3）在任何时间，由一个或多个录音制品的版权人，或一个或多个演出录音制品的组织自愿协商达成的许可协议，其效力应高于国会图书馆馆长或版

税裁判官做出的任何裁定。

(4)（A）版税裁判官应明确规定，根据该规定，版权人应收到根据本条规定使用其录音制品的合理通知，并且根据该规定，用于该用途的录音制品应由演出录音制品的组织保存和使用。在 2004 年《版税和分配改革法案》生效之前已经生效的通知和保存录音制品的规定将继续有效，直到版税裁判官颁布新的规定。如果根据本项颁布了新的规定，版税裁判官应考虑在 2004 年《版税和分配改革法案》生效之前已经生效的规定的内容和效力，而且应当在可行的情况下，避免严重干扰任何有权收取、分配版税的指定代理人行使职责。

(B) 如果符合下列具体条件，且依本条规定有资格取得法定许可证，则公开演出录音制品的行为不视为违反录音制品版权人的专有权——

(i) 遵守版税裁判官根据条例和根据本款交纳的版税费用所确定的通知要求；或

(ii) 如果这样的版税费用尚未确定，那么应根据本款确定并同意支付该版税费用。

(C) 拖欠的版税应该在版税费用确定的次月 20 日（含 20 日）以前交纳完毕。

(5)（A）尽管有第 112 条第（e）款的规定和本款的其他规定，收取版税的代理人应同意，根据第 112 条第（e）款和本条的规定，自 2005 年 1 月 1 日起不超过 11 年的时间段内，由一个或多个商业或非商业互联网广播复制和演出录音制品。一旦上述协定根据第（B）目由《联邦公报》公布，它将代替版税裁判官做出的任何裁定，对所有录音制品的版权人和其他根据本条有权获得版税的个人均有约束力。商业互联网广播达成的任何此类协议可以包括支付版税的条款以及最低费用，上述版税的基础是收入的百分比、支出的百分比或两者的百分比。任何此类协议可以包括其他条款和条件，包括规定版权人可以收到使用他们录音制品的通知，同时要求用作该用途的录音制品应由商业或非商业互联网广播保存和使用。收取版税的代理人没有义务来协商达成这样的协议。收取版税的代理人没有义务为任何录音制品的版权人或任何其他根据本条有权获得版税的个人协商达成任何这样的协议，而且也无需对任何录音制品的版权人或任何其他根据本条有权获得版税的个人达成这样的协议而负责。

（B）版权局应在《联邦公报》上公布任何根据第（A）目达成的协议。公布的内容包括第（C）目的声明。这些协议不应被包含在《美国联邦规则法典》之内。因此，这些协议的条款应当作为备选选项提供给任何符合这些协议条件的商业或非商业互联网广播。

（C）第（A）目或根据第（A）目达成的任何协议中的条款，包括任何税率结构、费用、期限、条件或通知和通知中规定的保存录音制品的要求，都不能在任何有关版税（该版税指的是为公开演出或复制临时录音制品或录音的复制品所支付的版税）确定或调整的行政管理、司法或其他政府程序中，确定相关税率和期限的过程中，以及根据第（4）项或第 112 条第（e）款第（4）项版税裁判官确定发出通知或保存录音制品的要求的过程中，作为证据而接受。国会希望这些协议中包括的任何版税、税率结构、定义、期限、条件或通知和要求被认作是互联网广播、版权人和演出者因为特别的商业、经济和政治情况而做出的妥协，而不是市场上的一个有意购买的买家和一个有意出售的卖家之间协商的产物，否则应符合第 801 条第（b）款设定的目标。本条目不适用于收取版税的代理人和互联网广播商是第（A）目所述协定的参与方，并且第（A）目在本款下明确授权诉讼中协定的提交之情形。

（D）注意，美国哥伦比亚特区巡回上诉法庭，做出了针对版税裁判官于 2007 年 5 月 1 日根据第 112 条和 114 条确定录音和临时录音制品的数字演出的税率和期限的报告。该报告中不应考虑 2008 年《互联网广播调解法案》、2009 年《互联网广播调解法案》和根据第（A）目达成的任何协议。

（E）在本段中使用的——

（i）"非商业性互联网广播"指的是一个互联网广播——

（I）根据 1986 年《国内税收法规》（26 U.S.C. 501）第 501 条，免于缴税；

（II）已经向国内税收署申请 1986 年《国内税收法规》（26 U.S.C. 501）第 501 条规定的免税，而且在商业上，上述免税应被批准；或

（III）由一个州，或属地，或任何政府机构，或其分支机构运作，或由国家，或哥伦比亚特区为了专门的公共用途而运作。

（ii）"收取版税的代理人"应具有《联邦公报》于 2002 年 7 月 8 日公布的《美国联邦规则法典》第 37 编第 261.2 条的含义；而且

（iii）"互联网广播"指的是一个根据第 112 条或第 114 条和因此规定生效而得到强制许可证的个人或组织。

（F）根据第（A）目调解的权利，应在《互联网广播调解法案》生效之日起第 30 日的东部时间晚上 11 点 59 分到期。

（g）播送许可的收益。——

（1）除了根据本条第（f）款的规定获得法定许可的播送——

（A）根据艺术家签订的合同，在有权播送的录音制品中演出的主要灌唱艺术家应有权从录音制品版权人那里获得收益；而且

（B）根据非主要艺术家签订的适用的合同或其他适用的协议，在已获得授权播送的录音制品中演出的非主要灌唱艺术家应有权从录音制品版权人那里获得收益。

（2）根据第（f）款取得许可后进行播送，指定代理人应按照如下要求分配获得的收益：

（A）收益的 50％应支付给拥有专有权［本编第 106 条第（6）项规定］的版权人，该专有权是通过数字音频播送方式公开演出录音制品的专有权；

（B）收益的 2.5％应存入托管账户，该账户的管理人是录音制品的版权人和美国音乐协会（或任何继任的组织）联合任命的独立管理者，账户内的金额应分配给在录音制品中演出过的非主要的音乐家（无论其是否为美国音乐协会的成员）；

（C）收益的 2.5％应存入托管账户，该账户的管理人是录音制品的版权人和美国电视和无线电艺术家联盟（或任何继任的组织）联合任命的独立管理者，账户内的金额应分配给在录音制品中演出过的非主要的歌唱家（无论其是否为美国电视和无线电艺术家联盟的成员）；

（D）收益的 45％应在每一个录音制品的基础上支付给灌唱艺术家或其演出被固定在该录音制品中的艺术家（或录音制品中有关演出的权利的受让人）。

（3）在把这些收益分配给除了版权人和从另外一个指定代理人处接收版税、且以书面形式通知该非营利代理人的演出者之外的任何有权获得收益的个人或组织之前，指定非营利代理人在分配从已获得第（f）款授权许可的播送

中获得的收益时,可以从其任何收益中扣除该代理人在 1995 年 11 月 1 日之后产生的合理成本费用——

(A) 管理版税的收取、分配和计算;

(B) 解决有关版税收取和计算的争端;而且

(C) 根据第 112 条和本条授权的有关临时录音和演出制品的许可和权利的执行,包括那些根据第 112 条和本条参与协商或仲裁程序产生的费用,但是与第 112 条的临时录音制品权利有关的所有成本只能从版税(根据第 112 条获得)中扣除。

(4) 尽管有第(3)项的规定,对于版权人和已经与下述代理人达成契约关系,且该契约关系说明这类成本将会从版税收益中扣除的演出者,任何被指定分配从已获得第(f)款授权许可的播送中产生的收益的指定代理人,可以在分配这类收益之前从其获得的任何收益中扣除第(3)项中所指明的在 1995 年 11 月 1 日之后产生的合理成本。

(h) 附属机构的许可。——

(1) 如果录音制品的版权人授予一个附属组织通过数字音频播送的方式公开演出录音制品的权利[根据第 106 条第(6)项],版权人应根据第 106 条第(6)项将授权的录音以相同的条款提供给所有守信的、提供相同服务的组织,但是如果在要求授予许可证的范围内,有关服务的种类、具体授权的录音制品、使用频率、所服务的订阅人数或持续时间有实质性区别,那么版权人可以针对这类服务确定不同的条款。

(2) 本款第(1)项规定的限制不适用于录音制品的版权人授权下列情况——

(A) 一个交互服务;或

(B) 一个组织公开演出一个录音制品长达 45 秒,且该演出的唯一目的是促进录音制品的发行或演出。

(i) 隐含作品的版税无效。——在确定或调整为公开演出其作品而应支付给音乐作品版权人的版税的任何行政管理的、司法的或其他政府的诉讼中,不应考虑公开演出录音制品应支付的许可证费用[根据第 106 条第(6)项规定]。国会希望为公开演出其作品而支付给音乐作品版权人的版税不应因第

106 条第（6）项授予的权利而在任何方面有所减少。

　　(j) 定义。——本条所用的术语的意义如下：

　　(1)“附属机构”是一个根据第 106 条第（6）项从事数字音频播送的机构，而不是一项交互服务。在该机构中，许可证颁发者直接或间接地拥有合伙人或所有者的权益，该权益总计达到股票（有投票权或无投票权）的 5％ 或更多；

　　(2)“归档节目”是一种预先设定的节目，它根据接收者的需要重复使用，并且以相同的顺序从头播放，但是，若录制事件或广播播送不包含一个完整的录音或某个特别的录音，则此类偶然使用录音的录制事件或广播播送不属于归档节目；

　　(3)“广播”播送是一个由美国联邦通讯委员会授权的，由地面广播电台进行的播送；

　　(4)“持续性的节目”是一个预先设定好的、以相同的顺序持续播放的节目，且该节目不由播送的接收者所控制；

　　(5)“数字音频播送”是一个在第 101 条中定义的数字播送，其包含了录音制品的播送，而本术语并不包括任何音像作品的播送；

　　(6)“合格的非订阅播送”是一个不属于第（d）款第（1）项规定的豁免范围的非交互、非订阅数字音频播送。该播送属于音频节目编排服务的一部分，编排的此类音频节目全部或部分由录音制品组成。该播送包括广播播送的转播，如果这种服务的主要目的是为公众提供这类音频或其他娱乐节目编排，而不是为了销售、广告宣传或促销特定产品或服务，录音制品、现场演唱会或其他与音乐有关的节目除外。

　　(7)“交互服务”是一种播送形式，能够使社会成员接收一个专门为接收者制作的节目，或根据要求接收一个接收者选择的或代表接收者选择的录音制品的播送，无论该播送是不是一个节目的一部分。演出录音应在提出要求后的 1 小时之内，或按照由播送组织确定，或由提出要求的个人确定的时间演出，如果该服务的每个频道的节目编排不是基本由符合上述条件的录音组成的，个人要求特定录音制品面向全体公众，或在存在订阅服务的情况下，面向其全体订阅者演出的，则该服务不属于交互服务。如果一个组织提供交互服务和非交互服务（同时或非同时），非交互部分不应被视为交互服务的一部分。

(8)"新的订阅服务"是通过非交互订阅数字音频播送的方式播出录音制品的服务。该服务不是先前存在的订阅服务或先前存在的卫星数字音频广播业务。

(9)"非订阅"播送是任何不属于订阅播送的播送。

(10)"先前存在的卫星数字音频广播服务"是根据美国联邦通讯委员会在1998年7月31日或之前颁发的卫星数字音频广播服务许可证,以及关于原有许可证范围的更新而进行的订阅卫星数字音频广播服务。该服务可能包含数量有限的测试频道代表订阅服务,为了宣传订阅服务,这些测试频道可以在非订阅的情况下使用。

(11)"先前存在的订阅服务"是通过非交互仅音频订阅数字音频播送的方式演出录音制品的服务,该服务在1998年7月31日或之前就已经存在且已经以有偿形式向公众进行上述播送。该服务可能包含有限数量的代表订阅服务的测试频道,为了宣传订阅服务,这些测试频道可以在非订阅的基础上使用。

(12)"转播"是对首次播送进行进一步的播送,而且包括任何对于同一播送的进一步的转播。但是,除本条规定的情况外,只有播送与首次播送同时进行,那么一个播送才有资格被认定为"转播"。本定义不能被解释为豁免一个不符合第114条第(d)款第(1)项所规定的独立豁免条件的播送。

(13)"录音演出补充"是在任意3小时内,在播送组织使用的某一特定频道上进行的播送,但是其播送内容不应超过下列具体范围——

(A)以在美国境内公开演出或销售为目的,而合法发行的录音制品,从中任选3个不同的录音制品,且不超过2个这样的选段被连续播送;或

(B)录音制品的4个不同的选段——

(i)属于同一主要灌唱艺术家;或

(ii)选自录音制品的汇编或组合,且该汇编或组合是在美国境内公开演出或销售的单位合法发行的,并要求不超过3个这样的选段被连续播送;

但是,如果从多个录音制品中选取的选段超过第(A)目和第(B)目规定的数量限制,且多个录音制品的节目编排不是故意违反上述条款所规定的数量限制,那么对于上述选段的播送仍属于录音演出补充。

(14)"订阅"播送是被控制和限制在特定接收者范围内的播送,且该服务要求接收者或代表接收者,为接收该服务或包含该服务的一套服务,而支付或缴纳费用。

(15)"播送"意指首次播送或转播。

§115 非戏剧性音乐作品的专有权利的范围:
制作和发行录音制品的强制许可证[50]

就非戏剧性音乐作品而言,根据第 106 条第(1)项和第(3)项规定的制作和发行此类作品的录音制品的专有权利,应按本条规定的条件取得强制许可证。

(a)取得强制许可证与强制许可证的范围。——

(1)凡一部非戏剧音乐作品的录音制品,经版权人授权已在美国向公众发行,任何遵守本条规定的其他人,包括那些制作录音制品或进行数字录音制品播送的人,均可获得强制许可证以制作与发行该作品的录音制品。只有当某人制作录音制品的基本目的是将录音制品向公众发行以供私人使用,包括通过数字录音制品播送的方式,此人方可获得强制许可证。除下列情况外,使用该作品的强制许可证不得授予此类录音制品的制作者,即他人录制的录音制品的复制者:

(i)此录音是合法录制的;而且

(ii)经该录音制品的版权人授权后制作该录音制品,如果该录音是在1972 年 2 月 15 日之前录制的,则应经过录音者授权,且该录音者的录音行为是依据该音乐作品版权人的明示许可,或是依据在录音中使用该作品的有效的强制许可证的。

(2)强制许可证包括对该作品进行音乐上必要的改编,使之符合演出中的演奏风格和手法。但改编不应改变基本旋律或该作品的基本特色,且非经版权人明示许可,这种改编不应作为演绎作品而受到保护。

(b)取得强制许可证的意向书。——

(1)凡根据本条想要取得强制许可证的任何人,在制作录音制品前或制作录音制品后 30 天以内,并在发行包含该作品的任何录音制品之前,应将此意向书递交版权人。如果版权局的注册信息或其他备案材料无法查找到版权人及一个可以递送意向书的地址,该人就只需将意向书送交版权局存档备案。意向书的格式、内容和递交方式应符合版权注册处以条例形式规定的要求。

(2) 若没有按第(1)项的要求递交意向书或将意向书归档备案,则不能取得强制许可证,而在没有议定许可证的情况下,就制作及发行录音制品的行为,根据第 501 条,将构成对版权的侵犯,可以对此提起诉讼,并完全适用第 502 至 506 条和第 509 条规定的救济。

(c) 根据强制许可证支付的版税。[51]——

(1) 在版权局的注册或其他备案材料中可以查找到的版权人,方有权依据强制许可证取得版税。在经过查证后,版权人有权取得制作和发行的录音制品的版税,但无权追收以前制作和发行的录音制品的版税。

(2) 除第(1)项规定的情况外,对每一件根据强制许可证制作和发行的录音制品,均应依强制许可证支付版税。为此目的,除了第(3)项所述,如果持有许可证的人,自愿并永远地放弃许可证上的权利,则录音制品应视为"已发行"。关于收录在录音制品中的每部作品,其版税应为 2.75 美分,或是演出时间每分钟(不足一分钟的以一分钟计)为 0.5 美分,以其数额较大者为准。

(3)(A) 本条规定的强制许可证授予的权利,包括发行非戏剧性音乐作品的录音制品(根据强制许可证发行或授权的)的权利,且该发行是通过构成数字录音制品传送的数字播送的方式进行的,无论该数字播送是根据第 106 条第(6)项对该录音制品的公开演出,或是根据第 106 条第(4)项对收录在该录音制品中的非戏剧性音乐作品的公开演出。根据强制许可证的授权对每一个数字录音制品的传送——

(i) 在 1997 年 12 月 31 日或之前,根据强制许可证所应支付的版税是第(2)项和本编第 8 章规定的版税;而且

(ii) 在 1998 年 1 月 1 日或之后,根据强制许可证所应支付的版税是第(B)目到第(E)目和本编第 8 章规定的版税。

(B) 尽管有反托拉斯法的规定,任何非戏剧性音乐作品的版权人,和根据第(a)款第(1)项有权获得强制许可证的任何个人,可以根据本条协商确定版税的期限和税率以及版权人之间的收益比例,并且可以在非专有性原则的基

础上指定共同代理人来协商、确定、支付或接收版税费用。这类可以协商版税期限和税率的权利包括(但是不限于)根据本条目以及第(C)目到第(E)目和本编第 8 章规定的版税率协商将要被确定的年份。

(C) 第 8 章规定的诉讼程序应确定,本条具体规定的行为在一个具体的时间段内,或其他各方均同意的时间段内,产生的版税费用的税率和期限。该具体时间段指的是,从这类期限和税率生效之日开始(但不早于提出诉讼请求的第二年的 1 月 1 日),到继任期限和税率生效之日结束。这些税率和期限应区别下列两项:(i) 数字录音制品播送,且该数字录音制品复制、发行与播送同时进行;(ii) 一般情况下的数字录音制品播送。任何非戏剧性音乐作品的版权人和任何根据第(a)款第(1)项有权获得强制许可证的个人,可以向版税裁判官递交包含此类行为的许可证。每项诉讼的当事人应该承担各自的诉讼费用。

(D) 由版税裁判官确定的版税率和期限的合理计划应当符合第(E)目的规定,在第(C)目规定的时间段内,此类其他的根据第(B)目和第(C)目所确定的时间段,或者其他各方均同意的时间段之内,对所有非戏剧音乐作品的版权人和任何根据第(a)款第(1)项有权获得强制许可证的个人,均具有约束力。这些税率和期限应区别下列两项:(i) 数字录音制品传送,且该数字录音制品复制、发行与播送同时进行;(ii) 一般情况下的数字录音制品传送。除了第801 条第(b)款第(1)项规定的目标外,版税裁判官在确定这类税率和期限时,可以考虑自愿许可协议[第(B)目规定]下的税率和期限。根据本条所进行的数字录音制品传播,其强制许可证的版税需要重新确定,并且 1997 年 12 月 31日(含)以前的数字录音制品传播强制许可证并不会作为先例对现在需要支付的版税产生影响。版税裁判官也应当确定相应的规定,根据这些规定,版权人可以收到根据本条使用其作品的合理通知,且根据该规定用作上述用途的录音制品,应当由进行数字录音制品播送的个人保存和使用。

(E) (i) 在任何时间,由一个或多个非戏剧性音乐作品的版权人,或一个或多个根据第(a)款第(1)项有权获得强制许可证的个人,通过自愿协商达成的许可协议,其效力应当高于国会图书馆馆长或版税裁判官作出的任何裁定。根据第(ii)段,依第(C)目和第(D)目确定的针对数字录音制品播送的版税率,应代替任何合同规定的任何相反的版税率。而且根据上述合同,在该艺术家拥有的对于该音乐作品的专有权范围内,作为一个非戏剧性音乐作品作者的灌唱艺术家授予是一个希望在有形表达媒介中录制一个包含该音乐作品的录音制品的人,该音乐作品的许可证或委托另外一个人授予该音乐作品的许可证。上述音乐作品是在第 106 条第(1)项和第(3)项中规定的音乐作品。

(ii) 第(i)段的第二句不适用于——

(I) 在 1995 年 6 月 22 日(含)以前生效的一个合同,且该合同之后并没有为了减少已确定的版税[根据第(C)目和第(D)目]或为了在合同规定的范围内通过降低税率的方式增加音乐作品的数量,而进行修改。但是,如果在1995 年 6 月 22 日(含)以前生效的一个合同,为了在合同规定的范围内增加音乐作品的数量而进行修改,在该合同中规定的任何相反的版税税率,其效力应高于根据第(C)目和第(D)目确定的在 1995 年 6 月 22 日的合同规定的范围内,针对音乐作品的数量的版税税率;而且

(II) 该录音若已经以用于商业发行的方式,大量录制在有形表达媒介中,则此后生效的合同不适用第(i)段的第二句,前提是在该合同生效的时候,灌唱艺术家保留了针对音乐作品[第 106 条第(1)项和第(3)项规定]授予许可证的权利。

(F) 除了本编第 1002 条第(e)款中另有规定的情况外,一个在本目下获得授权的数字录音制品播送,其信息应以编码形式附在该录音制品中。如果有编码信息,该信息应在录音版权人授权后,表明该录音的标题、在录音中演出的主要灌唱艺术家以及相关信息,包括与隐含的音乐作品及其作者有关的信息。

(G) (i) 录音制品以数字录音制品的形式进行播送,属于第 501 条所述的侵权行为,可以对此提起诉讼,并且完全适用第 502 至 506 条规定的救济。[52]但下列情况不属于可以提起诉讼的侵权行为——

(I) 录音版权人已经授权该数字录音制品的播送;而且

(II) 录音版权人或播送数字录音制品的组织,已经得到本条规定的强制许可证,或已经获得音乐作品版权人的授权,通过一个数字录音制品传送的方式,进行或授权每一个被收录在录音制品中的音乐作品的发行。

(ii) 任何根据本分段提出的诉讼理由,应附加下述版权人的诉讼理由:那些提供本条第(c)款第(6)项和第 106 条第(4)项规定的非戏剧性音乐作品的

版权人,和第 106 条第(6)项规定的音乐作品的版权人。

(H) 针对收录在该录音中的非戏剧性音乐作品的侵权行为,录音的版权人应承担的责任要根据其适用的法律确定,除非以下情况:如果该录音版权人没有授权发行某个非戏剧性音乐作品的录音制品,那么第三方播送数字录音制品,该录音的版权人不负责任。

(I) 注意,第 1008 条中的任何规定都不能解释为:在数字录音制品播送中阻碍使用本条、第(6)项以及第 5 章所规定的权利和救济,除非没有根据本编宣称制造商、数字录音设备的进口商或者发行商、数字录音媒介、模拟录音设备或模拟录音媒介侵犯版权,或基于本条的描述宣称顾客侵犯版权。

(J) 本条中的任何规定不会取消或限制——

(i) 公开演出录音制品或公开演出收录在该录音制品中的音乐作品的专有权,包括通过数字播送的方式[第 106 条第(4)项和第(6)项规定]。

(ii) 除非根据本条具体规定的条件授予强制许可证,复制或发行录音制品,和第 106 条第(1)项和第(3)项规定的收录在该录音制品中的音乐作品的专有权,包括通过数字录音制品的方式播送,或

(iii) 任何第 106 条其他条款规定的其他权利,或本编规定的救济,如果这类权利或救济在 1995 年《录音制品数字表演权利法案》颁布之前或之后存在。

(K) 本条关于数字录音制品传送的规定,不适用于第 114 条第(d)款第(1)项所述的任何豁免播送或转播。第 114 条第(d)款第(1)项规定的豁免不扩大或减少版权人关于此类播送和转播的权利[第 106 条第(1)项至第(5)项规定]。

(4) 依本条规定的强制许可证,包括第(a)款第(1)项规定的非戏剧性音乐作品的录音制品制作者的权利,以出租或出借(或以属于出租或出借性质的行为或做法)的方式发行或授权发行这种录音制品。除根据第(2)项和本法第 8 章支付版税外,强制许可证持有人还应为其以出租或出借方式或以属于出租或出借性质的方式,由本人或根据其授权发行录音制品的每次行为支付版税。关于收录在录音制品中的每部非戏剧音乐作品,其版税应按强制许可证持有人依照本项从发行录音制品的每次这种行为所得收入的比例,即相当于强制许可证持有人依第(2)项发行录音制品所得收入的比例,

由强制许可证持有人依本项和第 8 章支付。版权注册处应颁发条例落实本项的实施。

（5）每月的第 20 天（含）以前应支付版税。应支付的版税包括上月的全部版税。每项每月支付的版税应宣誓，并应遵照版权注册处以条例形式规定的要求。版权注册处还应颁布条例，据此每一份依据本条取得的强制许可证，其详细的累积账目年度报表，经持有证明书的公共会计所查证过后，均应归档备案。关于月份和年度账目报表的条例，应规定格式、内容以及制作和发行的录音制品数量的证明方式。

（6）如果版权人未如期收到每月应支付的版税或月份与年度账目报表，版权人可向许可证持有人提出书面通知；除非自通知之日起的 30 天内支付应付版税，否则强制许可证即自动废止。废止后，制作或发行——或二者兼有——所有未经支付版税的录音制品的行为构成第 501 条的侵权行为，可以对此提起诉讼，并完全适用第 502 条至第 506 条规定的救济。

（d）定义。——本条所用的专有名词及其不同形式的意义如下："数字录音制品传送"是通过录音制品的数字播送的方式，对录音制品的每次独立传送，其结果是产生了由该录音的录音制品的任何播送的接收者制作的，或其具体可辨的复制品，无论该数字传输是不是该录音制品的公开演出，或任何被收录在录音制品中的非戏剧性音乐作品的公开演出。数字录音制品传送不是来自录音制品的实时的非交互订阅播送，在该订阅播送中，在从播送开始到播送被接收者接收，接收者收听到录音制品的过程中，没有制作任何录音制品的复制品或被收录在该录音制品中的音乐作品的复制品。

§116　通过投币点唱机进行公开演奏的协商许可证[53]

（a）本条适用范围。——本条适用于任何收录在录音制品中的非戏剧性音乐作品。

（b）协商许可证。——

（1）协商的授权。——任何适用本条规定的作品的版权人和任何投币点唱机的经营者可以协商确定公开演出这类作品的版税期限和税率以及版权人之间收益比例的划分,并且可以指定共同代理人来协商、确定、支付或接受版税费用。

(2) 第 8 章的诉讼程序。——不受上述协商所约束的各方可以交由根据第 8 章的规定所进行的一个诉讼程序来确定第(1)项描述的期限和税率以及收益划分。

(c) 效力高于版税裁判官裁定的许可证协议。——在第(b)款的规定下协商达成的一个或多个版权人之间,或一个或多个投币点唱机经营者之间的许可证协议,其效力应高于版税裁判官所做出的任何适用的裁定。

(d) 定义。——本条所用的专有名词及其变体的意义如下:

(1) "投币点唱机"是一个机器或设备——

(A) 其唯一用途是以投入硬币、货币、代币或其他货币单位或其等价物启动录音制品播放非戏剧性音乐作品;

(B) 在一个不收取任何直接或间接的入场费的场所中;

(C) 同时提供一个目录,其中包含所有可供演出的音乐作品的标题,且将其附加在点唱机上或张贴在能被公众轻易看到的场所中的显眼处;而且

(D) 可以对可供演出的作品进行选择,并且允许点唱机所在建筑物中的顾客做出这样的选择。

(2) "经营者"是单独或与他人合伙的任何人——

(A) 拥有一个投币点唱机;

(B) 有权将投币点唱机设置在某个场所进行公开演出;或

(C) 有权主要控制投币点唱机上可公开演出的音乐作品的选择范围。

§117　专有权利的限制：计算机程序[54]

(a) 复制品版权人制作额外的复制品或改编件。——尽管有第 106 条的规定,计算机程序的复制品版权人制作或授权制作,该计算机程序的另一复制品或改编件,不构成侵犯版权,但需具备下列条件:

(1) 创制这种新的复制品或改编件,是使用该计算机程序及机器的基本步骤,而且不以其他方式使用上述复制品或改编件,或者

(2) 这种新的复制品或改编件只是出于存档的目的,而且如果继续持有

计算机程序不再合法,则所有存档的复制品一律予以销毁。

（b）额外复制品或改编件的出租、出售或其他方式的转让。——凡根据本条规定制作的所需复制品可连同由此制作的额外复制品一起出租、出售或以其他方式转让,但只能作为计算机程序的所有权利出租、出售或其他转让的一部分。这样制作的改编件只有经版权人授权方可转让。

（c）机器维护或修理。——尽管有第106条的规定,如果仅出于维护或修理该机器的目的,且该复制品的制作仅为启动一台机器,其中合法包含已获得授权的该计算机程序复制品,那么机器的所有者或承租人制作或授权制作一个计算机程序的复制品,并具备下列条件,则不构成侵犯版权:

（1）该新复制品不以其他方式使用,而且在维护或修理完成后立即销毁;而且

（2）对于不需要该机器启动的任何计算机程序或部分计算机程序,除了为制作启动机器而需要的新的复制品外,不会获得或使用这类程序或部分程序。

（d）定义。根据本条——

（1）机器的"维护"是一种机器检修,其目的是使机器工作时的规格是最初的规格或已获得授权的修改后的规格;而且

（2）机器的"修理"是将机器的工作状态恢复到与其最初规格或已获得授权的修改后的规格相一致。

§118　专有权利的范围：非商业
广播中指定作品的使用[55]

（a）第106条规定的专有权利,在涉及第（b）款所述作品和第（d）款所述活动时,应受本条规定的条件和时效的限制。

（b）尽管有反托拉斯法的规定,任何已出版的非戏剧性音乐作品和已出版的绘画、平面设计和雕塑作品的版权人和任何播送组织可以分别协商确定版税税率和期限,以及不同版权人之间的收益比例,并且可以指定共同代理人来协商、确定、支付或收取版税费用。

（1）本款规定,作品的任何版权人或任何公共播送组织可以向版税裁判

官提交关于上述作品的该类活动的建议许可证。

（2）任何时候一个或多个版权人与一个或多个公共播送组织之间自愿谈判达成的许可证协议，其效力应高于版税裁判官或国会图书馆馆长的任何裁定。但这些协议的副本应在协议订立后 30 天内，根据版税裁判官制定的条例，提交版税裁判官备案。

（3）根据第 804 条第（a）款提出的申请而进行的自愿协商，该协商的目的是确定由公共播送组织支付给本款规定的作品版权的拥有者的版税税率和期限的计划，以及不同版权人之间的收益比例，应覆盖从申请提出的第二年 1 月 1 日起之后的五年时间。每次协商的当事人应该承担自己的费用。

（4）如果没有根据第（2）项或第（3）项协商达成许可证协议，版税裁判官应该根据第 8 章确定一个版税支付税率和期限的计划，并将其在《联邦公报》中公布。该计划根据第（2）项，对所有本款规定的作品的版权人和公共播送组织具有约束力，无论上述版权人是否已经向版税裁判官提交了建议。在确定税率和期限时，版税裁判官可以考虑第（2）项和第（3）项规定的自愿许可证协定下的税率。版税裁判官也应当做出相应的规定，根据这些规定，版权人可以收到根据本条使用其作品的合理通知，且根据该规定用作上述用途的录音制品应当由公共播送组织保存。

（c）遵照第（b）款第（2）项或第（3）项已经谈判达成的任何自愿许可证协议的条款，公共播送组织可在符合本条规定的前提下，包括根据第（b）款第（4）项规定由版税裁判官确定的版税率和期限，从事下列有关已出版的非戏剧性音乐作品和已出版的绘画、平面设计和雕塑作品的活动：

（1）第（f）款所指的，非商业性教育广播台播送或在播送过程中演出或展示作品；并且

（2）由一个非营利机构或组织，专为进行第（1）项所述的播送而制作播送节目，并制作、发行该播送节目的复制品或录音制品；且

（3）由政府机构或非营利机构播送［第（1）项所述］的同时，对该广播节目进行复制以及按第 110 条第（1）项的条件演出和展示此类节目的内容，但这些复制品被用来演出或展示的期限从第（1）项所述播送之日起不得超过 7 天，在此期限结束前或结束时需将复制品销毁。按第（2）项规定，本项所指的政府机

构或非营利机构的播送节目复制品的提供者,不应因上述机构没有销毁这类复制品而承担任何责任,但提供者应事前通知政府机构或非营利机构本项规定的销毁复制品的要求,而且,如果政府机构或非营利机构本身未能销毁这些复制品,则构成侵权。

(d) 除本款有明确规定外,本条不适用于第(b)款所列举作品以外的作品。非戏剧性文学作品的版权人和公共广播台,在自愿谈判的过程中,可以就版税税率和期限分别自行达成协议,而不承担反托拉斯法规定的责任。任何自行达成协议的版税税率和期限,应自版税税率和期限[依据版税裁判官据第803条第(b)款第(6)项制定的规定]提交版税裁判官备案时起生效。

(e) 本条中任何规定均不应解释为允许超越第107条规定的合理使用范围,未经授权就把非戏剧性音乐作品改编成剧本或制作成播送节目,其内容在相当大程度上取材于已出版的绘画、平面设计或雕塑作品的汇编,或者未经授权就使用音像作品的任何部分。

(f) 术语"公共播送组织"在本条使用时意指第47编第397条所述的非商业性教育广播台,和任何从事第(c)款第(2)项所述活动的非营利机构或组织。

§119　专有权利的限制:供家庭收看的超级电视台与网络电台的转播[56]

(a) 通过卫星运营商进行的转播。——

(1) 超级电视台。——根据本款中第(5)项、第(6)项和第(8)项的规定,以及第114条第(d)款,转播包含于超级电视台首播中的作品的表演或展示,若其转播是由卫星运营商进行,并以私人家庭或是商业机构观看为目的,向公众播送,其中,卫星运营商服从于管理广播电视台信号运载的联邦通讯委员会的规章、条例或授权,并直接或间接地为每项转播服务,向每个接收转播的订阅者或发行商收费,且此类发行商为了直接或间接传输用于私人家庭或是商业机构观看的转播(信号),而与运营商签订了合同,则根据本条,该种转播应当受法定许可证约束。[57]

(2) 网络电台。——

(A) 总论。——根据本条款的第(B)目和第(C)目、本款中第(5)项、第

(6)项、第(7)项和第(8)项的条款,以及第 114 条第(d)款,转播网络电台首次播送中包含的作品的表演或展示,若其转播是由卫星运营商进行,并以私人家庭或是商业机构观看为目的,向公众播送,其中,卫星运营商遵守管理广播电视台信号运载的美国联邦通讯委员会的规章、条例或是授权,并直接或间接地为每项再播送服务,向每个接收转播的订阅者或发行商收费,且此类发行商为了直接或间接传递用于私人家庭或是商业机构观看的转播(信号),而与运营商签订了合同,则根据本条,该种转播应当受法定许可证约束。

(B) 针对未获服务的家庭的转播——

(i) 一般情况。——在第(A)目中规定的法定许可证,许可证的提供应当受到限制,即在一天之内,对电视网络来说,向住在未获服务家庭的人们播送信号时,信号的转播不超过两个网络电台。本条款中的限制不适用于第(3)项规定的转播。

(ii) 资格的准确认定——

(I) 准确的预测模型——在根据推测判定一个人是否居住在未获服务的家庭[第(d)款第(10)项第(A)目所述]时,法庭应当参照由联邦通讯委员会在98—201 号诉讼事件表中阐明的个别位置不规则地面模型,因为随着时间的推移,以 1934 年的《通讯法》第 339 条第(c)款第(3)项为前提,该模型可能会由委员会进行修正以提高其精确性。

(II) 准确的测算——判定一个人是否居住在未获服务的家庭[第(d)款第(10)项第(A)目所述]时,法庭应当依照 1934 年颁布的《通讯法》第 339 条第(c)款第(4)项来测算地点。

(iii) 对未获服务的家庭进行的 C 波段豁免——

(I) 一般情况——(i)中的限制不适用于网络电台 C 波段服务订阅者接收的任何一类转播。该播送指的是 C 波段服务订阅者接收的任何在 1999 年 10月 31 日前,转播终止前的播送。

(II) 定义——在本段中,术语"C 波段服务"意指一种由联邦通讯委员会许可,并在《美国联邦规则法典》第 47 编第 25 部分的前提下运作的一种服务。

(C) 例外。

(i) 拥有独立的满额功率网络电台的州。——在一个州,若其拥有一个被联邦通讯委员会许可的独立的满额功率电台,也就是一个在 1995 年 1 月 1 日获得第(A)目规定的法定许可证的网络电台,则对于任何一个位于州境内,且不超出委员会法规(从该日起生效)列出的第一批 50 个电视市场范围(《美国联邦规则法典》第 47 章第 76 条、第 51 条)的社区订阅者来说,此许可证应当适用于该电台首次播送卫星运营商进行的转播。

(ii) 所有网络电台和超级电视台都位于同一本地市场的州。——在一个州,截至 1995 年 1 月 1 日,其所有网络电台和超级电视台都获得了联邦通讯委员会的许可,并被分配到同一个本地市场,且该市场并不囊括该州所有的县,则对于任何一个该州的居住于不超出委员会法规(从该日起生效)列出的第一批 50 个电视市场范围(《美国联邦规则法典》第 47 章第 76 条和第 51 条)的本地市场订阅者来说,提供的法定许可证[第(A)目规定]应当适用于该电台首次播送卫星运营商进行的转播。

(iii) 额外电台。若一个州有四个县——

(I) 在 2004 年 1 月 1 日,这四个县在一个主要由另外一个州的县组成的本地市场中,并且

(II) 根据 2004 年尼尔森媒体研究公布的美国电视收视家庭数量,这四个县总共有 41 340 个电视收视家庭。

若卫星运营商转播的接收者是设立在该州四个县中任何一个县的任何一个网络电台的首播订阅者,且卫星运营商在 2004 年 1 月 1 日对该县的任何一个订阅者进行了此类转播,则提供的法定许可证[第(A)目规定]应当适用于此类转播。

(iv) 特定的额外电台。——如果一个州境内的两个相邻县位于一个主要由另一个州的县组成的本地市场中,则提供的法定许可证[第(A)目规定]应适用于卫星运营商向那两个县进行的转播,其播送的接收者是在这两个县境内,且使用这两个县所在州州府的任何一个网络电台首播的订阅者,如果——

(I) 根据 2003 年尼尔森媒体研究,这两个县在一个被评为前 100 名的本地市场中;并且

(II) 根据 2003 年尼尔森媒体研究,这两个县合起来的电视收视家庭总数没有超过 1 万。

(v) 税率的适用性。——第(b)款第(1)项第(B)目规定的版税率适用于获得了第(i)段、第(ii)段、第(iii)段、第(iv)段适用下的第(A)目中规定的法定许可证的转播。

(D) 将订阅者名单提交至网络。——

(i) 初始名单。——按第(A)目的规定,一个提供转播网络电台首播的卫星运营商,应当在转播的 90 天内,向拥有或附属于网络电台的广播公司提交——

(I) 一份全体订阅者的名单(姓名、地址,包括街道、乡邮投递路线编号、城市、州和邮政编码),这些订阅者属于未获得服务的家庭,他们订购了卫星运营商对首次播送的转播。并且,

(II) 一份指定市场区域[第 122 条第(j)款规定]的分列名单(姓名、地址,包括街道、乡邮投递路线编号、城市、州和邮政编码)。这份名单应当标明那些与显著观察站相关,依据第(3)项获得服务的订阅者。

(ii) 月度名单。——在提交了第(i)段所规定的初始名单之后,每月 15 日,卫星运营商应当向广播公司提交——

(I) 一份标识出上一次根据第(i)段提交之后,所有第(i)段(I)规定的被添加或删除的订阅者的名单(姓名、地址,包括街道、乡邮投递路线编号、城市、州和邮政编码);并且

(II) 一份由指定市场区域合计的分列名单(姓名、地址,包括街道、乡邮投递路线编号、城市、州和邮政编码),标识出那些与显著观察站相关,依据第(3)项获得服务的被添加或删除的订阅者。

(iii) 订阅者信息的使用。——本小段规定的由卫星运营商提交的订阅者信息,可能只会连同本小节一起被用于监测卫星运营商。

(iv) 适用性。——在下述情况下,本条的提交要求应适用于该卫星运营商:某个卫星运营商提交的网络应向版权注册处递交一份文件以供存档备案,该文件标识出提交者的姓名和住址。版权注册处保证公众可对所有存档的文档进行查阅。

(3) SV 信号的转播。——

(A) 一般情况下——尽管有第(2)项第(B)目中相关条款的规定,根据第

(B)目,如果网络电台或超级电视台进行的首播的转播订阅者居住在电台的本地市场[第122条第(j)款所规定]之外,但在同一个社区中,该社区的信号由联邦通讯委员会判定为SV信号,根据1976年4月15日生效的,适用于与光缆系统相关的判定一个社区的信号是否为SV信号的规章、条例和授权,则提供的第(1)项和第(2)项规定下的法定许可证应当适用于这类转播。

(B) 限制。——第(A)目只适用于网络电台或超级电视台首播的转播订阅者,且这类卫星运营商进行的转播获得了第122条规定的法定许可证。

(C) 弃权证书。——

(i) 一般情况——若一个订阅者不被认定为第(B)目规定的网络电台首播的转播接收者,他可以因此通过卫星运营商,向附属于订阅者所在地的同一家广播公司的本地市场网络电台,以提交请求的方式获取弃权证书。网络电台应当在收到请求后的30天内接受或拒绝订阅者的请求。如果网络电台未能在30天内接受或拒绝订阅者的请求,则该网络电台应当视为已同意该请求。除非网络电台事先已有明确声明,否则根据1934年《通信法案》第339条第(c)款第(2)项,2004年《卫星家庭收视延伸和再授权法案》颁布之日前准予的弃权证书不应当等同于本分段中提到的弃权证书。

(ii) 终止。——第(i)段规定的已获准予的弃权应当在2008年12月31日终止,并且任何此类的有效弃权应当在该日期终止。

(4) 针对本地市场上可用转播的法定许可证——

(A) 针对第(e)款规定下的模拟信号订阅者的规则。——

(i) 接收远程模拟信号的订阅者。——若一个卫星运营商的订阅者只因第(e)款(即本分段所述"远程模拟信号")而有资格接收网络电台首次模拟播送的转播,且截至2004年1月10日,他都一直从该网络电台接收远程模拟信号,则在该情况下,下述应当适用——

(I) 若卫星运营商能够让订阅者接收到本地网络电台首次模拟播送的转播,且该网络电台附属于同一家已获得法定许可证(第122条规定)的电视广播公司,则在该情况下,第(2)项规定的法定许可证应当只适用于该卫星运营商对该订阅者进行的转播,且该订阅者接收的是附属于同一家电视广播公司的电台远程模拟信号——

（aa）依据 1934 年《通信法案》的第 338 条第（h）款第（1）项的规定，在收到卫星运营商的通知后的 60 天之内，订阅者可选择保留远程模拟信号；但是

（bb）订阅者只有在其选择的时间段内才能接收这样的本地模拟信号。

（Ⅱ）尽管（Ⅰ）规定如此，但第（2）项规定的法定许可证不应当适用于一个只因第（e）款而有资格接收电视网络电台的远程模拟信号的订阅者，除非卫星运营商在 2004 年《卫星家庭收视延伸和再授权法案》颁布日期之后的 60 天内，向该电视广播公司提交一份由指定市场区域[第 122 条第（j）款第（2）项第（C）目规定]总计的名单，该名单——

（aa）包括订阅者的姓名、地址（街道、乡邮投递路线编号、城市、州和邮政编码），以及详细说明订阅者接收的远程模拟信号；并且

（bb）应作出声明：据卫星运营商所知，在做出详细、诚信的调查之后，订阅者将有资格根据第（e）款接收远程模拟信号。

（ⅱ）不接收远程模拟信号的订阅者。——如果任何一个卫星运营商的订阅者只因第（e）款而有资格接收网络电台远程模拟信号，且在 2004 年 1 月 10 日，没有从附属于同一家广播公司的电台接收远程模拟信号，在此情况下，第（2）项规定的法定许可证不应当适用于该卫星运营商对该订阅者进行的转播，且该订阅者所接收的是附属于同一家广播公司的电台远程模拟信号。

（B）针对其他订阅者的规则。——如果一个卫星运营商的订阅者有资格接收网络电台首次模拟播送的转播，且该网络电台获得了第（2）项规定（在本目中所指的"远程模拟信号"）的法定许可证，其中除去适用第（A）目的订阅者，则下述应当适用——

（ⅰ）若卫星运营商能够让订阅者在 2005 年 1 月 1 日接收到本地网络电台首次模拟播送的转播，且该网络电台附属于同一家已获得第 122 条规定下的法定许可证的电视广播公司，则在该情况下，第（2）项规定的法定许可证应当只适用于该卫星运营商对该订阅者进行的转播，且该订阅者接收的是附属于同一家电视广播公司的电台远程模拟信号。在 2005 年 3 月 1 日之前，（卫星运营商）要向该电视广播公司提交一份由指定市场区域[第 122 条第（j）款第（2）项第（C）目规定]总计的名单，该名单包括订阅者的姓名、地址（街道、乡邮投递路线编号、城市、州和邮政编码），以及详细说明订阅者接收的远程模拟

信号。

(ii) 若卫星运营商不能够让订阅者在2005年1月1日接收到本地网络电台首次模拟播送的转播,且该网络电台附属于同一家已获得第122条规定的法定许可证的电视广播公司,则在该情况下,第(2)项规定的法定许可证应当只适用于该卫星运营商对该订阅者进行的转播,且该订阅者所接收的是附属于同一家广播公司的电台远程模拟信号,若——

(I) 该运营商依照第122条规定的法定许可证,在开始提供该本地网络电台本地市场中广播公司首次模拟播送的转播的日期之前,该订阅者设法订购这类远程模拟信号;并且

(II) 在该日期之后的60天内,卫星运营商要向每一家电视广播公司提交一份名单,该名单包括本地市场上接收这类模拟信号的每一个订阅者的姓名、地址(街道、乡邮投递路线编号、城市、州和邮政编码),以及详细说明订阅者接收的远程模拟信号。

(C) 未来的适用性。——第(2)项规定下的法定许可证不应当适用于这类卫星运营商进行的网络电台首次模拟播送下的转播,其对象——

(i) 截至2004年《卫星家庭收视延伸和再授权法案》的颁布日期,并不是一个合法接收该类转播的订阅者;并且

(ii) 当时,正设法订阅接收这类转播之人居住在一个本地市场,在本地市场上,该人理应能够接收到卫星运营商提供的本地网络电台首次模拟播送下的转播,且该网络电台附属于同一家已获得法定许可证(第122条规定)的电视广播公司。

(D) 针对远程数字信号的特殊规则。——第(2)项规定的法定许可证应当适用于由卫星运营商进行的网络电台针对订阅者的首次数字播送的转播,如果1934年《通信法案》第339条第(a)款第(2)项第(D)目允许卫星运营商向订阅者转播网络电台的首次数字播送,当其在2004年《卫星家庭收视延伸和再授权法案》颁布日期之后生效,除此之外,在第339条第(a)款第(2)项第(D)目第(i)段(I)中提到的《美国联邦规则法典》第47编第73.683条第(a)款,应当参照该条,于2004年《卫星家庭收视延伸和再授权法案》颁布之日生效。

(E) 其他条款不受影响。——本目不应影响第(3)项规定的转播或第

(12)项包括的未获服务的家庭的法定许可证的适用性。

（F）弃权证书。——若一个订阅者被否认是第（C）目和第（D）目规定下的网络电台转播对象,他可能会因此通过其卫星运营商向附属于订阅者所在地的同一家广播公司的本地市场网络电台,以提交请求的方式获取弃权证书。网络电台应当在收到请求后的 30 天内接受或拒绝该请求。若网络电台未能在 30 天的时间段里接受或拒绝,则该网络电台应当被视为已同意请求。除非网络电台已有明确声明,否则根据 1934 年《通信法案》第 339 条第（c）款第（2）项规定,在 2004 年《卫星家庭收视延伸和再授权法案》的颁布日期前准予的弃权证书不应当构成本目中提到的弃权证书。

（G）"可接收"的概念。——根据本目,若卫星运营商能够让一个订阅者或一个人接收到本地电台首次播送的转播;同时,若其他订阅者的居住地的邮政编码与该订阅者的相同,则卫星运营商也能够向上述其他订阅者提供该转播。

（5）对报告与付款要求不服从。——尽管有第（1）项和第（2）项的规定,超级电视台或网络电台的首次播送,卫星运营商向公众提供故意或重复的转播,并将首次播送的作品的表演或展示向公众转播,且卫星运营商并没有缴存第（b）款所要求的账目声明和版税,也没有根据第（2）项第（C）目的要求向广播电视台提交,根据第 501 条,可作为一种侵犯版权的行为予以起诉,并完全适用第 502 条至第 506 条和第 510 条规定的救济。

（6）故意的变更。——尽管有第（1）项和第（2）项的条款规定,超级电视台或网络电台首次播送中包含的某作品的一项表演或展示,卫星运营商向公众转播,若特定节目的内容,或是任何在该类节目播送期间、紧挨着之前或之后有首次播送的商业广告或电台声明,在任何方面被卫星运营商通过改变、删除、添加或是与任一其他的广播信号的节目相连接的方式进行故意变更,且该节目包含表演和展示,则根据第 501 条,可作为一种侵犯版权的行为予以起诉,并完全适用第 502 条至第 506 条和第 510 条的救济。

（7）违反网络电台法定许可证对于领土限制的规定。——

（A）个体的违反。——对网络的首次播送,卫星运营商提供的故意或重复的转播,并包含了对作品的表演和展示的转播,服务于根据本条没有资格接收播送的订阅者,根据第 501 条,可作为一种侵犯版权的行为予以起诉,并完全适用第 502 条至第 506 条的救济,除非——

(i) 卫星运营商采取了正确的行动,即及时地从不合格的订阅者处撤销服务,则不用为该侵权行为支付损害赔偿金,并且

(ii) 任何法定赔偿金不应超过侵权期间每月每位订阅者 5 美元。

(B) 侵权的模式。——若卫星运营商参与故意或重复的侵权模式或实践,向根据本条没有资格接收播送的订阅者传送包含作品的表演或展示的网络电台首播,除第(A)目规定的救济外——

(i) 若已在全国绝大部分范围使用侵权模式或从事侵权实践,则法庭应当发出一个永久性的强制令,来禁止卫星运营商针对私人家庭收视而转播附属于同一广播电视网的任一初级网络电台的首播,并且法定赔偿金的标准为每六个月 25 万美元,法庭按照侵权时间判处法定赔偿金时,不可超过上述标准;并且

(ii) 若已在本地或该地区范围内使用侵权模式或从事侵权实践,则法庭应当发出一个永久性的强制令,来禁止卫星运营商针对私人家庭在当地或地区范围内收视而转播附属于同一广播电视网的任一初级网络电台的首播,并且法定赔偿金的标准为每六个月 25 万美元。法庭按照侵权时间判处法定赔偿金时,不可超过上述标准。

(C) 先前的订阅者不包括。——第(A)目和第(B)目不适用于卫星运营商对 1988 年 11 月 16 日前订购卫星运营商或发行商转播的订阅者的转播。

(D) 举证责任。[58]——在本目提到任何诉讼中,卫星运营商应当承担举证责任,即该运营商是将网络电台的首播转播给有资格接收转播(根据本条规定)的订阅者。

(E) 例外。——针对不居住在未享受服务的家庭中的订阅者,卫星运营商向此类订阅者转播网络电台首播中的作品的表演或展示,在以下情况下,该转播不构成对版权的侵犯——

(i) 该台在 1991 年 5 月 1 日被卫星运营商转播,并且不是在该日期被广播电视网络公司拥有,或运营,抑或是附属于该公司,该公司通常向 10 个或 10 个以上的州内至少 25 个附属电视许可证持有人提供每周 15 小时或 15 小时

以上的不间断的节目服务；

(ii) 截至 1998 年 7 月 1 日，根据本条法定许可证规定，该台被卫星运营商转播；并且

(iii) 截至 1995 年 1 月 1 日，该台并未被一个广播电视网络公司拥有，或运营，或是附属于该公司，且该公司通常向 10 个或 10 个以上的州内至少 25 个附属电视许可证持有人提供每周 15 小时或 15 小时以上的不间断的节目服务；

(8) 卫星运营商的歧视。——尽管有第(1)项规定，超级电视台或网络电台首播中对作品的演出或展示，被卫星运营商故意或重复的向公众转播，该转播构成第 501 条下的版权侵权行为，并且，如果卫星运营商非法歧视发行商，可对该侵权行为予以起诉，并完全适用第 502 条至第 506 条提供的救济。[59]

(9) 转播的地理限制。——本条规定的法定许可证应当只适用于针对美国境内家庭的转播。

(10) 未获得服务的家庭对信号强度测量的付费，民事诉讼中对测量成本的追索。——在与未获服务的订阅者家庭合格性有关的民事诉讼中——

(A) 若网络电台质疑此种合格性，则应当在收到测量结果和成本声明之后的 60 天内，对任何信号强度测量向卫星运营商进行赔偿。上述的信号强度测量是卫星运营商为了回应网络电台的质疑而实施的，并且证实了该家庭是一个未获服务的家庭；并且

(B) 卫星运营商应当在收到测量结果和成本声明之后的 60 天内，对任何信号强度测量质疑此类合格性的网络电台进行赔偿。上述的信号强度测量是由该网络电台实施，并且证实了该家庭是一个未获服务的家庭。

(11) 无力实施测量。——若一个网络电台已经尽了合理的努力，尝试对订阅者家庭信号进行地点测量，但被拒绝进入，或者未能够实施测量，卫星运营商应当在此后的 60 天内通知，终止对该家庭的网络电台服务。

(12) 对休闲车和商用卡车进行的服务。——

(A) 免除。——

(i) 一般情况。——根据本款，且服从于第(ii)段和第(iii)段，术语"未获服务的家庭"应当包括——

（Ⅰ）根据《美国联邦规则法典》第 24 编第 3282.8 条规定,《住房与城市发展部管理办法》中定义的休闲车;和

（Ⅱ）商用卡车,即根据《美国联邦规则法典》第 49 编第 383.5 条规定,《交通部管理办法》规定的商用机动车。

（ⅱ）限制。——如果任何申请向该休闲车或商用卡车操作员转播网络电台的卫星运营商遵守第(B)目和第(C)目的文件要求,则第(ⅰ)段只适用于上述休闲车或商用卡车。

（ⅲ）例外。——根据本目,术语"休闲车"和"商用卡车"不包括任何固定的处所,无论是房车或其他。

（B）文件要求。——从相关卫星运营商向网络广播提供下述文件后的第 10 天开始,休闲车或商用卡车被视作未获服务的家庭。该网络广播拥有或者附属于即将被转播至休闲车或商用卡车的网络电台。

（ⅰ）声明。——休闲车或商用卡车的操作员签署的声明,即将在休闲车或商用卡车上永久地连接圆盘式卫星电视天线,且不会被用于在任何固定处所接收卫星节目。

（ⅱ）注册。——关于休闲车,应提供该休闲车目前所在州的车辆注册信息副本。

（ⅲ）注册和许可证。——关于商用卡车,提供——

（Ⅰ）该商用卡车目前所在州的车辆注册信息副本;以及

（Ⅱ）根据《美国联邦规则法典》第 49 编第 383 条的《交通部管理办法》,颁发给操作员的当前有效的商用卡车司机驾照副本。

（C）更新文件的要求。——若一个卫星运营商希望继续为休闲车或商用卡车提供为期两年以上的转播,则该运营商应当根据请求,在两年期满前的 90 天内,向每个广播电视台提供第(B)目规定格式的新文件。

（13）遵守联邦通讯委员会规则和救济的法定许可证。——尽管有本条其他条款的规定,联邦通讯委员会许可的广播台对包含作品表演或展示的首播,卫星运营商故意或重复向公众转播该首播,且如果在播送期间,卫星运营商并未遵守联邦通讯委员会关于广播电视台信号传输的规章、条例以及授权要求,那么卫星运营商的行为属于第 501 条所规定的侵权行为,可予以起诉,

并完全适用第 502 条至第 506 条所规定的救济。[60]

(14) 弃权证书。——若一个订阅者不是第(a)款第(2)项第(B)目所规定的网络电台单信号转播对象,他可以因此通过卫星运营商向宣称禁止该转播的网络电台提交一份请求,以获取一份弃权证书。网络电台应当在收到请求后的 30 天内接受或拒绝该请求。如果一个电视网络电台未能在收到请求之后的 30 天的时间段里接受或拒绝,则应视为该网络电台已同意该弃权证书的请求并且提交此类书面弃权证明。除非网络电台事先已有明确声明,否则根据 1934 年《通信法案》第 339 条第(c)款第(2)项,在 2004 年《卫星家庭收视延伸和再授权法案》颁布日期前准予的弃权证书不应当构成本项中提到的弃权证书。

(15) 低功率电视台的传输。——

(A) 一般情况。——尽管有第(2)项第(B)目的规定,并根据本项第(B)目到第(F)目,第(1)项和第(2)项规定提供的法定许可证,应适用于针对居住在同一本地市场中的订阅者,由被许可成为低功率电视台的网络电台或超级电视台进行的首播的转播。

(B) 地理限制。——

(i) 网络电台。——关于网络电台,第(A)目中所规定的转播应当被限制为提供给下述订阅者的转播——

(I) 当电台发射信号时,居住在同一个本地市场的订阅者;以及

(II) 居住在该台播送地 35 英里之内,但是如果该台位于一个标准大城市统计区,且该区域是 50 个人口最多的标准大城市统计区(基于 1980 年商务部长主持的 10 年一次人口普查)之一,那么上述距离应为 20 英里。

(ii) 超级电视台。——关于超级电视台,第(A)目规定的转播应当被限制为当电台发射信号时,对住在同一个本地市场的订阅者的转播。

(C) 中继器和转换器的不适用性。——第(A)目规定的转播,不适用于转播另一个电视台的节目和信号每天 2 小时以上的低功率电视台。

(D) 版税。——尽管有第(b)款第(1)项第(B)目的规定,转播低功率电视台首播的卫星运营商可适用本条的法定许可证,不需要为居住在该台播送地点 35 英里之内的订阅者提供转播服务而承担版税义务,但如果该台位于一个

标准大城市统计区,且该区是 50 个人口最多的标准大城市统计区(基于 1980 年商务部长主持的 10 年一次人口普查)之一,上述距离应为 20 英里,卫星运营商不需要为居住于这 20 英里之内的订阅者提供转播服务而承担版税义务。超级电视台,是在电视台本地市场范围内,但在先前规定的以 35 英里或 20 英里为半径的地区之外的低功率电视台,该超级电视台的传输应当根据第(b)款第(1)项第(B)目的规定支付版税。

(E) 对选取"当地对当地"服务的订阅者的限制。——第(A)目规定的转播可能只针对如下订阅者:该订阅者接收卫星运营商依据第 122 条规定的法定许可证进行的对首播的转播,并且转播仅符合 1934 年《通信法》第 340 条第(b)款的规定,在 2004 年《卫星家庭收视延伸和再授权法案》颁布之日生效。[61]

(16) 针对特定市场的州外远程网络信号的受限制的播送。——

(A) 州外网络附属机构。——尽管有本编的任何其他条款,本款和第(b)款中规定的法定许可证不适用于坐落在阿拉斯加州之外的网络电台首播的针对该州订阅者的转播,且卫星运营商根据第 122 条规定使得这些订阅者可获得坐落在该州的电视台首播的转播。

(B) 例外。——第(A)目规定的限制不适用于位于阿拉斯加州之外的网络电台进行的数字信号首次播送的转播,如果在转播时,没有一家附属于同一个广播电视网并获得州的一个社区许可的电视台进行数字信号的首次播送。

(b) 转播的法定许可证。——

(1) 向版权注册处缴纳保证金。——根据第(a)款规定的法定许可证进行转播的卫星运营商,应当每半年向版权注册处交付一次保证金,并依据版权注册处以条例形式确定的要求——

(A) 包含了先前的 6 个月的账目声明,明确说明了在此期间的任何时候对订阅者[第(a)款第(1)项和第(a)款第(2)项所述]进行信号转播的网络电台和超级电视台的名称和位置。接收该转播以及其他数据的订阅者,其总数有时可能会由版权注册处通过条例来规定;并且

(B) 根据本条规定,半年中每月按照适当的频率,对接收每一个超级电视台或网络电台每次转播的订阅者的总数相乘进行计算,即为这 6 个月的版税。

尽管有第(B)目的规定,根据第(a)款第(1)项或第(2)项规定的法定许可

证进行转播的卫星运营商不需要为向该款第(3)项下的订阅者进行转播而承担版税义务。

(2) 费用的投资。——版权注册处应当收取所有根据本条的规定缴存的费用,在扣除根据本条由版权局产生的合理成本之后[除去根据第(4)项规定应扣除的成本],应按照财政部指定的方式,将余额上交美国财政部。财政部持有的所有资金应投资于美国有息证券以便本编提到的国会图书馆随后对利息进行分配。

(3) 分配后获得费用之人。——根据第(2)项规定,缴纳的版税应根据第(4)项规定的程序在版权人之间进行分配,这些版权人的作品包括 6 个月的计费期,由卫星运营商进行转播,并且他们可以根据第(4)项规定向版税裁判官提出索赔。

(4) 分配程序。——根据第(2)项缴纳的版税应当按照下述程序进行分配——

(A) 提出索赔费用。——每年的 7 月,每位声称有权获得转播的法定许可证费用的个人,应当按照版税裁判官以条例形式确定的要求,向版税裁判官提出索赔申请。根据本项,任何申请人需对他们之间如何分配法定许可证费用达成共识,申请人可联合提出索赔,可单独提出索赔,也可指定共同代理人代表他们收取赔款。

(B) 争议的判定,分配。——每年八月的第一天之后,版税裁判官应就版税分配事项判定是否存在争议。若版税裁判官判定不存在此类争议,则版税裁判官应当授权美国国会图书馆馆长在根据本条扣除合理的管理成本后,继续在有权收取该费用的版权人或是他们指定的代理人之间分配该费用。若版税裁判官发现存在此类争议,则根据本编第 8 章,版税裁判官应当通过法律程序判定如何分配版税。

(C) 争议中费用的保留。——本款规定的任何未决诉讼期间,版税裁判官自由裁定以授权美国国会图书馆馆长继续分配没有争议的费用。

(c) 版税的调整。——

(1) 模拟信号版税的可适用性及其判定。——

(A) 保证金。——关于第(b)款第(1)项第(B)目判定的版税,针对网络电台和超级电视台首次模拟播送的转播的适当费用,应当是《美国联邦规则法典》第37编第258部分规定的适当费用,在2004年7月1日生效,并根据本项进行修改。

(B) 自愿协商费用。——在2005年1月2日或之前,为了判定卫星运营商转播网络电台和超级电视台的首次模拟播送[据第(b)款第(1)项第(B)目进行]所需缴纳的版税,美国国会图书馆馆长应在《联邦公报》上公布自愿协商程序的开始。

(C) 协商。——本条规定的卫星运营商、发行商和有权获得版税的版权人应当真诚、努力地达成一个或多个针对版税费用支付的自愿协议。任何此类的卫星运营商、发行商和版权人可在任何时间协商谈判并针对版税达成一致,也可指派共同代理人协商谈判以达成一致,或由共同代理人支付版税。若当事人未能认同共同代理人,在协商程序中的当事人推荐后,美国国会图书馆馆长应代为行事。当事人应当承担每一协商程序的花费。

(D) 约束当事人的协议,协议的存档,公开声明。——(i) 根据本项规定,在任何时间协商谈判达成的自愿协议对作为当事人的所有卫星运营商、发行商和版权人均有约束力。按照版权注册处规定的条例,在执行后的30天内将该协议的副本提交版权局存档。

(ii) (I) 在《联邦公报》上公布声明,自愿协商程序开始之后的10日内,根据第(E)目在不召集仲裁程序的情况下,已经达成自愿协议的当事人可要求将该协议中的版税用于所有的卫星运营商、发行商和版权人。

(II) 在第(I)子段下收到的要求,美国国会图书馆馆长应当立即提供自愿协议中版税的公开声明,并且给当事人提供机会,使他们可以借此陈述对此版税的反对。

(III) 美国国会图书馆馆长应当在不开启仲裁程序的情况下,从适用于所有卫星运营商、发行商和版权人的自愿协议中通过版税,除非一方当事人有意参与仲裁程序,并且在根据第(II)子段的该程序中可获得可观利益。

(E) 协定生效期间。——根据本项已提交版权局存档备案的自愿协议所确立的版税支付义务应当在协议明确规定的日期生效,并且有效期直到2009年12月31日,或者依照协议中的更晚的期限。

(F) 强制性仲裁中规定的费用。——

(i) 程序开始的声明。——2005 年 5 月 1 日或以前,美国国会图书馆馆长应在《联邦公报》上公布仲裁程序开始的声明,目的在于判定卫星运营商和发行商为转播网络电台和超级电视台的首次模拟播送[据第(b)款第(1)项第(B)目]所需缴纳的版税。

(I) 缺乏根据第(D)目而达成的自愿协议,所有的卫星运营商和发行商共同确定所需缴纳的版税;或者

(II) 如果适用于所有卫星运营商、发行商和版权人,为了在美国国会图书馆馆长处通过而递交的自愿协议中涉及的费用遭到当事人的反对,且该当事人根据第(D)目规定有意参与仲裁程序,并在该程序的结果中可获得巨大利益。

应当根据第 8 章的规定实施此仲裁程序,且该仲裁程序于 2004 年《版税和发行法案》颁布日期前生效。

(ii) 版税的确立。——根据本小段在判定版税的过程中,根据第 8 章任命的版税仲裁陪审团,于 2004 年《版税和发行法案》颁布日期前一日生效,该陪审团应当确立转播网络电台和超级电视台首次模拟播送的费用,其确立的费用能清楚地代表转播的公平市场价格。美国国会图书馆馆长和任何一个版税仲裁陪审团应当根据提交给版权局的任何可适用的自愿协议[据第(D)目的规定],调整上述费用以说明当事人的义务的这一情况除外。在判定公平市场价格的过程中,陪审团应当基于当事人所介绍的经济实力、竞争力以及节目信息作出裁定,包括——

(I) 发布该节目所处的竞争环境、相似的私营和强制许可证市场的相似信号成本,以及任何转播市场的特殊特征和环境;

(II) 此项费用对版权人和卫星运营商的经济影响;以及

(III) 对向公众的转播,其持续有效性的影响。

(iii) 仲裁陪审团决议或美国国会图书馆馆长以命令形式确定的生效时期。——在下述裁定中确立的支付版税的义务,该裁定——

(I) 根据本项规定,由版税仲裁陪审团在仲裁程序中作出,并且根据第 802 条第(f)款规定,由美国国会图书馆馆长正式通过,于 2004 年《版税和发行

法案》颁布日期的前一天生效;或者

（II）根据第 802 条第（f）款规定,由美国国会图书馆馆长确立,于颁布日期,即 2005 年 1 月 1 日的前一天生效。

（iv）服从版税之人。——在第（iii）子段中提到的版税对所有的卫星运营商、发行商和版权人均具有约束力,他们不是根据第（D）目规定提交于版权局归档的自愿协议的当事人。

（2）对于数字信号版税的适用性和裁定。——确立转播网络电台和超级电视台首次数字播送所需支付的第（b）款第（1）项第（B）目规定下版税的程序和请求,应当与第（1）项中阐明的转播网络电台和超级电视台首次模拟播送的相同,除以下情况外——

（A）第（1）项第（A）目规定的保证金应当为《美国联邦规则法典》第 37 编第 298.3 条第（b）款第（1）项和第（2）项中阐明的版税率再减少 22.5%,该法律于 2004 年《卫星家庭收视延伸和再授权法案》的颁布日期起生效;

（B）第（1）项第（F）目第（i）段规定的仲裁程序开始声明应当于 2005 年 12 月 31 日或之前公布;并且

（C）为转播网络电台和超级电视台首次数字播送所确立的版税,遵照第（1）项第（F）目第（iii）段所阐明的程序,并且根据第（b）款第（1）项第（B）目,版税的支付——

（i）应当减少 22.5%;

（ii）应当由美国国会图书馆馆长于 2007 年 1 月 1 日以及之后每一年的 1 月 1 日进行调整,以反映之前 12 个月内发生的由最新消费价格指数（由劳动部长发布）决定的生活成本的任何变化。

（d）定义。——本条中所使用的——

（1）发行商。——术语"发行商"意指一个签订合同以发送卫星运营商制造的作为单一渠道或与其他节目打包在一起的转播的组织。根据本款条文,它直接向个体订阅者或通过其他节目的发送组织间接地提供转播。

（2）网络电台。——术语"网络电台"意指——

（A）一个联邦通讯委员会许可的电视台,包括通过一个网络电台转播全部或绝大部分节目广播的任何转播台和地面卫星台,网络电台被一个或多个美国电视网络拥有、运营或附属,每周 15 小时或 15 小时以上有规律地向 10 个或 10 个以上州的至少 25 家附属电视许可证持有人提供一项互相连接的节目服务。

(B) 一家非营利的教育广播台(1934 年《通信法》第 297 条中所定义的)。

(3) 初级网络电台。——术语"初级网络电台"意指广播或转播特定国家广播电视网络提供的基础节目服务的网络电台。

(4) 首次播送。——术语"首次播送",本编第 111 条第(f)款已解释。

(5) 私人家庭收视。——术语"私人家庭收视"意指为了私人用途通过卫星接收设备在家里观看,该设备由家庭中的个人操作,且只向该家庭提供卫星运营商对电视台首次播送的转播服务,且该电视台需获得联邦通讯委员会的许可。

(6) 卫星运营商。——术语"卫星运营商"意指利用卫星设备或美国通信委员会许可的卫星服务的组织,其根据固定卫星服务(《美国联邦规则法典》第 47 编第 25 部分规定)或是直接广播卫星服务(《美国联邦规则法典》第 47 编第 100 部分规定)运营,以建立并运营针对电视台信号分配的一点对多点的传播渠道,并拥有或租得卫星容量或服务,以提供该点对多点分配,除非该组织在 1934 年《通信法》下根据关税提供此种分配,而不是为了本条规定的私人家庭收视。

(7) 转播。——术语"转播",本编第 111 条第(f)款已解释。

(8) 订阅者。——术语"订阅者"意指接收卫星运营商的转播服务并且根据本款条文规定直接或间接向卫星运营商或发行商支付服务费用的个人或组织。

(9) 超级电视台。——术语"超级电视台"意指获得联邦通讯委员会许可证的电视台而不是网络电台,其经由卫星运营商进行转播。

(10) 未获服务的家庭。——关于特定广播电视网,术语"未获服务的家庭"意指符合以下条件的家庭——

(A) 通过使用常规、固定的室外屋顶接收天线,不能接收附属于 B 等级强度网络的初级网络电台发出的无线电信号,其中 B 等级强度由联邦通讯委员会根据 1999 年 1 月 1 日生效的《美国联邦规则法典》第 47 编第 73.683 条第

(a)款的规定确定；

（B）适用符合弃权证书［据第(a)款第(14)项规定］，无论该弃权证书是否在 2004 年《卫星家庭收视延伸和再授权法案》颁布日期前被授予；[62]

（C）是第(e)款规定适用的订阅者；

（D）是第(a)款第(12)项规定适用的订阅者；或者

（E）是据第(a)款第(2)项第(B)目第(iii)段的规定而豁免的订阅者。

（11）本地市场。——术语"本地市场"，第 122 条第(j)款已解释，除去有关低功率电视台的内容，术语"本地市场"意指电台所在的指定市场区域。

（12）低功率电视台。——术语"低功率电视台"在 2004 年 6 月 1 日生效的《美国联邦规则法典》第 47 编第 71.701 条第(f)款中已给出定义。根据本项，术语"低功率电视台"包括被授予了一个低功率电视台，根据《美国联邦规则法典》第 47 编第 73.6001 条第(a)款规定，该电视台已获得 A 等级电视许可证持有人的主要地位。

（13）商业机构。——术语"商业机构"——

（A）意指用作商业目的的机构，如酒吧、饭店、私人办公室、健身俱乐部、石油钻塔、零售店、银行或其他金融机构、超市、汽车或船舶代理商以及任何其他有公共商务区域的机构；并且

（B）不包括用于私人家庭收视的多户永久或暂时住处，如酒店、宿舍、医院、公寓房间、独立产权公寓或监狱。

（e）版权责任的延期履行。——直到 2009 年 12 月 31 日，未接收本地网络广播电视台 A 等级强度［在 1999 年 1 月 1 日生效的《美国联邦规则法典》第 47 编 73.683(a)条的规定中定义，或是由联邦通讯委员会使用个别位置不规则的地面模型预测，且在第 98—201 号诉讼（档案号 98—201）中委员会对该方法有过描述］信号的订阅者应当保持接收附属于同一网络的网络电台信号，如果该订阅者获得的该网络信号的卫星服务根据本条要求，于 1998 年 7 月 11 日之后，1999 年 10 月 31 日之前终止，或者在 1999 年 10 月 31 日接收到该服务。

（f）自愿协议的情形下，司法部对向本地市场提供卫星转播的加急考虑。——

（1）总论。——当没有卫星运营商为本地市场［第 122 条第(j)款第(2)项

规定]的订阅者提供可使用的转播,其中,该转播是卫星运营商对获得联邦通讯委员会许可证的一个或多个广播电视台首播的转播,并且,两个或更多的卫星运营商根据《美国联邦规则法典》(于 2004 年 7 月 7 日生效)第 28 编第 50.6 条规定,请求获得一份商业审议函,以根据提议性经营行为的《反托拉斯法》评估制订或实施一份协定的合法性,从而针对该本地市场提供该转播。司法部的相应官员应当在收到请求后的 90 天内做出回应。

(2) 定义。——根据本款,术语"反托拉斯法"——

(A) 其含义在《克莱顿法案》[《美国法典》第 15 卷第 12 条第(a)款]的第 1 条第(a)款中已给出定义,除此之外,该术语包括《联邦贸易委员会法》(《美国法典》第 15 卷第 45 条)第 5 条,在某种程度上第 5 条适用于竞争的不公平手段;并且

(B) 包括与第(1)项所提到的法律相似的任何州法律。

§120　建筑作品的专有权利的范围[63]

(a) 针对图示的许可。——已建成的建筑作品,如果包含该作品的建筑位于一个公共场所或是在一个公共场所日常可见,则其版权不包括保护图片、绘画、照片或其他图示作品的制作、发行或公开展示的权利。

(b) 建筑的改建和摧毁。——尽管有第 106 条第(2)项的规定,包含某个建筑作品的建筑的所有人在未经该建筑作品版权人或作者准许的情况下,可改建或授权改建该建筑,也可摧毁或授权摧毁该建筑。

§121　专有权利的限制: 为盲人或
其他残疾人的复制[64]

(a) 尽管有第 106 条的规定,被授权的组织复制或发行以前出版的非戏剧性文学作品的复制品或录音制品,如果该复制品或录音制品专门供盲人或其他残疾人使用,并以专门格式复制或发行,则这种行为并没有侵犯版权。

(b)(1) 本条适用的复制品或录音制品应当——

(A) 除专门供盲人或其他残疾人使用,并以专门格式复制或发行之外,不能以其他格式复制或发行;

(B) 附有一份声明,明确任何除以专门格式之外进一步复制或发行的行为即侵犯版权;并且

(C) 包括一份标识出版人和原始出版日期的版权声明。

(2) 除使用常规人类语言(包括对绘画作品的描述),通过常规做法使用计算机程序向用户展示的部分之外,本款的规定不适用标准化的、安全的或常模参照测试,以及相关测试资料,或计算机程序。

(c) 尽管有第 106 条的规定,出版商印刷供小学或初中使用的教学资料以创建电子档案副本[《残疾人教育法》第 612 条第(a)款第(23)项第(C)目、第 613 条第(a)款第(6)项和第 674 条第(e)款规定],或向国家教育资源访问中心发行此类电子档案副本,其中包括采用《国家教材无障碍标准》[在该法案第 674 条第(e)款第(3)项中定义]印刷教学资料的内容,该出版商的这种行为并没有侵犯版权,如果——

(1) 该印刷本教学资料包含的内容是由州教育部门或当地教育部门规定的;

(2) 该出版商有权以印刷格式出版该印刷教学资料;并且

(3) 该复制品仅用做印刷教学资料内容,以专门格式复制或发行。

(d) 根据本条,术语——

(1) "被授权的组织"意指非营利机构或政府部门,其基本任务是提供与盲人或其他残疾人的培训、教育、自适应阅读或是获取信息需求相关的专门服务;

(2) "盲人或其他残疾人"意指根据 1931 年 3 月 3 日批准,由"为成年盲人提供图书的法案"给予权利的法案(《美国法典》第 2 编第 135a 条;《美国全文法令集》第 46 卷第 1487 页),合格的或有资格获得专门格式的书籍以及其他出版物的个体;

(3) "印刷教学资料"的含义在《残疾人教育法》第 674 条第(e)款第(3)项第(C)目中有过解释;以及

(4) "专门格式"意指——

(A) 专门供盲人或其他残疾人使用的布莱叶盲文、音频或数字文本;以及

(B) 就印刷教学资料而言,包括当该资料专门供盲人或其他残疾人使用时而发行的大号字体格式。

§122　专有权利的限制：卫星运营商
在本地市场内部的转播[65]

（a）卫星运营商对广播电视台的转播。——对广播电视台向本地市场的首播中包含的作品的表演或展示的转播，应当适用本条的法定许可证，如果——

（1）转播是卫星运营商向公众的转播；

（2）关于转播，卫星运营商是根据管理广播电视台信号传输的联邦通讯委员会出台的规章、条例或授权要求；并且

（3）卫星运营商直接或间接收取转播的费用，针对——

（A）接收转播的每一个订阅者；或

（B）与卫星运营商签订合同，并向公众提供直接或间接转播的发行商。

（b）报告要求。——

（1）初始名单。——根据第（a）款，转播网络电台首播的卫星运营商应当在转播后的 90 天内，向拥有或附属于网络电台的广播电视网络提交一份标识出所有订阅者的名单（按照字母表排序的姓名和包括县和邮政编码在内的街道地址），其中订阅者为卫星运营商转播第（a）款规定下的首播的服务对象。

（2）后续名单。——第（1）项规定的名单提交以后，卫星运营商应当在每月 15 日向广播电视网提交一份标识出订阅者的名单（按照字母表排序的姓名和包括县和邮政编码在内的街道地址），其中订阅者为根据本款规定最近一次提交名单之后新增或取消资格的订阅者。

（3）订阅者信息用途。——本款规定下由卫星运营商提交的订阅者信息仅能用于监督卫星运营商对本条的遵守情况。

（4）广播电视网络的要求。——当且仅当接收提交的广播电视网络向版权注册处提交一份文件以归档备案，该文件标识出接受提交之人的姓名和地址。版权注册处确保所有文件的档案可供公众查阅，本款的提交要求适用于卫星运营商。

（c）无版税义务。——根据法定许可证［第（a）款规定］提供转播服务的卫星运营商，不需要为转播承担版税。

（d）不遵从报告和监管要求。——尽管有第（a）款的规定，卫星运营商在

广播电视台的本地市场中故意或重复向公众转播该广播电视台包含作品表演或展示的首播,根据第 501 条,如果卫星运营商不遵守第(b)款规定的报告要求,或是不遵守在涉及电视广播信号传输时联邦通讯委员会的规章、条例和授权要求,卫星运营商的上述行为可作为一种侵犯版权的行为予以起诉,并完全适用第 502 条至第 506 条规定的救济。

(e) 故意变更。——尽管有第(a)款的规定,卫星运营商在广播电视台的本地市场中故意或重复向公众转播包含在该广播电视台首播中的作品的表演或展示,根据第 501 条,如果首次播送包含了表演或展示的特定节目,或任何商业广告、电台声明,且此类内容在该节目播送前或播完后,被卫星运营商通过改变、删除、添加或与任何其他广播信号的节目相结合的方式故意变更,可作为一种侵犯版权的行为予以起诉,并完全适用第 502 条至第 506 条和第 510 条规定的救济。

(f) 违反广播电视台法定许可证地区限制的相关规定。——

(1) 个人违反。——广播电视台向不居住于其本地市场,并且不依从于第 119 条规定的法定许可证或私人许可协议的订阅者首播作品的表演或展示,卫星运营商故意或重复向公众转播上述首播的行为,根据第 501 条,可作为一种侵犯版权的行为予以起诉,并完全适用第 502 条至第 506 条和第 509 条规定的救济,下述情况除外——

(A) 如果卫星运营商采取正确行动,及时停止为不合格的订阅者服务,则不应当对该侵犯行为判罚赔偿金;以及

(B) 违反行为发生的每月,针对每一订阅者的任何法定赔偿金不应当超过 5 美元。

(2) 违反的模式。——若卫星运营商从事故意或重复的模式或措施,广播电视台向不居住于其本地市场,并且不依从于第 119 条规定的法定许可证或私人许可协议的订阅者首播作品的表演或展示,卫星运营商从事故意地或重复地向公众转播上述首播的模式或实践,则除了第(1)项规定中的救济——

(A) 如果该模式或实践已在全国绝大部分范围内实施,则法庭——

(i) 应当发出一个永久性的强制令,来禁止卫星运营商转播广播电视台的首播(并且如果该广播电视台是一个网络电台,所有其他的广播电视台附属于

该广播电视网);以及

(ii) 实施该模式或实践的期间内,每六个月应支付不超过 25 万美元的法定赔偿金。

(B) 如果模式或实践在有一个以上广播电视台的本地或区域范围内实施,则法庭——

(i) 应当发出一个永久性的强制令,来禁止卫星运营商在该本地或区域转播任何广播电视台的首播;以及

(ii) 实施该模式或实践的期间内,每六个月应支付不超过 25 万美元的法定赔偿金。

(g) 举证责任。——在根据第(f)款规定提起的任何诉讼中,卫星运营商应当有举证责任,即证明该卫星运营商对广播电视台首播的转播只针对居住在该广播电视台本地市场或服从于第 119 条或私人许可协议服务的订阅者。

(h) 转播的地域限制。——本条规定的法定许可证适用于对美国境内地点的转播。

(i) 有关针对公众的卫星广播台转播的独家经营权。——第 111 条或者任何其他法律(除了本条和第 119 条)不应被解释为包含授权、豁免或许可,在授权、豁免或许可规定下,卫星运营商转播广播电视台首次播送的节目,可不经版权人许可。

(j) 定义。——本条中——

(1) 发行商。——术语"发行商"意指一个组织,其签订了卫星运营商播送转播的合同,并作为一个单一渠道或与其他节目打包在一起直接向个体订阅者或间接通过其他节目传播组织提供转播。

(2) 本地市场。——

(A) 一般情况。——术语"本地市场"在涉及商业和非营利广播电视台时,意指一个电台所在的指定市场区域,并且——

(i) 就商业广播电视台来说,同一指定市场区域中授权给一个社区的广播电视台在同一本地市场中;并且

(ii) 就非营利广播电视台来说,市场包括了同一指定市场区域中任何授权给一个社区的电台,同时该电台为非营利教育广播电视台。

（B）获得许可证的县。——除第（A）目中描述的区域之外，一个电台的本地市场包括许可证电台的社区所在的县。

（C）指定市场区域。——根据第（A）目，术语"指定市场区域"意指一个由《尼尔森媒体研究》确认并在 1999—2000 年《尼尔森电台索引目录》和《尼尔森索引美国电视家庭评价》或是任何后继出版物上发表的指定市场区域。

（D）任何指定市场区域外的某些地区。——尼尔森媒体研究确认的指定市场区域外的任何统计区域、自治城镇或阿拉斯加州的其他区域应当视为阿拉斯加州一个本地市场的一部分。一个卫星运营商可决定一个阿拉斯加州的本地市场作为相关本地市场，并与该统计区域、自治城镇或其他区域内的每个订阅者相连。

（3）网络电台，卫星运营商，转播。——术语"网络电台"、"卫星运营商"、"转播"的含义在第 119 条第（d）款中已有过解释。

（4）订阅者。——术语"订阅者"意指一个从卫星运营商处接收转播服务并直接或间接向卫星运营商或发行商支付服务费用之人。

（5）广播电视台。——术语"广播电视台"——

（A）意指根据《美国联邦规则法典》第 47 编第 73 部分第 E 子部分的规定，由联邦通讯委员会许可的无线电、商业或非营利性广播电视台，该术语不包括低功率电视台或转播台；并且

（B）包括由加拿大或墨西哥有关政府机关许可的广播电视台，如果该台主要用英语进行广播，并且是第 119 条第（d）款第（2）项第（A）目中所定义的网络电台。

第 1 章　尾注

1. 在 1980 年，完全修改了第 117 条，并加上新的标题。但是，新标题下条款的表格并未改变。Pub. L. No. 96—517, 94 Stat. 3015, 3028. 1997 年，主要为技术上的修改。Pub. L. No. 105—80, 111 Stat. 1529, 1534.

2. 1992 年《音频家庭录音法案》修改了第 101 条，在第一句的起始处插入"除去本编的规定之外"。Pub. L. No. 102—563, 106 Stat. 4237, 4248.

1988 年《伯尔尼公约》实施法案修改了第 101 条，加入关于"《伯尔尼公约》作品"的定义。Pub. L. No. 100—568, 102 Stat. 2853, 2854. 在 1990 年，《建筑作品版权保护法案》修改

"《伯尔尼公约》作品"的定义,加入第(5)项。Pub.L.No.101—650,104 Stat.5089,5133.《世界知识产权组织版权、表演和录音制品条约实施法案》从第 101 条中删除了"《伯尔尼公约》作品"的定义。Pub.L.No.105—304,112 Stat.2860,2861.删的"《伯尔尼公约》作品"的定义参见附件 M。

3. 在 1990 年,《建筑作品版权保护法案》修改了第 101 条,加入"建筑作品"定义。Pub.L.No.101—650,104 Stat.5089,5133.该法案指出定义适用于"任何在该法案颁布之日,未创作和包含在未公布设计图或绘图的建筑作品,除了根据《美国法典》第 17 编关于该类建筑作品的保护外,考虑到本编的修改,应于 2002 年 12 月 31 日终止,除非该作品在该日已被实施"。

4. 1988 年《伯尔尼公约实施法案》修改了第 101 条,加入"《伯尔尼公约》"的定义。Pub.L.No.100—568,102 Stat.2853,2854.

5. 在 1980 年,第 101 条加入了"计算机程序"的定义,并置于末尾处。Pub.L.No.96—517,94 Stat.3015,3028.2002 年《知识产权和高科技技术修正法案》修改了第 101 条,删除了末尾处的关于计算机程序的定义,在"编辑"之后按字母顺序排列。Pub.L.No.107—273,116 Stat.1785,1909.

6. 2004 年《版税和分配改革法案》修改了第 101 条,加入"版税裁判官"的定义。在"复制品"之后加入,而不是在"版权人"之后加入,未按字母顺序排列。Pub.L.No.108—419,118 Stat.2341,2361.

7. 1995 年《录音制品数字表演权利法案》修改了第 101 条,加入"数字传输"的定义。Pub.L.No.104—39,109 Stat.336,348.

8. 1998 年《音乐许可公正性法案》修改了第 101 条,加入"机构"的定义。Pub.L.No.105—298,112 Stat.2827,2833.

9. 1998 年《音乐许可公正性法案》修改了第 101 条,加入"餐饮机构"的定义。Pub.L.No.105—298,112 Stat.2827,2833.

10. 在 1997 年,《禁止电子盗窃法案》(NET)修改了第 101 条,加入"经济收益"。Pub.L.No.105—147,111 Stat.2678.

11. 1998 年《世界知识产权组织版权、表演和录音制品条约实施法案》修改了第 101 条,加入"《日内瓦录音制品公约》"的定义。Pub.L.No.105—304,112 Stat.2860,2861.

12. 1998 年《音乐许可公正性法案》修改了第 101 条,加入"总面积"。Pub.L.No.105—298,112 Stat.2827,2833.

13. 1998 年《世界知识产权组织版权、表演和录音制品条约实施法案》要求第(5)项中"国际协定"的定义在《世界知识产权组织版权条约》在美国生效之日起产生效力,即 2002 年 3 月 6 日。Pub.L.No.105—304,112 Stat.2860,2877.

14. 1998 年《世界知识产权组织版权、表演和录音制品条约实施法案》要求第(6)项中"国际协定"的定义在《世界知识产权组织表演和录音制品条约》在美国生效之日起产生效力,即 2002 年 5 月 20 日。

15. 1998 年《世界知识产权组织版权、表演和录音制品条约实施法案》修改了第 101 条,加入"国际协定"的定义。Pub.L.No.105—304,112 Stat.2860,2861.

16. 2005 年《艺术家权利和防盗窃法案》修改了第 101 条,加入"电影演播设备"的定义,并未按字母顺序,将其置于"电影"之后,而不是之前。Pub. L. No. 109—9, 119 Stat. 218, 220.

17. 1998 年《音乐许可公正性法案》修改了第 101 条,加入"表演权利协会"的定义。Pub. L. No. 105—298, 112 Stat. 2827, 2833.

18. 1988 年《伯尔尼公约实施法案》修改了"绘画、刻印和雕塑作品",在第一句插入"图表、模型和技术绘图,包括建筑设计图",用来代替"技术绘图,图表和模型"。Pub. L. No. 100—568, 102 Stat. 2853, 2854.

19. 1998 年《音乐许可公正性法案》修改了第 101 条,加入"所有人"的定义。Pub. L. No. 105—298, 112 Stat. 2827, 2833. 1999 年,在"所有人"定义开始处加入短语"根据第 513 条"。Pub. L. No. 106—44, 113 Stat. 221, 222.

20. 1992 年《版权更新法案》修改了第 101 条,加入"注册"的定义。Pub. L. No. 102—307, 106 Stat. 264, 266.

21. 1998 年《世界知识产权组织版权、表演和录音制品条约实施法案》修改了第 101 条,加入"缔约方"的定义。Pub. L. No. 105—304, 112 Stat. 2860, 2861.

22. 1998 年《伯尔尼公约实施法案》修改了第 101 条,加入《伯尔尼公约》作品的"起源国"定义,根据第 411 条。Pub. L. No. 100—568, 102 Stat. 2853, 2854. 1998 年《伯尔尼公约实施法案》修改了定义,改为"美国作品",根据第 411 条。Pub. L. No. 105—304, 112 Stat. 2860, 2861. 1999 年,做了技术上的修改,按字母顺序将"美国作品"定义移至"美国"定义之后。Pub. L. No. 106—44, 113 Stat. 221, 222.

23. 1998 年《世界知识产权组织版权、表演和录音制品条约实施法案》修改了第 101 条,加入"《世界知识产权组织版权条约》"的定义。Pub. L. No. 105—304, 112 Stat. 2860, 2861. 该定义在美国加入《世界知识产权组织版权条约》生效之日发生效力,即 2002 年 3 月 6 日。Pub. L. No. 105—304, 112 Stat. 2860, 2877.

24. 1998 年《世界知识产权组织版权、表演和录音制品条约实施法案》修改了第 101 条,加入"《世界知识产权组织表演和录音制品条约》"的定义。Pub. L. No. 105—304, 112 Stat. 2860, 2862. 该定义自美国加入《世界知识产权组织表演和录音制品条约》生效之日发生效力,即 2002 年 5 月 20 日。Pub. L. No. 105—304, 112 Stat. 2860, 2877.

25. 1990 年《视觉艺术家权利法案》修改了第 101 条,加入"视觉艺术作品"的定义。Pub. L. No. 101—650, 104 Stat. 5089, 5128.

26. 1999 年《卫星家庭收视促进法案》修改了"雇佣作品"的定义,在"音像作品"后加入"作为一个录音制品"。Pub. L. No. 106—113, 113 Stat. 1501, app. I at 1501A—544. 2000 年《雇佣作品和版权修正法案》修改了"雇佣作品"的定义,在"音像作品"后删除"作为一个录音制品"。Pub. L. No. 106—379, 114 Stat. 1444. 法案也在该定义的第(2)部分加入一个第(2)项。截至 1999 年 11 月 29 日,这些变化是有效的追溯。

27. 1998 年《世界知识产权组织版权、表演和录音制品条约实施法案》修改了第 101 条,加入"世界贸易组织协定"和"世界贸易组织成员国"的定义,由此将这些定义从第 104A 条转移至第 101 条。Pub. L. No. 105—304, 112 Stat. 2860, 2862. 也可参见下文第 31 条尾注。

28. 1990 年《建筑作品版权保护法案》修改了第 102 条第（a）款，在末尾处加入第（8）项。Pub.L.No.101—650，104 Stat.5089，5133.

29. 1988 年《伯尔尼公约实施法案》修改了第 104 条：（1）在第（b）款第（3）项后加入新的第（4）项并在末尾处加入第（c）款，原第（4）项变更为第（5）项。Pub.L.No.100—568，102 Stat.2853，2855.1998 年《世界知识产权组织版权、表演和录音制品条约实施法案》修改了第 104 条第（b）款，加入新的第（3）项，原第（3）项和第（5）项分别成为第（5）项和第（6）项；（2）完全修改第 104 条第（b）款；（3）新增了第 104 条第（d）款。Pub.L.No.105—304，112 Stat.2860，2862.

30. 1998 年《世界知识产权组织版权、表演和录音制品条约实施法案》要求关于录音制品条约效力的第（d）款，在美国加入《世界知识产权组织表演和录音制品条约》生效之日产生效力，即 2002 年 5 月 20 日。Pub.L.No.105—304，112 Stat.2860，2877.

31. 在 1993 年，《北美自由贸易协定实施法案》加入了第 104A 条。Pub.L.No.103—182，107 Stat.2057，2115.在 1994 年，《乌拉圭回合协议法案》完全替换进而修改了第 104A 条。在 1997 年 11 月 13 日，替换了第（d）款第（3）项第（A）目，强调第（e）款第（1）项第（B）目第（ii）段的最后一句，并重写了第（h）款的第（2）项和第（3）项。Pub.L.No.105—80，111 Stat.1529，1530.1998 年《世界知识产权组织版权、表演和录音制品条约实施法案》修改了第 104A 条，重写了第（h）款的第（1）项和第（3）项；在第（h）款第（6）项中加入第（E）目；修改了第（h）款第（8）项第（B）目第（i）段。Pub.L.No.105—304，112 Stat.2860，2862.该法案也修改了第（9）项，由此将 104A 条中"世界贸易组织协定"和"世界贸易组织成员国"之定义移至第 101 条。Pub.L.No.105—304，112 Stat.2860，2863.可参见之前的尾注 27。

32. 1998 年《世界知识产权组织版权、表演和录音制品条约实施法案》要求第（C）目中"信守或宣布之日"之定义在美国加入《世界知识产权组织版权条约》生效之日起产生效力，即 2002 年 3 月 6 日。Pub.L.No.105—304，112 Stat.2860，2877.

33. 1998 年《世界知识产权组织版权、表演和录音制品条约实施法案》要求第（D）目中"信守或宣布之日"之定义在美国加入《世界知识产权组织表演和录音制品条约》生效之日起产生效力，即 2002 年 5 月 20 日。Pub.L.No.105—304，112 Stat.2860，2877.

34. 1998 年《世界知识产权组织版权、表演和录音制品条约实施法案》要求第（C）目中"合格国家"之定义在美国加入《世界知识产权组织版权条约》生效之日起产生效力，即 2002 年 3 月 6 日。Pub.L.No.105—304，112 Stat.2860，2877.

35. 1998 年《世界知识产权组织版权、表演和录音制品条约实施法案》要求第（D）目中"合格国家"之定义在美国加入《世界知识产权组织表演和录音制品条约》生效之日起产生效力，即 2002 年 5 月 20 日。Pub.L.No.105—304，112 Stat.2860，2877.

36. 1998 年《世界知识产权组织版权、表演和录音制品条约实施法案》要求第（E）目中"恢复作品"之定义在美国加入《世界知识产权组织表演和录音制品条约》生效之日起产生效力，即 2002 年 5 月 20 日。Pub.L.No.105—304，112 Stat.2860，2877.

37. 在 1968 年，《标准参考数据法案》为第 105 条提供了一项例外，Pub.L.No.90—396，82 Stat.339.该法案第 6 条修改了《美国法典》第 15 条，在《美国法典》290e，授权商务部长保护版权和更新，代表美国作者或权利所有人"根据本章其准备或提供的全部或部分标准参考数据",并且"授权其他人的复制和发行"。也可参见 1976 年《版权法》在附录 A 中的过渡和补充条款的第 105 条第(f)款。Pub.L.No.94—533,90 Stat.2541.考虑到美国政府对于版权侵权的责任,也可参见 1498 年《美国法典》第 28 编。《美国法典》的第 28 编称为"司法和司法程序",包括在该卷的附录中。

38. 1995 年《录音制品数字表演权利法案》修改了第 106 条,加入第(6)项。Pub.L.No. 104—39,109 Stat.336.在 1999 年,做了将"120"替换成"121"的技术修改。Pub.L.No.106— 44,113 Stat.221,222.2002年《知识产权和高科技技术修正法案》修改了第 106 条,将"107 至 122"替换为"107 至 121"。Pub.L.No.107—273,116 Stat.1758,1909.

39. 1990 年《视觉艺术家权利法案》增加了第 106A 条。Pub.L.No.101—650,104 Stat. 5089,5182.法案指出,在通常情况下,第 106A 条将于颁布之日(即 1990 年 12 月 1 日)起 6 个月后生效,由第 106A 条产生的权利应适用于:(1) 在该有效日期之前创作的作品,但在该有效日期享有不被作者转让的权利,并且;(2) 在生效之日或之后创作的作品,但不应适用于在该生效日期之前对作品所作的任何销毁、歪曲、篡改或其他修改[如第 106A 条第(a)款第(3)项所述]。也可参见第 3 章的尾注 3。

40. 1990 年《视觉艺术家权利法案》修改了第 107 条,加入参考第 106A 条。Pub.L.No. 101—650,104 Stat.5089,5132.1992 年,第 107 条也进行了修改,新增最后一句。Pub.L.No. 102—492,106 Stat.3145.

41. 1992 年《版权修正案》修改了第 108 条,删除第(i)款。Pub.L.No.102—307,106 Stat.264,272.1998 年,《松尼·波诺版权期限延长法案》修改了第 108 条,重新将第(h)款命名为(i)款,并加入新的第(h)款。Pub.L.No.105—298,112 Stat.2827,2829.也是在 1998 年,《千禧年数字版权法》修改了第 108 条第(a)款、第(b)款和第(c)款。Pub.L.No.105— 304,112 Stat.2860,2889.

2005 年,《保护孤儿作品法案》修改了第 108 条第(i)款,增加参考第(h)款。用"第(b)款、第(c)款和第(h)款"代替"第(b)款和第(c)款"。Pub.L.No.109—9,119 Stat.218, 226,227.

42. 1984 年《录音租借修正案》修改了第 109 条,分别将第(b)款和第(c)款重命名为第(c)款和第(d)款,在第(a)款后插入新的第(b)款。Pub.L.No.98—450,98 Stat.1727.法案的第 4 条第(b)款指出,第 109 条第(b)款的相关条款,如法案第二条所加入,"不应影响录音作品的特定录音制品的所有人的权利,该所有人在此(1984 年 10 月 4 日)之前获得所有权,该所有权指在根据《美国法典》第 17 编第 109 条所述颁布之日或之后对该具体录音制品的处置权,在本法案颁布之日之前产生效力"。Pub.L.No.98—450,98 Stat.1727,1728.法案第 4 条第(c)款也指出该修正"不应适用于在该日期(1984 年 10 月 4 日)之后 13 年出现的出租、租赁、出借(或性质上属于出租,租赁或出借的行动或实践)"。在 1988 年,1984 年《录音租借修正案》进行了修改,将第 4 条第(c)款中的期限从 5 年延伸至 13 年。Pub.L. No.100—617,102 Stat.3194.在 1993 年,《北美自由贸易区协定实施法案》删除了 1984 年《录音租借修正案》中的第 4 条第(c)款。Pub.L.No.103—182,107 Stat.2057,2114.也是在 1988 年,对 109 条第(d)款作了技术上的修改,插入"第(c)款"替代"第(b)款",并改正"版权"的拼写错误。Pub.L.No.100—617,102 Stat.3194.

　　1990 年《计算机软件租借修正法案》修改了第 109 条第(b)款,如下：1) 第(2)项和第(3)项分别重命名为第(3)项和第(4)项;2) 删除第(1)项,由此插入新的第(1)项和第(2)项以替代;3) 第(4)项进行了重命名并进行了完全的修改,由此插入新的第(4)项以替代。Pub.L.No.101—650,104 Stat.5089,5134.法案指出第 109 条第(b)款修改为“对于拥有计算机程序的特定复制的版权人来说,该版权人在该法案颁布之日之前根据《美国法典》所允许的方式获得该复制,则在该颁布之日以前产生的效力不受影响”。法案也指出第 109 条第(b)款所做修改“不适用于在 1997 年 10 月 1 日或之后产生的出租、租赁或出借(或在性质上属于出租、租赁或出借的行动或实践)”。但是,1990 年《计算机软件租借修正法案》第804 条第(c)款首句设定的限制,在 104 Stat.5136,在此后因 1994 年《乌拉圭回合协议法案》而删除。Pub.L.No.103—465,108 Stat.4809,4974.

　　《计算机软件租借修正法案》也修改了第 109 条,在末尾处加入第(e)款。Pub.L.No.101—650,104 Stat.5089,5135.该法案指出新的第(e)款所含条款应在颁布之日 1 年后生效。颁布之日是 1990 年 12 月 1 日。该法案也指出所作修改“不适用于在 1995 年 10 月 1日或之后的公开表演或展示”。

　　在 1994 年,《乌拉圭回合协议法案》修改了第 109 条第(a)款,加入第二句,并以“尽管有之前的陈述”开始。Pub.L.No.103—465,108 Stat.4809,4981.

　　2008 年《知识产权的优化资源和组织法案》修改了第(4)部分第 109 条第(b)款,移除参考第 509 条(已被废止)。Pub.L.No.110—403,122 Stat.4256,4264.

　　43. 在 1988 年,《录音租借延伸修正法案》修改了第 110 条,加入第(10)项。Pub.L.No.97—366,96 Stat.1759.在 1997 年,《卫星家庭接收技术修正法案》修改了第 110 条,在第(8)项末尾处插入分号以替代句号;在第(9)项末尾处插入“;和”替代句号;在第(10)项中插入“(4)”替代“4 以上”。Pub.L.No.105—80,111 Stat.1529,1534.1998 年《音乐许可公正性法案》修改了第 5 段的第 110 条,加入第(B)目,并对第(A)目作了一致修正;在第 7 段加入短语“音像或在此类表演中使用的其他设备”;在 110 条最后一段处加入起始语句“根据第(5)项所述豁免条款”。Pub.L.No.105—298,112 Stat.2827,2830.在 1999 年,做出技术上的修改从而与之前受到 1998 年《音乐许可公正性法案》影响的条款保持一致。Pub.L.No.106—44,113 Stat.221.2002 年《技术、教育和版权一致法案》修改了第 110 条,用新的语言表达替代了第 110 条第(2)项,并在第 110 条末尾加入了所有与第 110 条第(2)项有关的语言。Pub.L.No.107—273,116 Stat.1758,1910.

　　2005 年《家庭电影法案》修改了第 110 条,新增第(11)项,并在该条后加入新的条款。Pub.L.No.109—9,119 Stat.218,223.

　　44. 在 1986 年,对 111 条第(d)款做了修改,删除第(1)项、并将第(2)项、第(3)项、第(4)项和第(5)项分别重命名为第(1)项、第(2)项、第(3)项和第(4)项。Pub.L.99—397,100 Stat.848.在 1986 年同时修改了第 111 条第(f)款,在“转播”定义的最后一句中用“第(d)款第(1)项”替代“第(d)款第(2)项”,在“首次播送者的当地服务区”定义的第一句后加入新的句子。Pub.L.No.99—397,100 Stat.848.

　　1988 年《卫星家庭收视法案》修改了第 111 条第(a)款,删除第(3)项末尾处的“或”。Pub.L.No.100—667,102 Stat.3935,3949.法案也修改了第(d)款第(1)项第(A)目,加入第二句,以"在判定总数时"起始。

1993年《版税法庭改革法案》修改了第111条第(d)款,用"国会图书馆馆长"替代"版税法庭",并在第(2)项中插入新的句子以替代第2句和第3句,在第(4)项中完全修改了第(B)目。Pub.L.No.103—198,107 Stat.2304,2311.

1994年《卫星家庭收视法案》修改了第111条第(f)款,在关于"有线系统"定义的段落中"电线、电缆"后插入"微波",在关于"首次播送者的当地服务区"定义的段落中"1976年4月15日"后插入新的内容。Pub.L.No.103—369,108 Stat.3477,3480.该法案修正了"关于首次播送者的当地服务区的定义,应于1994年7月1日生效"。

在1995年,《录音制品数字表演权利法案》修改了第111条第(c)款第(1)项,在"本款"后的首句插入"以及第114条第(d)款"。Pub.L.No.104—39,109 Stat.336,348.

1999年《卫星家庭收视促进法案》修改了第111条,用"法定"替代"强制",改正"程序"的拼写。Pub.L.No.106—113,113 Stat.1501,app.I at 1501A—543.法案也修改了第111条第(a)款和第(b)款,插入"包含在首次播送中的作品的表演或展示"替代"包含作品表演或展示的首次播送";修改了第111条第(c)款中的第(1)项,在"通过有线系统"后插入"所包含的作品的表演或展示",并且删除"包含作品的表演或展示";修改了第111条第(a)款的第(3)项和第(4)项,插入"首次转播中所包含的作品的表演或展示"替代"首次播送",并且删除"包含作品的表演或展示"。

2004年《版税和分配改革法案》对第111条第(d)款做了修改,并使其与修改的第8章一致,在适当的位置用"版税裁判官"替代"国会图书馆馆长",并做了其他一致的修改。Pub.L.No.108—419,118 Stat.2341,2361.2004年《卫星家庭收视延伸和再授权法案》修改了第111条,删除第(a)款第(4)项和第(d)款第(1)项第(A)目。Pub.L.No.108—118 Stat.2809,3393,3496.

在2006年,《版税裁判官项目技术修正法案》修改了第111条第(d)款第(2)项,在"国会图书馆馆长"后的第二句替换"版税裁判官的授权";以新内容替换第(4)项第(B)目中的第二句;对第(4)项第(B)目的最后一句做了关于"发现"的技术上的语法修改,完全修改了第(4)项第(C)目。Pub.L.No.109—303,120 Stat.1478,1481.

2008年《知识产权的优化资源和组织法案》修改了第111条,删除了第509条(已废止)的所有参考。Pub.L.No.110—403,122 Stat.4256,4264.

45.本条中强制许可条款确定的版税服从于与《美国法典》第17编第8章一致的有关国会图书馆馆长任命的版税裁判官所做出的调整,见2004年《版税和分配改革法案》的修正。Pub.L.No.108—419,118 Stat.2341.对于版税调整的规定可以在《美国联邦规则法典》第37编第11章B子条款中找到。

46.在1998年,《千禧年数字版权法》修改了第112条,将第(a)款重命名为第(a)款第(1)项;第(a)款第(1)项、第(a)款第(2)项和第(a)款第(3)项分别重命名为第(a)款第(1)项第(A)目、第(a)款第(1)项第(B)目和第(a)款第(1)项第(C)目;新增第(a)款第(2)项;并修改新的第(a)款第(1)项。Pub.L.No.105—304,112 Stat.2860,2888.《千禧年数字版权法》也修改了第112条,将第(e)款重命名为第(f)款,并加入新的第(e)款。Pub.L.No.105—304,112 Stat.2860,2899.1999年,对第112条第(e)款做了技术上的修改,将第(3)项至第(10)项重新指定为第(2)项至第(9)项,修改了本条参考使之与重新指定的款目序列一致。Pub. L. No.106—44,113 Stat.221.2002 年《技术、教育和版权一致法案》修改了第 112 条,将 112 条第(f)款重新指定为 112 条第(g)款,并加入新的第(f)款。Pub. L. No.107—273,116 Stat. 1785,1912.

2004 年《版税和分配改革法案》修改了第 112 条第(e)款,使其与修改后的第 8 章一致,用新的语言表达替换了第(3)项和第(4)项的首句;删除了第(6)项并将第(7)至第(9)项重新编号为第(6)至第(8)项;"国会图书馆馆长"之参考改为"版税裁判官",并做出相关语法上的变动;删除第(3)项和第(4)项中协商的参考,并做出其他相关一致的修改。Pub. L. No. 108—419,118 Stat.2341,2361.

47. 1990 年《视觉艺术家权利法案》修改了第 113 条,在末尾处加入第(d)款。Pub. L. No.101—650,104 Stat.5089,5130.

48. 1995 年《录音制品数字表演权利法案》修改了第 114 条,如下:1) 在第(a)款,删除"和(3)",并且由此插入替换为"(3)和(6)";2) 在(b)款首句,删除"录音制品,或电影和其他视听作品的复制",并且插入"录音制品或复制品";3) 删除第(d)款,由此插入替换为新的第(d)款、第(e)款、第(f)款、第(g)款、第(h)款、第(i)款和第(j)款。Pub. L. No.104—39, 109 Stat.336.在 1997 年,修改了第 114 条第(f)款,插入"2000 年 12 月 31 日"之后的所有内容,删除"在《联邦公报》上公布"。Pub. L. No.105—80,111 Stat.1529,1531.

在 1998 年,《千禧年数字版权法》修改了第 114 条第(d)款,修改替换了第(1)项第(A)目和第(2)项。Pub. L. No.105—304,112 Stat.2860,2890.该法案也修改了第 114 条第(f)款并修改了标题;重新将第(1)项指派为第(1)项第(A)目;插入第(1)项第(B)目替换第(2)项、第(3)项、(4)项和第(5)项;并修改了新的第(1)项第(A)目中的语言,包括将有效日期从 2000 年 12 月 31 日修订为 2001 年 12 月 31 日。Pub. L. No.105—304,112 Stat.2860, 2894.《千禧年数字版权法》也修改了第 114 条第(g)款,用"播送"替代"订购播送",并在第(g)款第(1)项中的首句用"法定许可下的播送许可"替代"订阅播送许可"。Pub. L. No. 105—304,112 Stat.2860,2897.该法案也修改了第 114 条第(j)款,将第(2)项、第(3)项、第(5)项、第(6)项、第(7)项、第(8)项分别重新指定为第(3)项、第(5)项、第(9)项、第(12)项、第(13)项和第(14)项,完全修改了第(4)和第(9)项,并分别重新指定为第(7)和第(15)项;加入新的定义,包括第(2)项"归档节目",第(4)项"持续性的节目",第(6)项"合格的非订阅播送",第(8)项"新的订阅服务",第(10)项"先前存在的卫星数字音频广播服务",和第(11)项"先前存在的订阅服务"。Pub. L. No.105—304,112 Stat.2860,2897.

2002 年《小互联网广播调解法案》修改了第 114 条,在第 114 条第(f)款中加入第(5)项,修改了第 114 条第(g)款第(2)项,加入了第 114 条第(g)款第(3)项。Pub. L. No.107—321,116 Stat.2780,2781 和 2784。

2004 年《版税和分配改革法案》修改了第 114 条第(f)款,使之符合修改后的第 8 章,用新的语言表达替代第(1)项第(A)目、第(1)项第(B)目、第(2)项第(A)目和第(2)项第(B)目;用新的语言表达替代第(1)项第(C)目和第(2)项第(C)目;第(1)项、第(2)项、第(3)项和第(4)项中"国会图书馆"之参考改为"版税裁判官",并作了相关的语法变动;删除第(1)项、第(2)项、第(3)项和第(4)项中的协商参考,并作了相关的语法变动,保证语言的一致性;在第(4)项第(A)目末尾处加入新的语言表达。Pub. L. No. 108—419, 118 Stat. 2341, 2362—2364.

在 2006 年,《版税裁判官项目技术修正法案》修改了第 114 条,在第(f)款第(1)项第(A)目首句"开始诉讼"后替换新的内容;完全修改了第(2)项第(A)目;在第(2)项第(B)目尾句插入"所述",该修改重复了 2004 年《版税和分配改革法案》中已做的修订,Pub. L. No. 108—419, 118 Stat. 2341, 2364. Pub. L. No. 109—303, 120 Stat. 1478, 1481—1482.

2008 年《互联网广播调解法案》修改了第 114 条第(f)款的第(5)项,删除在"商业互联网广播"之前出现的所有"小"。Pub. L. No. 110—435, 122 Stat. 4974. 2008 年《互联网广播调解法案》修改了第(5)项(A)目,用"自 2005 年 1 月 1 日起不超过 11 年的时间段内"替代"开始于 1998 年 10 月 28 日,结束于 2004 年 12 月 31 之间的时期",用版权仲裁版税小组和国会图书馆之参考替代"版税裁判官",在第二句起始处将"应当"改为"可以";修改了第(5)项第(C)目,在末尾处加入语句"本条目不适用于收取版税的代理人和互联网广播商是第(A)目所述协定的参与方,并且第(A)目在本款下明确授权诉讼中协定的提交之情形";修改了第(5)项第(D)目部分,将首句之参照"2002 年《小互联网广播调解法案》"替换为"2008 年《互联网广播调解法案》",用"2007 年 5 月 1 日版税裁判官"替代"2002 年 7 月 8 日国会图书馆馆长";修改了第(5)项第(F)目,用"2009 年 2 月 15 日"替代"2002 年 12 月 15 日,除了权利应于 2003 年 5 月 31 日到期的非商业互联网广播商"。

2009 年《互联网广播调解法案》修改了第 114 条,在第(f)款第(5)项第(D)目首句加入其参考;删除第(f)款第(5)项第(E)目第(iii)段末尾处的"进行合格的非订阅播送和临时录制";在第(f)款第(5)项第(F)目将期满日由 2009 年《互联网广播调解法案》于 2009 年 6 月 30 日颁布之日 30 天后,改为 2009 年 7 月 30 日上午 11 时 59 分。Pub. L. No. 111—36, 123 Stat. 1926.

49. 2004 年《版税和分配改革法案》在用"版税裁判官"替代"版权仲裁版税小组"后,代词并未保持一致,将"它的"改为"它们的"。Pub. L. No. 108—419, 118 Stat. 2341, 2362.

50. 1984 年《录音租借修正法案》修改了第 115 条,将第(c)款中第(3)项和第(4)项分别重新指定为第(4)项和第(5)项,并且加入新的第(3)项。Pub. L. No. 98—450, 98 Stat. 1727.

1995 年《录音制品数字表演权利法案》修改了第 115 条,如下: 1) 在第(a)款第(1)项首句,删除"其他任何人",插入从而替换为"其他任何人,包括那些制作录音制品或进行数字录音制品播送的人";2) 在同一条款的第二句,在句号前插入"包括通过数字录音传输";3) 在第(c)款第(2)项的第二句"为此目的"后插入"除了第(3)项所述";4) 在第(2)项后插入新的第(3)项、将第(3)项、第(4)项和第(5)项分别重新指定为第(4)项、第(5)项和第(6)项;5) 在第(c)款后加入新的第(d)款。Pub. L. No. 104—39, 109 Stat. 336, 344.

1997 年,修改了第 115 条,删除第 115 条第(c)款第(3)项第(D)目中"在《联邦公报》上公布"。Pub. L. No. 105—80, 111 Stat. 1529, 1531. 同样的立法也修改了第 115 条第(c)款第(3)项第(E)目,用"第 106 条第(1)项和第(3)项"替代"第 106 条的第(1)项和第(3)项"和"第 106 条第(1)项和第 106 条第(3)项"。Pub. L. No. 105—80, 111 Stat. 1529, 1534.

2004 年《版税和分配改革法案》修改了第 115 条第(c)款第(3)项,使之符合修改后的第

8章,用新的语言表达替代第(3)项第(C)目和第(3)项第(D)目;改变第(3)项第(C)目、第(3)项第(D)目和第(3)项第(E)目中"国会图书馆馆长"之参考为"版税裁判官",并作了相关的语法变动;删除第(3)项第(C)目和第(D)目协商参考,并作了相关的语法变动使语言保持一致;删除第(F)目;将第(G)目至第(L)目重新指定为第(F)目至第(K)目,并在第(A)目、第(B)目和第(E)目中作了相应的技术变动,使其与以上变动后的分段之参考保持一致。Pub.L.No.108—419,118 Stat.2341,2364—2365.2004年《版税和发行法案》也修改了第115条第(c)款第(3)项第(B)目,用"条"替代"项",在"共同代理人"之后插入"在非专有性原则的基础上";修改了第115条第(c)款第(3)项第(E)目,在"应予以生效"后插入"针对数字录音制品播送"。

在2006年,《版税裁判官项目技术修正法案》修改了第115条第(c)款第(3)项第(B)目,插入"本目以及第(C)目到第(E)目",以替代"第(B)目至第(F)目"。法案也修改了第115条第(c)款第(3)项第(D)目的第三句,在"所述"后插入"在第(B)目和第(C)目";在第115条第(c)款第(3)项第(E)目第(i)段和第(ii)段第(I)子段中用"(C)和(D)"替换"(C)或(D)"。Pub.L.No.109—303,120 Stat.1487,1482.

2008年《优化知识产权资源和组织法案》修改了第115条第(c)款第(3)项第(G)目第(i)段和第(6)项,移除第509条(已废除)之参考。Pub.L.No.110—403,122 Stat.4256,4264.

51. 见前述尾注45。

52. 2008年《优化知识产权资源和组织法案》有一处小错误。Pub.L.No.110—403,122 Stat.4256,5264.为删除参考"和第509条",删掉了"和509",因此,技术上的修改不包括单词"条"。

53. 1988年《伯尔尼公约实施法案》增加了第116A条。Pub.L.No.100—568,102 Stat.2853,2855.1993年《版税法庭改革法案》将第116A条重新指定为第116;删除先前存在的第116条;在重新指定后的第116条中,删除第(b)款、第(e)款、第(f)款和第(g)款,分别重新指定第(c)款和第(d)款为第(b)款和第(c)款;在适当的地方用"国会图书馆馆长"或"版权仲裁版税小组"替代"版税法庭"。Pub.L.No.103—198,107 Stat.2304,2309.在1997年,修改了第116条的第(b)款第(2)项,并且增加了新的第(d)款。Pub.L.No.105—80,111 Stat.1529,1531.

2004年《版税和分配改革法案》修改了第116条,使之与修改后的第8章保持一致,对第(b)款第(2)项替换了新的语言表达;将第(c)款的题目从"优先于版权总裁版税小组裁定的许可协定"改为"效力高于版税裁判官裁定的许可协定";在第(c)款,删除"版权仲裁版税小组",用"版税裁判官"替代。Pub.L.No.108—419,118 Stat.2341,2365.

54. 在1980年,完全修改了117条。Pub.L.No.96—517,94 Stat.3015,3028.在1998年,《计算机维护竞争保证法案》修改了第117条,为第(a)款和第(b)款插入标题,并增加第(c)款和第(d)款。Pub.L.No.105—304,112 Stat.2860,2887.

55. 1993年《版税法庭改革法案》修改了第118条,删除第(b)款的前两句,以第(3)项中新的首句加以替代,并且作了通常意义的保证语句一致性的改正。Pub.L.103—198,107 Stat.2304,2309.在1999年,做了技术上的修改,从第118条第(e)款删除第(2)项。Pub.L.No.106—44,113 Stat.221,222.2002年《知识产权和高科技技术修正法案》修改了第118

条,删除第（b）款第（1）款项中的第二句中的"它"。Pub. L. No. 107—273, 116 Stat. 1758, 1909.

2004 年《版税和分配改革法案》修改了第 118 条,使之与修改过的第 8 章保持一致,删除第（b）款第（1）项的尾句;修改了第（b）款第（2）项,在"判定"后重写句子的末尾;用新的语言表达替代了第（3）项的首句,由此产生新的第（3）项和第（4）项;删除第（c）款,将第（d）款至第（g）款重新指定为第（c）款至第（f）款,在第（f）款中作了相应的技术变动,意指"第（c）款"而不是"第（d）款";改变第（b）款和第（d）款中"国会图书馆馆长"的参考,重新指定为"版税裁判官",并作了相应的语法和程序上的改动。Pub. L. No. 108—419, 118 Stat. 2341, 2365—2366. 2004 年《版税和发行法案》也从内容上修改了第 116 条的新的第（4）项的第二句,在"第（2）项"后插入"或第（3）项",在"第（b）款第（3）项下"插入"被国会图书馆所接受"。

在 2006 年,《版税裁判官项目技术修正法案》修改了第 118 条第（b）款第（3）项,插入"作品版权的拥有者"以替代"作品的版权人";修改了第（c）款的首句;将第（c）款第（1）项中的"（g）"替换为"（f）"。Pub. L. No. 109—303, 120 Stat. 1478, 1482.

2008 年《优化知识产权资源和组织法案》修改了第 119 条第（a）项中的第（6）项、第（7）项第（A）目、第（8）项和第（13）项,移除第 509 条(已删除)的参考。Pub. L. No. 110—403, 122 Stat. 4256, 4264.

56. 1988 年《卫星家庭收视法案》增加了第 119 条。Pub. L. No. 100—667, 102 Stat. 3935, 3949. 1993 年《版税法庭改革法案》修改了第 119 条的第（b）款和第（c）款,用"国会图书馆"替代了"版税法庭",并作了相关的一致性修改。Pub. L. No. 103—198, 107 Stat. 2304, 2310. 1993 年《版税法庭改革法案》也修改了第（c）款第（3）项,删除第（B）目、第（C）目、第（E）目和第（F）目,重新将第（D）目指定为第（B）目,将第（G）目指定为第（C）目,将第（H）目指定为第（D）目;完全修改了重新指定的第（C）目,并删除第（c）款第（4）项。

1994 年《卫星家庭收视法案》进一步修改了第 119 条。Pub. L. No. 103—369, 108 Stat. 3477. 在 1997 年,对 1994 年《卫星家庭收视法案》进行了技术上的修改和澄清。Pub. L. No. 105—80, 111 Stat. 1529. 这两项法案对第 119 条的修改如下：1）删除或替换过时的有效日期;2）在第（a）款第（5）项中新增第（D）目;3）在第（a）款中新增第（8）项、第（9）项和第（10）项;4）在第（b）款第（1）项第（B）目中,调整了超级电视台的版税率;5）在第（c）款第（3）项中,替换了第（B）目,其改正是替代性质的;6）在第（d）款第（2）项和第（d）款第（6）项中,修改了"网络电台"和"卫星运营商"的定义;7）在第（d）款中,加入段落 11 以定义"本地市场"。

根据 1994 年《卫星家庭收视法案》的第 4 条,该法案对《美国法典》第 119 条的改动将于 1999 年 12 月 31 日开始生效。Pub. L. No. 103—369, 108 Stat. 3477, 3481. 然而,1999 年《卫星家庭收视促进决案》将该日期延长至 2004 年 12 月 31 日。Pub. L. No. 106—113, 113 Stat. 1501, app. I at 1501A—527.

1995 年《录音制品数字表演权利法案》分别修改了第 119 条第（a）款第（1）项和第（a）款第（2）项第（A）目的首句,在"本款"之后插入"第 114 条第（d）款"。Pub. L. No. 104—39, 109 Stat. 336, 348. 在 1999 年,技术上的修改将第 119 条第（a）款第（8）项第（C）目第（ii）段中的"网络台"替换为"网络电台的"。Pub. L. No. 106—44, 113 Stat. 221, 222.

1999 年《卫星家庭收视促进法案》对第 119 条第(a)款第(1)项修改如下：1) 在条款标题中"超级电视台"后插入"和公共广播服务卫星"；2) 插入"由超级电视台或公共广播服务卫星所做的主要传输中包含的作品的表演或展示"以替代"由超级电视台所做的主要传输和包含作品的表演或展示"（见尾注，以下）；3) 加入以"在公共广播服务的情形下"开始的尾句。Pub.L.No.106—113,113 Stat.1501, app.I at 1501A—530 and 543.该法案规定这些修改应于 1999 年 7 月 1 日生效,除了第 2 项从"表演或展示"到"超级电视台"的部分内容。Pub.L.No.106—113,113 Stat.1501, app.I at 1501A—544.该法案也修改了第 119 条第(a)款,在第(1)项中插入短语"对于转播,卫星运营商服从于管理广播电视台信号运载的联邦通讯委员会规章、条例或授权",在第(2)项中插入"网络电台首次播送中包含的作品的表演或展示",替代"在网络电台进行的首次播送中包含的节目,和包含作品的表演或展示"。Id.at 1501A—531 and 544.法案修改了第 119 条第(a)款第(2)项,用新的语言表达替代了第(B)目,在第(C)目中删除首句末尾处附近的"卫星运营商"之后的"目前"。Id. at 1501A—528 and 544.也修改了第 119 条第(a)款第(4)项,在"通过卫星运营商"之后插入"所包含的作品的表演或展示",删除"包含作品的表演或展示"。Id.at 1501A—544.1999 年《卫星家庭收视促进法案》进一步修改了第 119 条第(a)款,在第(5)项中增加第(E)目。Id. at 1501A—528.修改了第 119 条第(a)款第(6)项,在"通过卫星运营商"之后插入"所包含的作品的表演或展示",删除"包含作品的表演或展示"。Id.法案也修改了第 119 条第(a)款,增加了第(11)和(12)项。Id.at 1501A—529 and 531.

1999 年《卫星家庭收视促进法案》修改了第 119 条第(b)款第(1)项,在第(B)目中插入"或公共广播服务卫星"。Id.at 1501A—530.法案修改了第 119 条第(c)款,加入新的第(4)项。Id.at 1501A—527.法案修改了第 119 条第(d)款,并用新的语言表达替代了第(9)项至第(11)项,增加了第(12)项。Id.at 1501A—527,530 and 531.法案用新的语言表达替代了第 119 条第(e)款。Id.at 1501A—529.

2002 年《知识产权和高科技技术修正法案》修改了第 119 条第(a)款第(6)项,用"一项表演"替代"表演"。Pub.L.No.107—273,116 Stat.1758,1909.法案也修改了第 119 条第(b)款第(1)项第(A)目,在第(1)项第(A)目中,用"转播(动词)"和"转播(名词)"分别替代"播送(动词)"和"播送(动词)"。

2004 年《版税和分配改革法案》修改了第 119 条,使之与修改后的第 8 章一致,并将第(b)款和第(c)款中"国会图书馆馆长"之参考改变为"版税裁判官",并作了相应的语法调整和程序参照;用新的语言表达替代了第(b)款第(4)项第(B)目和第(C)目;删除了"诉讼"中出现的术语"仲裁",并作了相应的语法调整;修改了第 119 条第(c)款第(3)项第(C)目的题目,插入"基于第 8 章的判定"以替代"仲裁小组的裁定或图书馆馆长的命令";并修改了第(c)款第(3)项第(C)目,用新的语言表达替换了第(i)段和第(ii)段。Pub.L.No.108—419,118 Stat.2341,2364—2365.

2004 年《卫星家庭收视延伸和再授权法案》修改了第 119 条第(a)款第(1)项,从标题中删除了"和公共广播服务卫星";从首句删除"或者通过公共广播服务卫星";删除有关公共广播服务卫星的尾句;在"为了私人家庭收视"之后插入"或为了商业机构收视";用"订阅者"代替"家庭"。Pub.L.No.108—447,118 Stat.2809,3393,3394 and 3406.修改了第 119 条第(a)款第(2)项第(B)目,在第(i)段末尾处插入"本条款中的限制不适用于第(3)项规定的转播"。Id.at 3397.用新的语言表达完全修改了第(C)目。Id.at 3394.修改了第119条第(a)款第(5)项第(A)目的首句,即现在的第119条第(a)款第(7)项,插入"根据本条没有资格接受播送的订阅者"以替代"未居住在非服务区的家庭",在第(B)目首句作了同样的变动,但是使用"是(复数形式)"而不是"是(单数形式)";在第(B)目中,用"根据本条没有资格接受播送的订阅者"以替代"未居住在非服务区的私人家庭"。Id.at 3404.法案进一步修改了第119条第(a)款,插入新的条款,重新指定为第(3)项和第(4)项;删除段落8;对受到这些变动影响的条款重新排序;删除相应的旧款中第(1)项和第(2)项的参考数字,指派新的数字。Id.at 3394,3396 and 3397.法案进一步修改了第119条第(a)款,在末尾处加入三个新的段落,重新指定为新的第(14)项,第(15)项和第(16)项。Id.at 3400,3404 and 3408.

2004年《卫星家庭收视延伸和再授权法案》修改了第119条第(b)款的标题,删除"为私人家庭收视"。Id.at 3406.也修改了第119条第(b)款第(A)目和第119条第(b)款第(3)项,删除"为了私人家庭收视"。Id.法案完全修改了第119条第(b)款第(1)项第(B)目,并用新的语言表达替代。Id.at 3400.在第119条第(b)款第(1)项末尾处增加了新的段落。Id.at 3401.

2004年《卫星家庭收视延伸和再授权法案》完全修改了第119条第(c)款。Id.2004年《卫星家庭收视延伸和再授权法案》修改了第119条第(d)款第(1)项,在"个体订阅者"之后删除"为了私人家庭收视",并在末尾处加入"根据本款条文"。Id.at 3406.修改了第119条第(d)款第(2)项第(A)目,在首句起始处用"一个联邦通讯委员会许可的电视台"替代"广播电视台"Id.法案修改了第119条第(d)款第(8)项,用"或……组织"替代"它";删除"为了私人家庭收视";在末尾处插入"根据本款条文"。Id.修改了第119条第(d)款第(10)项第(D)目,将"第(a)款第(11)项"改为"第(a)款第(12)项"。Id.at 3405.完全修改了第119条第(d)款第(9)项、第119条第(d)款第(10)项第(B)目和第119条第(d)款第(11)项和第(12)项。Id.at 3405 and 3406.

2004年《卫星家庭收视延伸和再授权法案》修改了第119条第(e)款,将句子起始处的日期从"2004年12月31日"改为"2009年12月31日"。Id.at 3394.2004年《卫星家庭收视延伸和再授权法案》修改了第119条,增加了新的第(f)款。Id.at 3394.

在2006年,《版税裁判官项目技术修正法案》修改了第119条,修正了第(b)款第(4)项第(B)目;完全修改了第(b)款第(4)项第(C)目;在第(c)款第(1)项第(F)目第(i)段中作了技术上的改正,用"仲裁"替代"仲裁的"。Pub.L.No.109—303,120 Stat.1478,1482—83. 2008年《优化知识产权资源和组织法案》修改了第119条第(a)款的第(6)项、第(7)项第(A)目、第(8)项和第(13)项,移除第509条(被废止)之参考。Pub.L.No.110—403,122 Stat.4256,4264.

57. 1999年《卫星家庭收视促进法案》修改了第119条第(a)款第(1)项,删除"超级电视台进行的,并且包含作品的表演或展示的首播",在此位置插入"包含于超级电视台首播中的作品的表演或展示"。Pub.L.No.106—113,113 Stat.1501,app.I at 1501A—543.该修改性的语言并未考虑之前在"超级电视台"后插入"或通过公共广播服务卫星",而以上引用的片段已被删除的修改。Pub.L.No.106—113,113 Stat.1501,app.I at 1501A—530.并未述及在第二次修改中的短语"或通过公共广播服务卫星"。2002 年《知识产权和高科技技术修正法案》澄清了这些条款。Pub.L.No.107—273,116 Stat.1758,1908.法案删除了第一次改正,修改了第二次改正以澄清修改的语言"包含于超级电视台或公共广播服务卫星首播中的作品的表演或展示"。Id.2008 年《优化知识产权资源和组织法案》修改了第 119 条第(a)款的第(6)项、第(7)项第(A)目、第(8)项和(13)项,移除 509 条(被废止)之参考。Pub. L.No.110—403,122 Stat.4256,4264.

58. 1994 年《卫星家庭收视法案》规定:"第 119 条第(a)款第(5)项第(D)目……和卫星运营商的举证责任相关,应于 1997 年 1 月 1 日生效,涉及在该法案颁布之日[1994 年 10 月 18 日]以前订购了作为非服务家庭之服务的订阅者资格的民事行为。"Pub.L.No.103—369,108 Stat.3477,3481.

59. 2002 年《知识产权和高科技技术修正法案》作了技术上的修改,在"表演"之前插入"一个(不定冠词)"。Pub.L.No.107—273,116 Stat.1785,1909.

60. 1999 年《卫星家庭收视促进法案》规定,增加一个新的段落以修改第 119 条第(a)款,并在同一法案中"由第 1005 条第(e)款修改"。Pub.L.No.106—113,113 Stat.1501,app. I at 1501A—531.

2002 年《知识产权和高科技技术修正法案》作了技术上的修改以澄清对于第 119 条第(a)款之修改,是由 1999 年《卫星家庭收视促进法案》"第 1005 条第(d)款"修改,而不是"第 1005 条第(e)款"。Pub.L.No.107—273,116 Stat.1758,1908.

61. 2004 年《卫星家庭收视延伸和再授权法案》于 2004 年 12 月 8 日颁布。

62. 见上述尾注 61。

63. 在 1990 年,《建筑作品版权保护法案》增加了第 120 条。Pub.L.No.101—650,104 Stat.5089,5133.该法案有效日期的条款规定,该修正适用于任何在颁布之日(即 1990 年 12 月 1 日)或之后创作的作品;也规定修正适用于"在[1990 年 12 月 1 日]任何未创作和包含在未公布设计图或绘图的建筑作品,除了根据《美国法典》第 17 编关于该类建筑作品的保护外,考虑到[本编]的修改,应于 2002 年 12 月 31 日终止"。Id.,104 Stat.5089,5134.

64. 1997 年《立法机构拨款法案》增加了第 121 条。Pub.L.No.104—197,110 Stat. 2394,2416.2000 年《雇佣作品和版权修正法案》修改了第 121 条,用"第 106 条"替换"第 106 和 710 条"。Pub.L.No.106—379,114 Stat.1444,1445.

2004 年《残疾人教育促进法案》修改了第 121 条,完全修改了第(c)款第(3)项;加入新的第(c)款第(4)项;将第(c)款重新指定为第(d)款;增加新的第(c)款。Pub.L.No.108—446,118 Stat.2647,2807.

65. 1999 年《卫星家庭收视促进法案》增加了第 122 条。Pub.L.No.106—113,113 Stat. 1501,app. I at 1501A—523. 法案规定第 122 条应于 1999 年 11 月 29 日生效。Pub.L.No. 106—113,113 Stat.1501,app.I at 1501A—544.

2004 年《卫星家庭收视延伸和再授权法案》修改了第 122 条,在第(j)款第(2)项中增加第(D)目。Pub.L.No.108—447,118 Stat.2809,3393,3409.

2008 年《优化知识产权资源和组织法案》修改了第 122 条第(a)款,移除第 509 条(已废止)之参考。Pub.L.No.110—403,122 Stat.4256,4264.

第 2 章　版权所有和版权转让

条　　目

§201　版　权　所　有　权[1]

(a) 初始所有权——根据本法,作品的版权最初属于作品的作者。合作作品的所有作者是该作品的共同版权人。

(b) 雇佣作品——雇佣作品的雇主或成品的其他接收人被认为是本法所称的作者。除非各方签署了书面文件,对版权拥有方做出明确规定,否则,雇主或成品的其他接收人拥有版权所包括的一切权利。

(c) 集体作品的各部分——在集体作品中,每一单独部分作品的版权与作为一个整体的集体作品的版权有区别,每个单独部分的版权最初是属于该部分作品的作者。如果没有明确转让版权或版权中的任何权利,集体作品的版权人被认为只能获得复制和发行该集体作品、该集体作品的修订本和同一丛书中任何集体作品续编上的特权。

(d) 所有权的转让——

(1) 版权所有权可以全部或部分地通过任何方式,或通过法律的实施来转让,可以依据遗嘱、遗赠,或者依据可适用的无遗嘱继承的法律作为动产转让。

(2) 组成版权的任何专有权利,包括第 106 条所详述的分项权利,均可按第(1)项规定转让,并被多人分别拥有。任何特定专有权利所有人在该权利的范围内,都有权获得本法对版权人的所有保护和救济。

(e) 非自愿转让——假如作者个人事先并非自愿转让版权所有权或版权

范围内任何专有权利的所有权,任何政府部门或其他官员或组织声称扣押、没收、转让或行使该版权所有权及在此版权内任何专有权利所有权的行为,根据本法规定都不应有效,但第 11 编规定的情况除外。[2]

§202　区别于实物所有权的版权所有权

版权或者版权中任何专有权利的所有权有别于任何包含作品的实物的所有权。任何实物,包括作品首次录制的复制品或录音制品所有权的转让,并不等于转让由该实物所包含的任何版权;在没有协议的情况下,版权或者版权中任何专有权利的转让也不等于转让任何实物的财产权。

§203　终止作者授权的转让和许可[3]

(a) 终止的条件——

对于雇佣作品以外的作品,作者在 1978 年 1 月 1 日或其后,除遗嘱方式之外,执行的所有专有或非专有的,关于版权或版权范围内任何权利的转让或许可都应在下列情况下终止:

(1) 如果是由作者执行的转让或许可,那么权利的终止需由该作者执行生效;如果作者死亡,则根据本款第(2)项,由拥有而且有权行使该作者二分之一以上终止利益的一人或多人终止。如果是由合作作品的两名或多名作者授权转让,那么大多数作者同意许可即可生效;如果作者中的一人死亡,其终止利益可作为一个单位由根据本款第(2)项而拥有共有权行使该作者二分之一以上权益的一人或多人来行使。

(2) 在作者死亡的情况下,其终止利益由尚存配偶或其子孙按下述规定拥有和行使:

(A) 假如作者尚存子孙,则作者尚存的配偶可获得作者二分之一的权益;否则,配偶可拥有作者的全部终止利益。

(B) 假如作者丧偶,则作者尚存的子女,或其任何已死去子女的尚存子女应拥有作者的全部终止利益;假如配偶尚存,作者子孙可与其平分二分之一的利益。

(C) 作者子孙的权利在一切情况下都应建立在家系的基础上,按照代表各家系的子孙数量进行平分并分别行使;作者已故子女的后代应得的终止利益只能由他们中的多数人共同行使。

(D) 假如作者已经丧偶,也没有任何存世的子孙,则作者全部的终止利益由其遗嘱执行人、遗产管理人、私人代理或受托人拥有。

(3) 授予的终止可在授予之日起 35 年后的 5 年间的任何时候执行。如果授予的权利中包括作品的出版权,那么如果出版在授予权利 5 年内完成,授予终止的时限为出版之日起 35 年后的 5 年期内;否则为授予之日起 40 年后的 5 年期内。

(4) 授予的终止应提前向受让人或其权利继承人提交书面通知,通知需由达到本款第(1)项和第(2)项数量及比例要求的终止利益所有者签名,或由其正式授权的代理人签名。

(A) 书面通知中应写明终止的生效日期,这一日期应在本款第(3)项指定的 5 年期限内,递交通知的时间不得晚于上述日期 2 年,也不得早于上述日期 10 年,作为生效的一个条件,在终止生效日期以前,应将通知副本送交版权局备案。

(B) 通知的格式、内容和递交方式等应遵守版权注册处以条例形式规定的要求。

(5) 若有协议与版权授予意向冲突,则终止授予的生效不受该协议影响,包括协定立遗嘱或将来授予。

(b) 终止的效力——

在终止生效之日,已终止授予的一切权利都将返还作者、作者们或第(a)款第(1)项和第(2)项规定的其他拥有终止利益的人,其中包括那些没有按照第(a)款第(4)项的规定参加在终止通知上签字的人,但有下述限制条件:

(1) 在授权终止之前,根据授予的权利而编写的演绎作品在授权终止后,仍可按原授权的条件继续利用,但这种特权不能推广适用于终止后根据已终止授权的有版权的作品编写的其他演绎作品;

(2) 在授权终止时将交回作者的未来权利,从根据第(a)款第(4)项规定提交终止通知之日起改变归属;该权利应按照第(a)款第(1)项和第(2)项规定的份额属于各部分作者及上述条款提到的其他人;

(3) 除了根据本款第(4)项的规定,关于进一步授予已终止授予的任何权利或进一步授予的协议,只有依照本款第(2)项拥有该权利,且与根据第(a)款第(1)项和第(2)项规定终止授权的同样数目和比例的版权人签字才能生效。这种进一步授予或进一步授予的协议,对于依本款第(2)项拥有此项权利的所有人包括未签字的人,都是有效的。如果任何人在获得终止授予的权利以后死亡,此人的合法代表、遗产承受人或法定继承人可拥有该权利;

(4) 关于已终止授予的任何权利的进一步授予或进一步授予的协议,只有在终止生效以后订立的方为有效;但有一个例外,对于本款第(3)项规定的权利,版权人和原受让人或其权利继承人可在提交终止通知[按第(a)款第(4)项规定]以后,订立进一步授权协议;

(5) 根据本条终止授权只对在本法范围内授予的权利产生影响,不影响任何其他联邦法、州法和涉外法律所产生的权利;

(6) 如果没有其他规定,除非按照本条规定实行终止授权,授予在本法规定的版权期限内持续有效,直到终止授予生效之日。

§204 版权所有权转让的执行

(a) 版权所有权的转让,除由于法律的实施而转让外,均应有书面的转让书、函件或备忘录,并应由原版权人或其正式授权的代理人签字,否则无效。

(b) 转让的生效不需要认证证书,但在下列情况下,认证证书是执行转让的初步证据:

(1) 转让在美国执行,认证证书是由授权在美国范围内监督宣誓的人员签发的;或者

(2) 转让在外国执行,认证证书由下列两类人签发:第一,美国外交官员或领事官员;第二,被授权监督宣誓,并获得上述官员的职权证明书的人员。

§205 转让文件和其他文件的备案[4]

(a) 备案条件。——如果提请备案的文件由签订文件的人实际签字,或附有宣誓的证明或官方证明说明该文件是已签字的原件的准确副本,任何版权所有权转让书或与版权有关的其他文件均可在版权局备案。

(b) 备案证书。——版权注册处应在接到第(a)款规定的文件和第 708

条规定的费用时,将备案文件并连同备案证书一并退还。

(c) 备案作为推定性通知。——如果满足下述条件,则文件在版权局备案后会就备案的文件中所述情况向所有人发出推定性通知:

(1) 备案文件或其附件具体指明了与之有关的作品,这样在文件由版权注册处编目以后,根据作品名称或注册号码进行合理查找时可以查明;而且

(2) 作品应已注册。

(d) 相互冲突的转让之间的优先权。——在相互冲突的两项转让中,如果按照(c)款规定发出推定性通知,首先执行的转让在美国执行后一个月内,在其他国家执行后两个月内,或者在后一项转让按照上述方式备案之前的任何时间备案,则首先执行的转让具有优先地位。但是,如果后一项转让以推定性通知方式首先备案,是诚心诚意,是出于收益的考虑,或是为实现支付版税的约束性诺言,而且并未注意到前一项转让,则后一项转让具有优先地位。

(e) 相互冲突的所有权转让和非专有许可证之间的优先权。——非专有许可证无论注册与否,只要有被授予许可的权利人或其正式授权的代理人签字的书面证书,并具备下列条件,则对于与之相冲突的版权的转让具有优先地位:

(1) 在执行转让以前已取得许可;或者

(2) 是在转让备案以前和不知已转让的情况下,善意取得的许可。

第2章　尾注

1. 在1978年,修改了第201条第(e)款,删除末尾处的句号,加入"第11编规定的情况除外"。

2.《美国法典》第11编的标题被命名为"破产"。

3. 在1998年,《松尼·波诺版权期限延长法案》修改了第203条,删除第(a)款第(2)项首句中的"由其鳏寡一方或其孙辈",在第(2)项中增加第(D)目。Pub. L. No. 105—298,112 Stat. 2827,2829.

4. 1988年《伯尔尼公约实施法案》修改了第205条,删除第(d)款,将第(e)款和第(f)款分别重新指定为第(d)款和第(e)款。Pub. L. No. 100—568,102 Stat. 2853,2857.

第 3 章[1]　版 权 期 限

条　　目

§301　相对其他法律的优先地位[2]

（a）1978 年 1 月 1 日或以后,第 106 条已明确规定,若这些作品固定在有形的表现媒介上而且属于第 102 条和第 103 条规定的受版权保护的客体范围以内,不管作品的创作时间在该日期以前或以后,也不管出版与否,在作者作品的版权范围内,一切法定的或合理的专有权利都受本法的约束。其后,不会根据任何州的普通法或成文法授予任何人任何此类作品的此类权利或与之相当的权利。

（b）本编的任何规定都不会废除或限制任何州的普通法或成文法有关以下事项的任何权利或救济：

（1）不属于受版权保护的客体（第 102 条和第 103 条规定）,包括未固定在任何有形表现媒介上的作者作品；或者

（2）1978 年 1 月 1 日以前开始的活动所引发的诉讼案件；或者

（3）侵犯的法定或合理权利不在第 106 条规定的权利范围内,即涉及的权利是本法规定的权利范围以外的专有权利,及与之相当的法定或合理权利；或者

（4）由第 102 条第（a）款第（8）项规定的被保护的建筑工事：各州或地方性的地标、历史保护区、城市分区、建筑物代码。

（c）关于 1972 年 2 月 15 日以前录制的录音制品,在 2067 年 2 月 15 日以

前均应适用各州的普通法或成文法规定的权利或救济,不被本法废除或限制。第(a)款的优先规定应适用于与 2067 年 2 月 15 日和以后开始的活动所引起的任何诉讼案件有关的任何此类权利和救济。尽管有第 303 条的规定,但在 1972 年 2 月 15 日以前录制的录音作品在 2067 年 2 月 15 日当日、以前或以后均不必受限于本法关于版权的规定。

(d) 本法任何条文均不废除或限制任何其他联邦法规的权利或救济。

(e) 在本条规定下联邦优先权应在遵守《伯尔尼公约》和实现美国国民义务的基础上实现。

(f) (1) 在根据第 610 条第(a)款规定的 1990 年《视觉艺术家权利法案》生效之日及以后,第 106A 条规定的视觉艺术作品的一切合法或与其他与法律相当的合理权利只受制于第 106A 条、第 113 条第(d)款和本条中相关部分。任何州的任何关于视觉艺术作品的普通法或成文法都不能给此后完成视觉艺术作品的作者授予法律保护或与之相当的权利。[3]

(2) 上述第(1)项的任何条文都不废除或限制任何州的普通法或成文法有关以下事项的任何权利或救济:

(A) 在第 610 条第(a)项规定的 1990 年《视觉艺术家权利法案》生效之日以前完成作品的诉讼理由;或者

(B) 侵犯的视觉艺术作品的合法或合理权利不在第 160A 条规定的权利范围内;或者

(C) 延展到作者死亡后的侵犯合法或合理权利的行为。

§302　版权期限:1978 年 1 月 1 日及以后创作的作品[4]

(a) 总论——1978 年 1 月 1 日及以后创作的作品的版权从创作之日起存在,除非以下各款另有规定,版权期限为作者有生之年及其死后 70 年。

(b) 合作作品——就一部由非雇佣的两个或两个以上作者创作的合著作品而言,其版权期限为最后死亡的作者有生之年及其死后 70 年。

(c) 匿名作品、假名作品和雇佣作品——就一部匿名作品、假名作品或雇佣作品而言,假如从创作到首次出版的时间少于 25 年,则其版权期限为首次出版之年起 95 年,否则,期限为创作之年起 120 年。如果在此期限结束以前,匿名作品或假名作品的一个或多个作者的身份在该作品的注册记录[第 408 条第(a)款或第(d)款规定]中被泄露,或在本款规定的记录中被泄露,则该作品的版权期限应按照第(a)款或第(b)款的规定,并以已泄露身份的作者有生之年为基础计算。与匿名作品或假名作品的版权有利益关系的任何人,可在任何时候在版权局为此保存的记录中注册一份声明,指明该作品的一个或多个作者的身份。该声明还应说明注册声明人的身份、其利益关系的性质、注册信息的来源,以及所涉及的作品,该声明的格式和内容应符合版权注册处以条例规定的要求。

(d) 关于作者死亡的注册——与版权具有利益关系的任何人,可在任何时候,在版权局注册一份声明,表明该版权作品的作者的死亡日期,或者该作者在某一日期依然在世。这份声明应指明注册人的身份、其利益关系的性质和注册信息的来源,该声明的格式和内容应符合版权注册处以条例形式规定的要求。版权注册处应根据注册的声明,根据版权局的任何注册资料或其他来源的参考资料,在认定可以适用的情况下,保存有关版权作品的作者死亡的消息。

(e) 关于作者死亡的推断——从作品首次出版之年起的 95 年以后,或从该作品创作之年起的 120 年以后(二者以先到期者为准),任何人从版权局得到一份经认证的报告,证明第(d)款规定的记录根本不能说明该作品作者尚在人世或死亡时间不足 70 年时,都有权享受关于推断作者至少已死亡 70 年的利益。真诚信赖这项推断在根据本法提起的侵犯版权的诉讼中,可成为一项充分的辩护理由。

§303　版权期限:1978 年 1 月 1 日以前创作但未出版或取得版权的作品[5]

(a) 1978 年 1 月 1 日以前创作,但在此日以前并未进入公共领域或取得版权的作品,其版权从 1978 年 1 月 1 日起存在并持续到第 302 条所规定的期限期满之时。这样一部作品的版权期限不可能在 2002 年 12 月 31 日以前期满;如果该作品 2002 年 12 月 31 日或此日以前出版,其版权期限不应在 2047

年 12 月 31 日以前期满。

(b) 1978 年 1 月 1 日以前发行的录音制品不能以任何理由将公开发表的音乐作品包含其中。

§304 版权期限：现存版权[6]

(a) 1978 年 1 月 1 日起存在的、处于第 1 版权期的版权——

(1) (A) 1978 年 1 月 1 日起存在的、处于第 1 版权期的任何版权,应自其最初获得之日起持续 28 年;

(B) 在下述情况下——

(i) 作者死后出版的任何作品,或版权最初由版权所有人获得的任何期刊、百科全书或其他汇编作品,或者

(ii) 版权由法人团体(个体作者的代理人或许可人除外)或雇佣制作作品的雇主获得的任何作品;

此类版权人应有权获得该作品另外 67 年期限的版权续期。

(C) 对于其他的版权作品,包括个体作者向杂志、百科全书或其他汇编作品投稿的任何其他有版权作品,下列对象在满足相应的条件后有权获得该作品另外 67 年期限的版权续期——

(i) 这类作品的仍在世的作者。

(ii) 作者的尚存配偶或子女(若作者已经死亡)。

(iii) 该作者的遗嘱执行人(若作者及其配偶、子女均已死亡)。

(iv) 作者最近的亲属(若作者没有留下遗嘱,且作者及其配偶、子女均已死亡)。

(2) (A) 满足本款第(1)项第(B)目指定条件的作品,在最初的版权期限期满时,版权应延期 67 年——

(i) 如果在最初的版权期限期满前的一年内向版权局提出续期的申请并在版权局正式注册,那么版权人的版权延期的权利应在续期申请提出时被给予,新的期限也由此开始计算;或者

(ii) 如果版权人并没有提出申请,或者申请所依据的所有权并没有经过注册,应该授予在最初的版权期期满时是版权人的个人或组织版权期限的续

期,续期或延长期限的起算时间为原版权期限的最后一天。

(B) 根据本款第(1)项第(C)目项所述,作品的最初版权期满时,版权应续期 67 年——

(i) 如果要求续期的注册申请已经在作品的原版权期满之前一年内递交,并且该申请被注册,则应授予有权要求续期的申请人[根据第(1)项]自续期开始的权利;或

(ii) 如果版权人并没有提出申请或者申请所依据的所有权并没有经过注册,应赋予第(1)项第(C)目所述的申请人,自最初版权期满的最后一天至续期或延长期开始相关权利。

(3)(A) 需要向版权局递交一份要求续期的作品版权保护期限的注册申请——

(i) 申请应在原版权期限期满 1 年之内,由本条第(1)项第(B)目或第(C)目所规定的权利所有者执行,延长期限为 67 年;并且

(ii) 在续期内的任何时间里,符合本法规定的版权人,或者他们的继承人或代理人,均可在符合本条第(2)项第(A)目或第(B)目的情况下以版权人的名义提出延长版权期限的申请。

(B) 这样一份申请并不是版权续期 67 年的条件。

(4)(A) 如果作品版权续期或延长的申请并没有在最初版权期满前一年内提交,或者如果该申请所依据的所有权没有被注册,那么演绎作品在最初的版权期限期满前生效的准许转让的授权证明或者版权许可证,在不侵犯版权的前提下,可在版权续期和延长期限内继续使用,除非该权利的运用影响到了其他相同版权作品的演绎作品在续期或延长期内的创作。

(B) 如果作品版权续期或延长的申请在最初版权期满前一年内提交,并且在版权局注册,那么这种注册证明书可作为在续期或延长期间版权及证书中陈述的事实的合法性的初步证明。非最初版权期满前 1 年内做出的版权续期的申请证明,其重要性应由法庭裁定。

(b)《松尼·波诺版权期限延长法案》生效时处于续期期限内的版权[7]——在《松尼·波诺版权期限延长法案》生效时仍处于续期期限内的版权,应拥有从获取原版权之日起 95 年的版权期。[8]

(c) 续期的期限内转让与许可的终止——在 1978 年 1 月 1 日处于第 1 版权期限或续期期限的任何版权,除雇佣作品的版权外,1978 年 1 月 1 日以前由本条第(a)款第(1)项第(C)目所指定的任何人以遗嘱以外方式执行的对续期版权或由此产生的任何权利进行转让或许可的专有或非专有授予,均可按下列规定终止:

(1) 若由作者以外的一人或多人执行授予,可由执行者中在世的一人或多人终止。由该作品的一个或多个作者执行的授予,可由执行授予的某一作者根据该作者对该续期版权所有权所占份额终止,如果该作者已经死亡,则由本款第(2)项规定的拥有并有权行使该作者一半以上的终止利益的一人或多人终止。

(2) 如果作者已经死亡,其终止利益,将根据下述原则进行分配:

(A) 如果作者没有在世的子女或孙子女,则其尚存的配偶拥有该作者的全部终止利益,否则配偶拥有该作者终止利益的二分之一;

(B) 如果作者没有尚存配偶,则该作者的在世子女,和其已故子女的在世子女,拥有该作者的全部终止利益,否则其子孙可分配作者二分之一的终止利益;

(C) 在所有情况下,作者的子女和孙子女的权利均根据该作者子女现有人数,以家系为基础,在他们之间分配并行使;已死亡子女的子女对终止利益的分享部分只能由他们中多数人的行为行使;

(D) 如果作者的配偶、子女和孙子女都已不在世,则作者的全部终止利益由遗嘱执行人、遗产管理人、私人代理或受托人拥有。

(3) 从最初获得版权之日后的 56 年结束之日算起,或从 1978 年 1 月 1 日算起的 5 年期内,两者之间较晚的时间点之后,授予的终止权可以生效。

(4) 授予终止权应事先向受让人或其权利继承人提出书面通知。在作者以外一人或多人执行授予的情况下,该通知应由本款第(1)项规定的所有有权终止授予的人,或其正式授权的代理人签字。在由该作品的一个或多个作者执行授予的情况下,关于任一作者所占份额的通知应由该作者或其正式授权的代理人签字,或者如果作者已经死亡,则由其终止利益按本款第(1)项与第(2)项规定的必要数目与比例的所有者签字,或由其正式授权的代理人签字。

（A）该通知应说明在本款第（3）项所规定的 5 年期间内终止的生效日期，或者在第（d）款条件下的终止，应说明 5 年期间内终止的生效日期［第（d）款第（2）项规定］，而且该通知应在该日期以前不少于两年且不多于 10 年的期间内提交。作为生效的一个条件，通知的一份副本应在终止生效期以前在版权局备案。

（B）该通知的格式、内容和送交方式应遵从版权注册处以条例形式规定的要求。

（5）终止授予的效力不受任何与版权授予意向有冲突的协议影响，包括协议立遗嘱或将来授予。

（6）由作者以外一人或多人执行的授予，已终止的授予中包括的本编下的所有权利，从终止生效之日起，都将交还本款第（1）项规定的所有有权终止授予的人。关于由该作品的一个或多个作者执行的授予，已终止的授予包括的某一作者根据本法拥有的权利，从终止生效之日起都交还该作者。如果该作者已经死亡，则交还本款第（2）项规定的拥有该作者终止利益的人，其中包括那些未在本款第（4）项规定的终止通知上签字的所有人。在所有情况下，权利的交还均须受到下列限制：

（A）在授予终止以前编写的演绎作品，可根据原授予的条件在授予终止后继续使用，但此项特权不能扩大适用于在终止授予后，根据已终止授予的版权作品编写的其他演绎作品。

（B）由于终止授予即将交还的未来权利，从按本款第（4）项规定的终止通知提交之日起改变归属。

（C）如果作者的权利交还本款第（2）项所规定的两个或两个以上的人，这些权利应按该项规定的比例归属于这些人。这时，在符合本项第（D）目规定的条件下，属于某一作者的已终止授予的任何权利中所占份额的进一步授予或进一步授予协议，只有经依本项规定拥有版权的所有者中的按本款第（2）项终止授予所需的同样数目和比例的所有者签字，方为有效。这样的进一步授予及进一步授予协议对于在该项版权范围内拥有权利的所有人，包括未参加签字的人，均有效。如果已终止授予的权利所归属的任何人在此之后死亡，其合法代表、遗产受赠人或法定继承人则可根据本目规定作为其代表。

（D）进一步授予已终止授予包括的任何权利及相关协议,只有在终止生效之日以后做出的方为有效。然而,该进一步授予协议可由该作者和本款第（6）项第一句规定的任何人签订,或由本项第（C）目规定的人与原受让人或其权利继承人,在按本款第（4）项规定提出终止通知以后签订,这是一个例外情况。

（E）依本条终止授予只对本法范围内授予的权利产生影响,不影响任何其他联邦法、州法和涉外法律产生的权利。

（F）如果没有其他规定,除非按照本条规定实行终止授予,授予在本法规定的续期期限内持续有效,直到终止授予的生效之日。

（d）第（c）款说明,在《松尼·波诺版权期限延长法案》生效之日或之后期满的终止权利——除雇佣作品外的全部作品,如果 1978 年《松尼·波诺版权期限延长法案》[9]生效时,作品处于版权续期内,如拥有此终止权利的作者或其他所有者没有在此前终止权利,则法案生效之日版权期满,除遗嘱方式外,任何专有或非专有的,关于版权续期或其范围内转让或许可权利都应满足下列条件,且由本条第（a）款第（1）项第（C）目中指定的对象在 1978 年 1 月 1 日前执行：

（1）根据《松尼·波诺版权期限延长法案》的修正条款,本条第（c）款第（1）项、第（2）项、第（4）项、第（5）项、第（6）项的规定适用于过去 20 年内版权期限的终止；

（2）终止可在最初取得版权起 75 年后的 5 年期间生效。

§305 版权期限：终止日期

第 302 条至第 304 条规定的所有版权期限,均应截至其本应到期之年年底,有相反规定的除外。

第 3 章 尾注

1. 私法 92—96,85 Stat.857,于 1971 年 12 月 15 日生效,规定：

尽管有任何相反的法律条款存在,玛丽·贝克·艾迪所著作品《科学和健康附解读〈圣经〉的关键》（在某些版本中被命名为"科学和健康"和"科学和健康；附解读〈圣经〉的关键"）

的版权,包括之前出版的英文本和翻译本,或此后由作者或其委托人、继承人、受让人授权出版的版本,授予基于玛丽·贝克·艾迪遗嘱产生的受托人及其继承人、受让人 25 年,期限从该法生效之日或首次出版之日起,以较迟的时间为准。

但是美国基督教联合会科学家及基督教科学理事会,第一基督教会,科学家,829 F.2d 1152,4 USPQ2d 1177 (D.C.Cir.1987)(保持私法 92—60,85 Stat.857,是违反宪法的,因为其违反了建立条款)。

2. 1988 年《伯尔尼公约实施法案》修改了第 301 条,在末尾处增加第(e)款。Pub.L. No.100—568,102 Stat.2853,2857.在 1990 年,《建筑作品版权保护法案》修改了第 301 条第(b)款,在末尾处增加第(4)项。Pub.L. No.101—650,104 Stat.5133,5134.1990 年《视觉艺术家权利法案》修改了第 301 条,在末尾处增加第(f)款。Pub.L. No.101—650,104 Stat.5089,5131.在 1998 年,《松尼·波诺版权期限延长法案》修改了第 301 条,将第(c)款中出现的"2047 年 2 月 15 日"改为"2067 年 2 月 15 日"。Pub.L.No.105—298,112 Stat.2827.

3. 1990 年《视觉艺术家权利法案》增加了第(f)款,规定"根据第(b)款,且除第(c)款规定之外,本编及本编所作修改将于本法案颁布之日 6 个月后生效",也就是 1990 年 12 月 1 日之后 6 个月。Pub.L.No.101—650,104 Stat.5089,5132.也可参见第 1 章之尾注 39。

4. 在 1998 年,《松尼·波诺版权期限延长法案》修改了第 302 条,将每个地方出现的"第 50"替换为"70","第 75"替换为"95","100"替换为"120"。Pub. L. No.105—298,112 Stat.2827.该变化于 1998 年 10 月 27 日生效。Id.

5. 在 1997 年,修改了第 303 条,加入第(b)款。Pub.L.No.105—80,111 Stat.1529,1534.在 1998 年,《松尼·波诺版权期限延长法案》修改了第 303 条,用"2047 年 12 月 31 日"替换"2027 年 12 月 31 日"。Pub.L.No.105—298,112 Stat.2827.

6. 1992 年《版权更新法案》修改了第 304 条,用新的第(a)款替代,并对第(c)款第(1)项作了一致性的修改。该法案,根据《松尼·波诺版权期限延长法案》修改,规定版权的更新和延长的下一个 67 年"根据该授予生效之日的法律,在《松尼·波诺版权期限延长法案》生效日(1998 年 10 月 27 日)之前,对于任何授予应具有同样的效力"。法案也规定第 1992 的修正"仅适用于那些在 1964 年 1 月 1 日至 1977 年 12 月 31 日之间保证的版权,应服从《美国法典》第 17 编第 304 条第(a)款之规定,在生效日之前……(1992 年 6 月 26 日颁布),除了这类条款中参考之 47 年应被视为 67 年"。Pub.L.No.102—307,106 Stat.264,266,由《松尼·波诺版权期限延长法案》修正,Pub.L.No.105—298,112 Stat.2827,2828.

在 1998 年,《松尼·波诺版权期限延长法案》修改了第 304 条,将第(a)款中"47"替换为"67",替换新的第(b)款,在末尾处增加第(d)款。Pub.L.No.105—298,112 Stat.2928.该法案也修改了第 304 条第(c)款,删除第(2)项首句中的"其鳏寡和子女或孙辈",在第(2)项末尾处增加第(D)目,在第(4)项第(A)目的首句插入"或者,在第(d)款终止的情况下,在根据第(d)款第(2)项确定的 5 年时期内"。

7. 在 1998 年,《松尼·波诺版权期限延长法案》完全修改了第 304 条第(b)款,删除了原来属于 1976 年《版权法》部分的语言。Pub.L.No.105—298,112 Stat.2827.较早的法律语言仍与版权保护期限的计算相关,这一版权保护期限为 1906 年 9 月 19 日至 1949 年 12 月 31 日之间。1976 年《版权法》将这些版权保护期限延伸了 20 年,如果它们处于 1976 年 12

月 31 日至 1977 年 12 月 31 日的更新期以内。删除的语言是:

任何版权的期限,更新期处在 1976 年 12 月 31 日至 1977 年 12 月 31 日之间的任何时候,包括首尾日期在内;其更新注册发生在 1976 年 12 月 31 日至 1977 年 12 月 31 日之间,包括首尾日期在内,将从版权最初保证之日起延伸 75 年。

本条款生效之日是 1976 年 10 月 19 日。该有效日期条款位于附录 A 中,作为 1976 年《版权法的过渡和补充条款》的第 102 条。1976 年《版权法》,Pub.L.No.94—553,90 Stat. 2541,2598.

此外,在 1976 年《版权法》之前,如果作品处于更新期内,国会对于其版权保护始于 1906 年 9 月 19 日至 1918 年 12 月 31 日的作品,颁布了一系列 9 个临时延期。如果没有这些临时延期,在该时间期限开始的版权就会在 56 年之后终止,其更新期的截止处在 1962 年 9 月 19 日至 1976 年 12 月 31 日之间。这 9 个授权临时延期的法案按年表顺序排列如下:

Pub.L.No.87—668,76 Stat.555(将版权从 1962 年 9 月 19 日延伸至 1965 年 12 月 31 日)

Pub.L.No.89—142,79 Stat.581(延伸版权至 1967 年 12 月 31 日)

Pub.L.No.90—141,81 Stat.464(延伸版权至 1968 年 12 月 31 日)

Pub.L.No.90—416,82 Stat.397(延伸版权至 1969 年 12 月 31 日)

Pub.L.No.91—147,83 Stat.360(延伸版权至 1970 年 12 月 31 日)

Pub.L.No.91—555,84 Stat.1441(延伸版权至 1971 年 12 月 31 日)

Pub.L.No.92—170,85 Stat.490(延伸版权至 1972 年 12 月 31 日)

Pub.L.No.93—566,86 Stat.1181(延伸版权至 1974 年 12 月 31 日)

Pub.L.No.92—573,86 Stat.1873(延伸版权至 1976 年 12 月 31 日)

8.《松尼·波诺版权期限延长法案》的生效之日为 1998 年 10 月 27 日。

9. 见脚注 8。

第 4 章　版权标记、样品交存和注册

条　目

§ 401　版权标记：可视复制品[2]

（a）总论。——受本编保护的作品由版权人授权在美国或其他地方出版时，均应在一切公开发行的、可直接或借助机器或设备用肉眼看到的作品的所有复制品上载有一个本条规定的版权标记。

（b）标记的形式。——如果复制品上载有版权标记应同时包括下列三项内容：

（1）符号ⓒ（字母 C 在一圆圈内），或者"版权"（Copyright）字样，或者"版权"的缩写词"Copr."；以及

（2）该作品首次出版的年份；如果载有已发表过的资料的汇编作品或演绎作品，则注明该汇编作品或演绎作品首次出版的年份即可。凡在物品上复制绘画、刻印或雕塑作品以及附文（若有），或在贺卡、明信片、文具、珠宝饰品、

玩偶、玩具或任何其他实用物品中,年份可予省略;以及

(3) 作品版权人的姓名,或可识别姓名的缩写词,或众所周知的版权人的别名。

(c) 标记的位置。——版权标记在复制品上的形式与位置应能适当表示版权所有。版权注册处应制定相应条例具体说明形式与位置,比如,符合要求的,在不同类型作品上载入版权标记的具体方法和位置,但特殊情况可不按上述条例。

(d) 标记作为证据的重要性。——如果一个版权标记以本条中明确规定的形式和位置,出现在被告通过非正当手段侵犯版权的公开发表的作品复制品上,除 504 条第(c)款第(2)项的最后一句话规定的情况外,该被告基于非故意侵犯版权而要求减轻实际或法定损害赔偿的辩护将被视为无效。

§402 版权标记:录音作品的录音制品[3]

(a) 总论。——受本编保护的录音作品由版权人授权在美国或其他地方发表时,应在公开发行的所有录音作品的录音制品上载有一个本条规定的版权标记。

(b) 标记的形式。——如果录音制品上载有版权标记应同时包括下列三项内容:

(1) 符号℗(字母 P 在一圆圈内);以及

(2) 录音作品首次发表的年份;以及

(3) 录音作品版权人的姓名,或可识别的其姓名的缩写词,或众所周知的版权人的别名;如果在录音制品标签或容器上印有录音作品的制作者姓名,且没有其他姓名与该标记一并出现,则该制作者的姓名应被认为是标记的一部分。

(c) 标记的位置。——版权标记应载于录音制品的表面或录音制品的标签或容器上,其形式和位置应能适当表示版权所有者的身份。

(d) 标记作为证据的重要性。——如果一个版权标记以本条中明确规定的形式和位置出现在公开发表的录音制品上,或被告通过非正当手段制成的侵犯版权的录音制品上,除第 504 条第(c)款第(2)项的最后一句话规定的情

况外,该被告基于非故意侵犯版权而要求减轻实际或法定损害赔偿的辩护将被视为无效。

§403　版权标记：美国政府作品的出版物[4]

若作品主要包括美国政府的一部或多部作品,当其以复制品或录音制品形式出版时,第 401 条第(d)款或第 402 条第(d)款规定的版权标记还应包括一项声明,即以肯定或否定方式指明复制品或录音制品中受本法保护的任何作品的部分。

§404　版权标记：集体作品的独创部分[5]

(a) 集体作品的独创部分,可按第 401 条至第 403 条的规定载有各自的版权标记。然而,适用于整个集体作品的统一标记,无论所包括的单独稿件的所有权如何,也无论这些作品曾经是否发表过,均足以符合第 401 条第(d)款或第 402 条第(d)款关于集体作品所包括的单独稿件(不包括代表该集体作品版权人以外的任何人所登载的各种广告)的规定。

(b) 对于在 1988 年《伯尔尼公约实施法案》生效日之前通过版权人的授权公开发行的复制品和录音制品,如果适用于整个集体作品的统一标记载有其姓名的人,不是未载有其本身版权标记的单独稿件的版权人,这种情况属于第 406 条第(a)款规定的范围。

§405　版权标记：复制品或录音
制品上的标记遗漏[6]

(a) 遗漏对版权的影响——对于在 1988 年《伯尔尼公约实施法案》生效日之前通过版权人的授权公开发行的复制品和录音制品,遗漏第 401 条至第 403 条规定的版权标记,作品的版权在下列情况下均仍有效：

(1) 仅遗漏数量相当少的公开发行的复制品或录音制品的版权标记；

(2) 在无标记出版以前或以后 5 年内进行作品注册,并在发现遗漏以后作了相当的努力,对在美国公开发行的所有复制品或录音制品补载标记；

(3) 标记由于违反明确的书面要求而被遗漏,即载有符合规定的版权标记,是版权人授权公开发行复制品或录音制品前提条件的情况。

（b）遗漏对非故意侵犯权利者的影响——对于一件遗漏版权标记并于1988年《伯尔尼公约实施法案》生效日之前通过版权人授权公开发行的复制品或录音制品,如果在因信赖且非故意的情况下侵犯了其版权,如果相关责任人能证明其误解是标记的遗漏导致的,在接到该作品已根据第408条规定进行注册的通知以前,对造成第504条规定的实际或法定损失的任何侵权行为不负任何责任。在此种情况下侵犯权利的诉讼,法庭可允许或不允许追回侵犯权利人因其侵权的行为而获得的任何收益,并可禁止该侵权活动的持续进行,或要求侵犯权利人按照法庭确定的数额和期限向版权人交付适当的许可费,以此为条件获得许可继续进行该侵权活动。

（c）标记的取消——在未经版权人授权的情况下,从任何公开发行的复制品或录音制品上移除、破坏或涂抹版权标记,不影响本法规定的保护。

§406　版权标记：复制品或录音制品
上的姓名或日期错误[7]

（a）姓名的错误——对于在1988年《伯尔尼公约实施法案》生效日之前通过版权人的授权公开发行的复制品和录音制品,如果版权人授权公开发行的复制品或录音制品上的版权标记上列名之人不是版权人,版权的有效性和所有权不受影响。然而,在这种情形下,任何非故意从事侵犯版权活动的个人,如果能证明其侵权活动系该标记误导所致,并根据标记所载姓名之人所称的转让或许可,出于正面目的从事侵权,则对因此种侵权行为提起的任何诉讼具有充分的辩护理由,除非这种侵权活动开始以前出现下列任一情况——

（1）该作品已经注册在版权人的名下；

（2）表明该版权所有权的文件（由标记上列名之人签订）已备案。

标记上列名之人,有责任向版权人说明其根据列名版权做出的转让或许可所得全部收入情况。

（b）日期的错误——对于在1988年《伯尔尼公约实施法案》生效日之前通过版权人的授权发行的复制品或录音制品,如果版权标记的年份早于首次出版的年份时,任何根据第302条规定自首次出版年份计算的期限,均将按该版权标记的年份计算。当标记年份比首次出版年份晚一年以上时,则认为该作品系在没有任何版权标记的情况下出版的,并属于第 405 条规定的范围。

(c) 姓名或日期的遗漏——对于在 1988 年《伯尔尼公约实施法案》生效之前通过版权人的授权公开发行的复制品或录音制品,如果未载有任何可被认为是该版权标记一部分的姓名或日期时,则认为该作品系在没有任何版权标记的情况下出版的,属于第 405 条规定的范围,并在 1988 年《伯尔尼公约实施法案》生效日之前有效。

§407　向国会图书馆交存复制品或录音制品[8]

(a) 除第(c)款规定外,根据第(e)款的规定,美国出版的有版权标记的作品的版权或专有出版权的版权人应在该出版之日以后的 3 个月内交存——

(1) 两份最佳版本的完整复制品;或者

(2) 如果该作品是录音作品,则应交存两份最佳版本的完整录音制品,以及与此种录音制品同时出版的印刷材料或其他可视材料。

本款关于交存的要求和第(e)款关于取得复制品或录音制品的规定,都不是版权被保护的条件。

(b) 需要交存的复制品或录音制品应交存版权局,以供国会图书馆使用或支配。在交存者提出要求并交付第 708 条规定的注册费时,版权注册处应给交存者开收据。

(c) 版权注册处可以制定条例,规定某类材料无需按本条要求进行交存或只需交存某类一件复制品或录音制品。这种条例应当规定完全免予按本条要求进行交存,或采取其他交存方式,以便在下述情况下能够提供某件作品的档案记录,而不给交存者造成实际的或财政的困难:作者本人是某件绘画、刻印或雕塑作品的版权人,而且(i) 该作品已出版的复制品不到 5 件,或(ii) 该作品已发行的版本只限于数量有限的有编号的复制品,其货币价值使交存该作品最佳版本的两件复制品成为一种难于负担的不合理的或不公平的义务。

(d) 根据第(a)款规定的作品出版以后的任何时候,版权注册处可用书面形式,要求应根据第(a)款规定进行交存的任何人交存所需的作品。被索赔人在接到要求以后 3 个月内如果仍未交存,就有责任——

（1）为每件作品交纳一笔不超过 250 美元的罚金；而且

（2）向国会图书馆的一个特设基金交纳相当于需要交存的复制品和录音制品零售价总和的金额，如果零售价尚未确定，则要交纳国会图书馆取得这些复制品和录音制品的合理费用；而且

（3）如果故意或反复地违反要求或拒绝遵守要求，则除了第（1）项、第（2）项规定的罚金以外，还要交纳一笔 2 500 美元的罚金。

（e）关于已经录制并在美国公开广播过但仍未出版的广播节目，版权注册处应同国会图书馆馆长及其他有利益关系的组织和官员协商以后，制定各种管理条例，以通过交存或其他方式，取得这种节目的复制品或录音制品，供国会图书馆收藏。

（1）应当允许国会图书馆馆长按照这种条例规定的标准和条件，直接从公开广播中录制广播节目，并为存档目的从该录制品复制一件复制品或录音制品。

（2）该条例还应规定各种标准和程序，根据这些标准和程序，版权注册处可以书面形式要求，在美国从事广播活动的广播版权人交存某一特定广播节目的复制品或录音制品。在美国进行广播的广播版权人可以按照自己的选择，通过赠送、外借的形式进行复制，或以不超过复制和提供复制品或录音制品费用的价格出售。根据本项制定的条例，应为交存制定不少于 3 个月的合理期限，并应根据正当的需要，允许交存期限的延长以及交存范围和交存方式的调整。在美国进行广播的广播权版权人，如果故意违反该条例规定的条件或拒绝遵守该条例，就要向国会图书馆的一个特设基金交纳一笔不超过复制或提供这种复制品或录音制品费用的金额。

（3）如果广播节目是在收到第（2）项规定的具体书面要求以前播出的，则本款的任何规定都不应解释为，出于交存的目的，要求制作或保留未出版的广播节目的任何复制品或录音制品。

（4）如果完全是为了协助取得本款规定的复制品或录音制品，则按照本款第（1）项和第（2）项规定的各项条例进行的任何活动均无需承担责任。

§408　版权注册总论[9]

（a）注册的许可期限——对于任何已出版或未出版的作品，不论作品获

得版权的时间是在 1978 年 1 月 1 日以前,当日或以后,版权或任何专有权利的所有者可在版权有效期内的任何时间把本款规定的需交存的作品,连同第 409 条和第 708 条规定的申请书和注册费一并交给版权局,以此获得版权所要求的注册。版权是否受到保护不以此项注册为条件。

(b) 为了版权注册而交存的物品——除了第(c)款规定的情况以外,为了注册而交存的材料应包括——

(1) 未出版的作品,应交存一件完整的复制品或录音制品;

(2) 已出版的作品,应交存两件最佳版本的完整的复制品或录音制品;

(3) 在美国以外首次出版的作品,应交存一件完整的初版复制品或录音制品;

(4) 集体作品中的独创作品,应交存这部集体作品最佳版本的一件复制品或录音制品。

根据第 407 条交存给国会图书馆的复制品或录音制品,如果附有规定的申请书和注册费,以及版权注册处可能以条例要求的任何额外鉴别材料,被用来满足本条的交存规定。版权注册处还可在条例之外提出要求,使国会图书馆根据第 407 条第(e)款,通过交存以外的其他方式所获得的复制品或录音制品,亦能用来满足本条的交存规定。

(c) 管理上的分类和选择性的交存——

(1) 出于交存和注册的目的,各种作品将分门别类进行管理,版权注册处被授权依条例对这种分类以及对即将按各种规定的类别存放的复制品和录音制品的性质做出具体规定。对于某些特殊类别,条例可以要求或准许不交存复制品或录音制品而交存鉴别材料,或只交存一件复制品或录音制品而无需按照常规要求交存两件,或为一组有关的作品进行统一注册。作品管理上的分类对受版权保护的客体或本法规定的各种专有权利不具有任何意义。

(2) 在不违背第(1)项规定的总授权的情况下,版权注册处应制定特殊条例,允许对同一作者在 12 个月时间内首次发表在各种刊物,包括报纸上的一组作品,统一交存、申请、交付注册费,并根据下列条件进行统一注册——

(A) 交存品载有首次发表的作品的整本期刊或整版报纸的复制品;而且

(B) 在申请书上分别列出了每件作品,包括刊载作品的期刊和首次发表的日期。

（3）除了根据第 304 条单独进行续期注册以外,同一作者还可以在统一提出申请和统一交费的基础上,根据下列条件对首次发表在刊物上和报纸上的一组作品统一进行续期注册:

（A）要求续期注册的一人或多人,以及第 304 条第(a)款规定的一种或多种要求的基础,对每件作品来说都是相同的;而且

（B）作品在首次发表时,或通过各自的版权标记和注册,或通过整期刊物的总的版权标记,获得版权;而且

（C）在所有作品都已首次发表后,该年的 12 月 31 日以后不超过 28 年或不少于 27 年应交付续期注册的申请书和注册费;而且

（D）在续期注册申请书中分别列出了每件作品,包括刊载作品的刊物和首次发表的日期。

（d）改正与增补——版权注册处还可以用条例的形式,为提出补充注册申请、改正版权注册中的错误或增补注册内容规定正式的手续。这种申请书中应附有第 708 条规定的注册费,并应明确注明哪些注册需要改正或增补。补充注册中所含的内容可以扩充,但不能替代原来的注册内容。

（e）过去注册过的作品的出版的版本——可以对过去以未出版的形式注册过的作品的首次出版的版本进行注册,尽管出版的作品同未出版的文本在内容方面是一样的。

（f）为了商业发行而制作的作品的预先注册——

（1）规章制定——在本条规定通过之日起 180 天之内,版权注册处应针对以商业发行为目的但尚未出版的作品建立预先注册程序,并以条例形式规定。

（2）作品的种类——在本款第(1)项规定下建立的规章制度应允许版权注册处认定的在授权商业发行之前有侵权历史的作品种类中的任何作品进行预先注册。

（3）注册申请——对于在按照本款规定预先注册的作品,申请人应在首次出版的三个月之内向版权局提交注册下列申请材料——

（A）作品注册的申请书;

（B）交存样品;以及

（C）适当的注册费用。

（4）不适时申请的生效——对于根据本款规定预先注册作品侵犯版权的诉讼案件，如果侵权行为发生在首次出版的两个月内，且没有根据本款第（3）项的要求提早向版权局提交申请，诉讼在下列条件下不被受理——

（A）在作品首次出版的三个月之后；或者

（B）在版权人得知此次版权侵犯行为一月之后。

§409　申请版权注册[10]

应将版权注册的申请信息填写在版权注册处规定的表格上，包括——

（1）版权申请人的姓名和通讯地址；

（2）如果作品不是匿名作品或假名作品，应包括作者的姓名、国籍或定居地，如果一名作者或多名作者死亡，则应包括其死亡日期；

（3）如果是匿名作品或假名作品，应填写作者的国籍或定居地；

（4）如果是雇佣作品，应做出相应的声明；

（5）如果版权申请人不是作者，则应简要说明申请人获得版权的过程；

（6）作品的名称以及可以识别该作品的曾用名称或其他名称；

（7）作品创作完成的年份；

（8）如果作品已经出版，则应填写作品首次出版的日期和国家；

（9）如果是汇编作品或演绎作品，则应注明该作品所依据或汇集的一部或多部原有作品，并应对版权注册申请中包括的附加材料作一简短的概括性说明；

（10）如果已出版的作品载有需要在美国制造其复制品的材料（根据第601条），则要填写对该材料进行第 601 条第（c）款规定的那种加工的人或组织的名称以及进行加工的地点；

（11）版权注册处认为重要的与作品的制作或识别，或对版权的存在、版权所有权或版权期限有关的任何其他的情况。

如果在第 304 条第（a）款第（3）项第（A）目规定的版权续期或延长期内提交申请，并且没有关于版权最初期限的注册记录，版权注册处可以要求申请人出示关于最初版权期限存在、所有或者持续时间的信息资料。

§410 版权要求的注册和证明的颁发

（a）经过审查，如果版权注册处根据本编各项规定认定，交存的材料构成可享有版权保护的客体，而且符合本法的其他各种法律要求和正式要求，版权注册处即应办理版权注册，并向申请注册者颁发盖有版权局印章的注册证明。证明中应包括申请书提供的情况以及注册号和生效日期。

（b）凡是版权注册处根据本编各项规定认定，交存的材料并不构成可享有版权保护的客体，或由于其他原因致使申请的理由不能成立，版权注册处应拒绝注册，并应以书面形式将拒绝的原因通知申请人。

（c）在任何诉讼程序中，在作品首次出版以前进行注册的证明，或在作品首次出版以后5年内进行注册的证明，均应成为版权有效或证书中所述事实确实性的初步证据。在5年以后进行注册的证明具有的效用，应由法庭确定。

（d）版权注册的生效日期为版权局收齐申请书、交存样品和注册费用之日，事后由版权注册处或有合法司法管辖权的法庭裁定可以据此办理注册。

§411 注册和民事侵权诉讼[11]

（a）除了第106A条第（a）款和本条第（b）款另有规定外，根据本编申请版权注册或预先注册版权之前，不得有任何美国作品版权侵权的诉讼。然而，如果注册所需的交存作品、申请书和注册费均已按照规定交付版权局，但被拒绝注册，则申请注册者只要将此事通知版权注册处，并附上一份诉状，就有权提出侵权诉讼。对能否进行版权注册这一问题，版权注册处在收到诉讼通知后60天内，可自由选择以出庭的方式成为诉讼的当事人，但版权注册处若未成为诉讼当事人，则不应因此阻碍管辖法庭就该诉讼做出裁定。

（b）（1）一份注册证不论是否包含不准确的信息，都应符合本条和第412条的要求，除非——

（A）版权注册的申请书中包含不准确信息，且已知该信息不准确；而且

（B）已知的不准确信息导致了版权注册处拒绝为其注册。

（2）如本款第（1）项所述，对于包含已知的不准确信息，则应要求版权注册处向法庭说明不准确信息是否导致该注册申请被拒绝。

（3）除了根据本条和第 412 条规定对侵权诉讼的补救制度，本款的任何规定都不影响有关注册证明信息中的个人的任何权利、义务或者要求。

（c）若一个作品包含声音或图像，或由这两者共同构成，且在播送的同时被首次录制，则版权人可在录制以前或以后，根据第 501 条规定，并完全按照第 502 条至第 505 条以及第 510 条规定的救济条款提出侵权诉讼，只要版权人按照版权注册处以条例规定的要求——

（1）在此种录制前不少于 48 小时，向侵权人发出通知，指明作品及第一次播送的具体时间和来源，并宣布有意取得该作品的版权；而且

（2）根据本条第（a）款规定，在作品第一次播送以后三个月内进行注册。

§412　注册是对某些侵权行为取得救济的前提条件[12]

除了下述情况提起的诉讼案件，即：根据第 106A 条第（a）款对作者权利造成侵犯的诉讼案件；根据第 408 条第（f）款侵犯作品版权，但在侵犯行为开始之前经过预先注册，并且注册的生效日期在首次发行后的三个月以内，也不晚于版权人得知侵权行为一个月的诉讼案件；或者根据第 411 条第（c）款提起的诉讼案件。根据本编的任何诉讼案件可不按第 504 条和第 505 条的规定判定支付法定损失赔偿或律师费，此类案件应满足下列条件——

（1）在未出版的作品的注册生效日期以前侵犯该作品的版权，或者

（2）在该作品首次出版以后，但在其注册生效日期以前侵犯其版权，除非在该作品首次出版以后三个月内进行注册。

第 4 章　尾注

1. 2008 年《知识产权的优化资源和组织法案》修改了第 411 条的标题，增加了"民事"，由此新的标题是"注册和民事侵权诉讼"。Pub.L.No.110—403,122 Stat.4256,4258.

2. 1988 年《伯尔尼公约实施法案》修改了第 401 条，具体如下：1）将第（a）款标题改为"总论"，插入"可以置于"以替代"应被置于"；2）在第（b）款中，插入"如果复制品上载有版权标记，"以替代"出现在复制品中的标记"；3）增加第（d）款。Pub.L.No.100—568,102 Stat.2853,2857.

3. 1988 年《伯尔尼公约实施法案》修改了第 402 条，具体如下：1）将第（a）款标题改为

"总论",插入"可以被置于"以替代"应该被置于";2) 在第(b)款中,插入"如果录音制品上载有版权标记"以替代"录音制品中出现的标记";和 3) 增加了第(d)款。Pub.L.No.100—568,102 Stat.2853,2857.

4. 1988 年《伯尔尼公约实施法案》完全修改了第 403 条。Pub.L.No.100—568,102 Stat.2853,2858.

5. 1988 年《伯尔尼公约实施法案》修改了第 404 条,具体如下:1) 在第(a)款第 2 句,插入"根据第 401 条第(d)款或第 402 条第(d)款的规定,并适用"以替代"为满足第 401 条至第 403 条之规定";2) 在第(b)款中,在语句起始处插入"对于在 1988 年《伯尔尼公约实施法案》生效日之前通过版权人的授权公开发行的复制品和录音制品,"。Pub.L.No.100—568,102 Stat.2853,2858.

6. 1988 年《伯尔尼公约实施法案》修改了第 405 条,具体如下:1) 在第(a)款中,在首句起始处插入"对于在 1988 年《伯尔尼公约实施法案》生效日之前通过版权人的授权公开发行的复制品和录音制品,遗漏规定的版权标记",以替代"规定的版权标记的遗漏";2) 在第(b)款,在首句"遗漏"后插入"于 1988 年《伯尔尼公约实施法案》生效日之前通过版权人授权公开发行";3) 修改该条标题,在末尾处加入"对于某些复制品和录音制品"。Pub.L.No.100—568,102 Stat.2853,2858.

7. 1988 年《伯尔尼公约实施法案》修改了第 406 条,具体如下:1) 在第(a)款首句起始处,插入"对于在 1988 年《伯尔尼公约实施法案》生效日之前通过版权人授权公开发行的复制品和录音制品,";2) 在第(b)款"发行"之后插入"在 1988 年《伯尔尼公约实施法案》生效日之前";3) 在第(c)款,在"公开发行"之后插入"在 1988 年《伯尔尼公约实施法案》生效日之前",并在"405"之后插入"在 1988 年《伯尔尼公约实施法案》生效日之前";4) 修改条款标题,在末尾处加入"对于某些复制品和录音制品"。Pub.L.No.100—568,102 Stat.2853,2858.

8. 1988 年《伯尔尼公约实施法案》修改了第 407 条,删除第(a)款的"版权通知"。Pub.L.No.100—568,102 Stat.2853,2859.

9. 1988 年《伯尔尼公约实施法案》修改了第 408 条,删除第(a)款第 2 句起始处的"根据第 405 条第(a)款之内容"。Pub.L.No.100 568,102 Stat.2853,2859.法案修改了第 408 条第(c)款第(2)项,插入"下列条件"以替代"所有以下条件",并且删除第(A)目,将第(B)目和第(C)目分别重新指定为第(A)目和第(B)目。1992 年《版权更新法案》修改了第 408 条,修正了第(a)款首句,前述"版权或任何专有权利的所有者"。Pub.L.No.102—307,106 Stat.264,266.

2005 年《艺术家权利和防盗窃法案》修改了第 408 条,增加新的第(f)款。Pub.L.No.109—9,119 Stat.218,221.

10. 1992 年《版权更新法案》修改了第 409 条,增加了最后一句。Pub.L.No.102—307,106 Stat.264,266.

11. 1988 年《伯尔尼公约实施法案》修改了第 411 条,具体如下:1) 在第(a)款,在"客体"之前插入"除了对于起源国不是美国的《伯尔尼公约》作品版权的侵犯行为以外,并且";2) 第(b)款第(2)项,在"作品"后插入",如果第(a)款要求";3) 在标题中插入"和侵犯行为"

以替代"作为侵权诉讼的先决条件"。Pub.L.No.100—568,102 Stat.2853,2859.

1990 年《视觉艺术家权利法案》修改了第 411 条第(a)款,在"美国"之后插入"在第 106A 条第(a)款下侵犯作者权利的行为"。Pub.L.No.101—650,104 Stat.5089,5131.在 1997 年,完全修改了第 411 条第(b)款第(1)项。Pub.L.No.105—80,111 Stat.1529,1532.

《世界知识产权组织版权、表演和录音制品条约实施法案》修改了第 411 条第(a)款的首句,删除"对于起源国不是美国的《伯尔尼公约》作品版权的侵犯行为,并且",在"无侵权行为"之后插入"美国"。Pub.L.No.105—304,112 Stat.2860,2863.

2005 年《艺术家权利和防盗窃法案》修改了第 411 条第(a)款,在首句"应被提起直到"后插入"预先注册"。Pub.L.No.109—9,119 Stat.218,222.

2008 年《知识产权的优化资源和组织法案》修改了第 411 条的标题,插入"民事",新的标题是"注册和民事侵权诉讼"。Pub.L.No.110—403,122 Stat.4256,4257.也修改了第(a)款,在首句和第 2 句中"诉讼"前加入"民事"。Id.将第(b)款重新指定为第(c)款,并增加新的第(b)款。Id.at 4257—58.法案也修改了新指定的第(c)款,并移除第 509 条(被废止)之参考。Id.at 4257—58.

12. 1990 年《视觉艺术家权利法案》修改了第 412 条,在"除了"之后插入"根据第 106A 条第(a)款对作者权利造成侵犯的诉讼案件"。Pub.L.No.101—650,104 Stat.5089,5131.

2005 年《艺术家权利和防盗窃法案》修改了第 412 款,在"第 106A 条第(a)款"之后插入之前第(1)项的内容。Pub.L.No.109—9,119 Stat.218,222.

2008 年《知识产权的优化资源和组织法案》修改了第 412 条,做出一致性变动,用"第 411 条第(c)款"替代"第 411 条第(b)款"。Pub.L.No.110—403,122 Stat.4256,4258.

第 5 章　侵犯版权和救济

条　目

§501　侵　犯　版　权[3]

（a）任何人侵犯了任何专有权利，包括版权人的权利（第 106 条至第 122 条规定），或作者[第 106A 条第（a）款规定]权利，或违反第 602 条的规定，向美国进口复制品或录音制品，视情况而定，就是版权或者作者权利的侵权人。根据本章，除了第 506 条的规定，任何涉及的版权应被认为包括第 106A 条第（a）款授予的权利。在本款中，"任何人"包括美国所有的州政府，所有政府特殊职能机构，所有官员、雇员或政府组织中的自由职业人。所有州、特殊职能机构、官员或雇员应按同样的方式服从本法的规定，在某种程度上任何非政府组织按同样的方式服从本法的规定。

（b）版权范围内专有权利的合法版权人或受益版权人，根据第 411 条的规定,有权对其作为权利人的期间内侵犯该项权利的行为提起诉讼,法庭可以要求该版权人递交一份诉讼的书面通知,同时递交一份版权局的档案或其他能够表明版权利益所属的材料的副本,还应要求把这一诉讼通知发给在案件的裁定中利益可能受到影响的版权人。法庭应该允许并且可以要求具有或要求承认版权利益的任何人进行联合诉讼。

(c) 根据第 111 条第(c)款的规定,任何通过有线系统转播作品的表演或展示,凡可被视为侵权行为而提起诉讼的转播行为,如果转播是在广播电视台当地服务区内,根据本条第(b)款,持有播送或表演这部作品同一版本的版权或其他许可证的广播电视台应被视为合法版权人或受益版权人。

(d) 根据第 111 条第(c)款第(3)项的规定,任何通过有线系统对作品的转播,凡可被视为侵权行为而提起诉讼的,下列播送单位也应有权提出控告:(i) 播送被有线系统更改的首播者;(ii) 在当地服务区内进行转播的任何广播电台。

(e) 根据第 119 条第(a)款第(5)项的规定,任何通过卫星运营商转播首播作品的表演或展示,凡可被视为侵权行为而提起诉讼的,如果转播是在网络电台当地服务区内,根据本条第(b)款,持有播送或表演这部作品同一版本的版权或其他许可证的网络电台应被视为合法版权人或受益版权人。

(f) (1) 根据第 122 条的规定,任何通过卫星运营商转播首播的作品表演或展示,凡可被视为侵权行为而提起诉讼的,如果转播是在广播电视台当地服务区内,根据本条第(b)款,持有播送或表演这部作品同一版本的版权或其他许可证的广播电视台应被视为合法版权人或受益版权人。

(2) 对任何拒绝传播电视广播信号的卫星运营商[第 122 条第(a)款第(2)项规定],广播电视台可对其提起民事诉讼,根据 1934 年颁布的《通信法》第 338 条第(a)款的规定执行广播电视台所拥有的权利。

§502 侵犯版权救济:法庭强制令

(a) 任何法庭,若拥有对民事诉讼案件(根据本法提出)的司法管辖权,则根据第 28 编第 1498 条的规定,需要在其认为合理的时期发出临时的或最后的强制令,以预防或制止侵犯版权行为的发生。

（b）任何这样的强制令都可向美国任何地方的当事人发出。强制令应在全美国有效,由对该人拥有司法管辖权的任何美国法庭,通过蔑视法庭诉讼程序或其他程序强制执行。当受理执行此项强制令案件的任何其他法庭提出要求时,发出强制令的法庭书记员应该立即将其办公室档案中,所有有关该案件的文件的副本,在经过验证后送交该法庭。

§503　侵犯版权救济：对侵犯版权物品的没收和处理[4]

（a）（1）法庭在基于本编的诉讼案件尚未做出裁定的任何时候,可在其认为合理的时期,依法没收下列物品——

（A）所有被视为侵犯版权人的专有权利而制作或使用的复制品或录音制品；

（B）所有用来复制这些复制品或录音制品的印版、字模、纸型、原版、录音带、影片底片或其他物品；

（C）此类侵权行为涉及的记载着相关物品的生产、销售或收据（发票）的记录,其前提是基于本分段的被掌握的记录必须由法庭保管。

（2）关于发现和使用根据第（1）项第（C）目没收的记录,法庭应正式提出一个适当的保护法令,以发现并使用这些扣押记录或信息。这项保护法令应建立适当的诉讼程序来保障这些记录中私密的、个人的、专有的或享有特权的信息没有被不合理地泄露或使用。

（3）所有依照第（1）项第（C）目没收的记录应根据《商标法》第34条第（d）款第（2）项至第（11）项的相应条款进行处理,而不受《联邦民事诉讼规则》第65条的约束。《商标法》第34条第（d）款第（2）项至第（11）项和该法案第32条中涉及的内容应作为本法第501条的参考和补充。在销售、要约销售、商品或服务销售过程中涉及的假冒商标的行为,应被认为是对版权的侵犯。

（b）作为最终裁定的一部分,法庭可用命令形式销毁或用其他合理办法来处理所有侵犯版权人的专有权利所使用的复制品或录音制品,以及所有用来复制这些复制品或录音制品的印版、字模、纸型、原版、录音带、影片底片或其他物品。

§504　侵犯版权救济：损害赔偿和利润[5]

（a）总论——除本编另有规定外，版权侵权人有责任赔偿——

（1）版权人的实际损失以及第（b）款所规定的版权侵权人的任何额外的利润；或

（2）第（c）款所规定的法定损害赔偿。

（b）实际损害赔偿和利润——版权人有权要求赔偿其由于版权受到侵犯所蒙受的实际损害，以及版权侵权人由于侵犯其版权所获得的没有计算在实际损害中的利润。在确定版权侵权人的利润时，只要求版权人提供有关版权侵权人的总收入的证据，版权侵权人可以提出其可扣除的费用，或由于有版权的作品以外的其他因素所获得利润的证明。

（c）法定损害赔偿——

（1）除本款第（2）项另有规定外，在最终裁定做出以前的任何时候，版权人可提出放弃对其实际损失和利润进行赔偿，要求获得诉讼中涉及的任何一部受侵犯作品的版权的法定损害赔偿。提出赔偿的作品可以是受到单人侵权，也可以是受到两个或多个侵权人联合或分别侵权，此项法定损害赔偿的金额，总计不低于 750 美元，最多不超过 3 万美元，由法庭酌情判定。赔偿金可以由任何一个侵权人单独承担，或者由任何两个或两个以上的侵权人共同承担。根据本款进行的诉讼，一部汇编作品或演绎作品的所有部分构成一部完整作品。

（2）在版权人承担举证责任的情况下，如果法庭判定为故意侵犯版权，法庭可酌情裁定将法定损害赔偿金增加到不超过 15 万美元的数额。在版权侵权人承担举证责任的情况下，如法庭判定这个版权侵权人不知道也没有理由认为其行为构成对版权的侵犯，法庭可酌情裁定将法定损害赔偿金减少到不少于 200 美元的数额。在任何情况下，如果一个版权侵权人相信并有合理理由认为，根据第 107 条的规定，其对有版权作品的使用是合理使用，法庭应豁免法定损害赔偿金，但该版权侵权人应属于以下范围：（i）一个非营利的教育机构、图书馆或档案馆的雇员或代理人在其工作范围内，或这类教育机构、图书馆或档案馆本身，由于把著作复制成复制品或录音制品而侵犯了版权；或者

(ii) 一个公共广播台或一个人,作为公共广播台的非营利活动的经常参与者〔如第 118 条第(g)款所规定的〕,演出一部已出版的非戏剧性文学作品或复制包含这一作品的表演的广播节目而侵犯了版权。

(3)(A) 在侵权案件中,如果侵权人或其从犯在知情的前提下,给注册者、档案室或其他权威的、负责注册、维护或更新侵权相关域名的注册部门提供或被迫提供大量错误的联络信息,这种行为可以推定为出于减轻判刑目的的故意行为。

(B) 在本款规定中被认为是故意侵权的行为不受本项限制。

(C) "域名"在本项规定中表示的含义应根据 1946 年 7 月 5 日通过的法案中第 45 条的规定,表示"一种为执行国际协议中的某些指定条款,或出于其他目的,在贸易过程中对商标进行注册和保护的行为"。(一般是指 1946 年版的《商标法》;《美国法典》第 15 编第 1127 条。)

(d) 特定案件中的额外损害赔偿——在一个案件中,如果被告声称自己是出于防卫目的而要求根据第 110 条第(5)款的规定免除责任,但法庭却没有发现合理证据证明其侵犯版权的行为可根据相应条款免除责任,则原告可以根据本款的规定,对被告提出附加的损害赔偿要求,附加赔偿费用相当于许可费用的两倍,并在三年之内支付全部赔偿。

§505 侵犯版权救济:诉讼费和律师费

在任何根据本编规定进行的民事诉讼中,法庭可酌情裁定允许由除美国或美国官员以外的任何一方当事人负担全部诉讼费。除本法另有规定外,法庭还可裁定将合理的律师费作为诉讼费的一部分,由败诉方偿还给胜诉方。

§506 刑 事 犯 罪[6]

(a) 刑事侵权——

(1) 总论——如果侵犯版权的行为满足下列条件,则任何故意侵犯版权的人,应按第 18 编第 2319 条规定进行处罚——

(A) 出于商业目的或为私人谋利;

(B) 在 180 天内对 1 部或多部总零售价超过 1 000 美元的版权作品,包括

复制品和录音制品,进行了一次或多次复制或发行,包括电子手段进行的复制和发行;或者

(C) 准备用作商业用途的作品传播,在已知或应知作品将用作商业目的的前提下,将作品在互联网上公开。

(2) 证据——根据本款规定,复制或发行版权作品的证据本身不足以证明故意侵犯版权行为的成立。

(3) 定义——在本款中,"出于商业目的"指的是——

(A) 未经授权且同时满足下列两项条件的对下列内容的发行:计算机程序、音乐作品、电影或其他音像作品,以及录音制品。

(i) 版权人对商业发行有适度的预期;并且

(ii) 作品的复制品或录音制品此前没有经过商业发行。

(B) 对于未经授权进行发行的电影作品,"出于商业目的"指同时满足下列条件的作品——

(i) 电影能够在展示场所观看;并且

(ii) 此前在美国没有面对公众销售电影的复制品,公众无法在展示场所以外的地方观看电影。

(b) 没收、销毁和物归原主——与本款规定有关的没收、销毁和物归原主应根据第 18 编第 2323 条的规定、本条的内容和其他任何同类的救济来进行依法处罚。

(c) 欺骗性版权标记——任何人在已知假冒的前提下,出于欺骗的目的在任何物品上加上仿冒的版权标记或类似字样;或者,任何人出于欺骗的目的公开发行或者为了公开发行而进口任何载有这种仿冒的标记或类似字样的物品,应处以不高于 2 500 美元的罚款。

(d) 欺骗性移除版权标记——任何人出于欺骗的目的移除或更改享有版权的作品上的任何版权标记,应处以不高于 2 500 美元的罚款。

(e) 仿冒说明——任何人在申请第 409 条规定的版权注册时,或者在与这项申请有关的任何文字说明中,故意地对具体事实进行仿冒说明,应处以不高于 2 500 美元的罚款。

(f) 归属权和保护作品完整权——本条中的全部规定不适用于对第 106A

条第(a)款所授权利的侵权行为。

§507 诉讼时效[7]

(a) 刑事诉讼——除非在本编中有特殊规定,根据本法规定,刑事诉讼必须在引起诉讼的情况发生后的 5 年内开始,否则,诉讼不能成立。

(b) 民事诉讼——根据本法规定,民事诉讼必须在提出权利主张后 3 年内开始,否则诉讼不能成立。

§508 起诉和裁定的通知

(a) 在根据本法提出任何诉讼后一个月之内,美国法庭的书记官应向版权注册处发出书面通知,按照法庭的档案文件列出诉讼各方当事人的姓名、住址以及诉讼涉及的每个作品的名称、作者和注册号码。如果此后由于改正、答辩或其他辩护,在诉讼中又涉及任何其他有版权的作品,法庭书记官也应在辩护提出后的一个月内就此事向版权注册处发出通知。

(b) 在案件的最终裁定或判决宣布后的一个月内,法庭书记官应将此事通知版权注册部门,同时还应将该裁定或判决的副本连同通知一起发出。如果法庭有裁定理由书,也应一并发出。

(c) 版权注册处收到本条所述的通知以后,应将通知归入版权局的公开档案。

§509 [废 除][8]

§510 更改有线系统节目的救济[9]

(a) 任何根据第 111 条第(c)款第(3)项的规定提起的诉讼,应采取下列救济:

(1) 由第 501 条第(b)款或第(c)款指明的诉讼当事人提起的诉讼,可采取第 502 条至 505 条和本条第(a)款规定的救济;并且

(2) 由第 501 条第(d)款指明的诉讼当事人提起的诉讼,可采取第 502 条和第 505 条规定的救济,对由于侵犯版权而使这一方遭受的实际损害,还可采

取本条第(b)款规定的救济。

(b) 对任何根据第 111 条第(c)款第(3)项规定提起的诉讼,法庭可裁定暂时吊销这种有线系统载有一个或数个远程信号的法定许可证,期限不超过 30 天。

§511　各个州的责任、各个州的机构以及官员违反版权法的规定[10]

(a) 总论——美国的任何州,任何州政府的机构及其工作人员在行使职权时若违反第 106 条至第 122 条规定而侵犯版权人的任何专有权,违反第 602 条规定而进口复制品或录音制品,或进行任何其他违反本编规定的行为,根据《美国宪法第十一次修正案》和其他主权豁免权原则,其将不能免于受到任何人,包括政府或非政府机构在联邦法庭的起诉。

(b) 救济——如第(a)款所述,对违反行为的诉讼中,救济(包括根据法律救济和平衡救济)对于同等程度的诸如除各个州、州政府机构以及官员在其职能范围之内的针对公共或私有机构的侵犯的诉讼同样适用。这些救济包括第 503 条所述对于侵权物品的扣押和处置,第 504 条所述实际损害赔偿、利润和法定损害赔偿,第 505 条所述诉讼成本和律师费,以及第 510 条所述救济。

§512　和网上材料相关的责任限制[11]

(a) 临时数字网络传播。若服务供应商通过其控制或运营的系统或网络,将材料传输、发送或提供连接,或在此类传输、发送或提供连接的过程中将该材料中转或临时存储,除去第(j)款的规定,且符合下列条件,则出于上述两种原因侵犯版权的服务供应商将不承担任何货币救济或强制救济或其他平衡救济——

(1) 材料传输的发起方或接收者是除服务供应商之外的人;

(2) 传输、发送、提供连接或存储是经由自动技术程序,而非服务供应商对于材料的选择;

(3) 服务供应商除了对其他人的要求自动回应外,并未挑选材料接收者;

(4) 在该中转或临时存储过程中,服务供应商并未在系统或网络上以一种除预期接收者之外的其他人可以正常获取的方式对材料进行复制,系统或

网络中也不存在对该预期接收者可以正常获取的方式而言超过传输、发送或提供连接的合理必要时间的该类复制品;并且

(5) 经由系统或网络传输的材料内容未经修改。

(b) 系统缓存——

(1) 责任权限——在以下情况下为自身服务发展在其控制或运营的系统或网络上中转或临时存储材料,除去第(j)款的规定,出于上述原因侵犯版权的服务供应商将不承担任何货币救济或强制救济或其他平衡救济——

(A) 材料是通过其他人而非服务供应商从网上获得的;

(B) 第(A)目所述个人经由系统或网络,将材料传输至除第(A)目所述个人之外的其他人;并且

(C) 储存是由自动的技术运行并旨在使系统和网络上的用户能够使用,或者该网络,在如第(B)目所述传输该材料之后,要求连接到第(B)目所述之人的材料处,如果符合第(2)项的规定。

(2) 条件——第(1)项中提到的条件是——

(A) 第(1)项中描述的材料被传输给后继用户[如第(1)项第(C)目所述],材料来自第(1)项第(A)目中规定的个人,材料内容未经修改;

(B) 当某人根据有关系统或网络的通用产业标准数据传输协定在网络上提供材料,并且该人制定了有关材料的更新、重新下载或其他升级的规则,则第(1)项所述的服务供应商,应当遵守这些规则,除本目之外,适用于当且仅当这些规则不被第(1)项第(A)目中规定的某人用于阻止或不合理地损害本款适用的中间存储的情况;

(C) 服务供应商不干涉与材料有关的技术能力,可以将信息返回给第(1)项第(A)目所述该人,信息可以被第(1)项第(C)目规定的后继用户直接从该人处获得,除此之外,当且仅当该技术满足如下条件时,本目适用——

(i) 没有明显干扰供应商的系统或网络的运行,或与之相关材料的中间存储;

(ii) 与通常接受的产业标准通讯协定一致;

(iii) 除第(1)项第(A)目所述个人可获得信息之外,没有从供应商系统或网络中抽取信息,如果后继用户已经直接从该人处获得了进入途径。

(D) 如果第(1)项第(A)目所述个人需要在获得该材料之前符合某项条件,例如基于费用的支付、密码条款或其他信息,服务供应商仅仅允许达到并且遵守相关条件的系统用户或网络用户获取该存储材料的重要部分;并且

(E) 若第(1)项第(A)目中描述的某人在未经材料的版权人允许的情况下在网上提供这些材料,服务供应商迅速做出反应,删除或禁止访问这些被确认为侵犯第(c)款第(3)项通知的材料,除了当本项规定适用于如——

(i) 该材料已从先前的初始发布网站删除或访问已被禁用,或者法庭已经下令,该材料须从初始发布网站删除,或须禁止访问原始站点的材料;及

(ii) 当事方发表的通知中包括一份声明,证实该材料已从先前的初始发布网站删除,或已禁用对其的访问,或法庭命令对该材料须从初始发布网站删除或禁止访问该初始发布网站。

(c) 依靠系统或网络在用户方向的信息——

(1) 总论——服务供应商在用户方向存储材料,该材料属于服务供应商为其自身服务发展而控制或运营的系统或网络,除去第(j)款的规定,出于上述原因侵犯版权的服务供应商将不承担任何货币救济或强制救济或其他平衡救济——

(A) (i) 针对系统和网络上的材料,或使用这种材料时,侵犯版权没有实际认知;

(ii) 缺乏这样的实际认知,没有意识到那些事实或情形是明显的侵权;或

(iii) 在获得这样的认知或认识的情况下,已经尽快删除或禁止访问这些材料;

(B) 没有因侵权行为直接获利,在此类情况中,服务供应商有权利和能力控制与这种活动直接相关的侵权活动;及

(C) 根据第(3)项所述的侵权索赔通知,尽快删除或禁止访问被认定为侵权的或成为侵权活动主体的材料。

(2) 指定代理。——只有当服务供应商指定代理人收到第(3)项所述的侵权通知时,本款规定的赔偿责任限制才适用于该服务供应商。通过其服务,包括公众可获取的网站位置可以被访问,并且向版权局提供以下充分信息:

(A) 代理人的名字、地址、电话号码和电子邮箱;

(B) 其他版权注册处认为必要的联系信息。

版权注册处应保持一个能为公众提供查阅目录的代理机构,包括通过因特网,以电子形式和复印件形式的查阅目录,并且可以要求服务供应商支付费用,以维持该目录。

(3) 通知的要素。——

(A) 要使本款有效,一份侵权索赔通知必须是一份书面的文件,这份文件提供给一个服务供应商的指定代理,其应包括下列详细内容:

(i) 被授权对象的一份物理的或电子的签名,该对象代表一个据称遭到侵权的专有权权利人。

(ii) 对声明被侵权的版权作品进行确认,或者,如果一份通知保护多个在线网站上的受版权保护的作品,那么这些作品的代表名单应在该网站上列明。

(iii) 对声明被侵权或成为侵权活动主体的材料进行确认,并且这些材料将被移除或被禁止访问,并且信息足以让服务供应商确认这些材料侵权。

(iv) 信息合理并且充分,可以允许服务供应商联系投诉方,如地址、电话号码,而且,如果能提供的话,可以提供联系起诉方的电子邮箱。

(v) 起诉方具有充分的理由相信材料的使用没有获得版权人、代理人,或者法律授权的一份声明。

(vi) 一份声明明确表明,通知中的信息是准确的,并根据伪证处罚,该投诉方有权代表声称遭到侵犯的专有权人采取行动。

(B) (i) 根据第(ii)段,未能实质上遵守第(A)目规定的版权人或被授权代表版权人采取行动之人发出的通知,在判定服务供应商是否拥有判断显而易见的侵权活动的实际认知或是否清楚相关事实时,不应被认作符合第(1)项第(A)目的规定。

(ii) 在提供给服务供应商的指定代理人的通知不满足第(A)目中所有的条款,但实质上满足第(A)目的第(ii)段、第(iii)段和第(iv)段的规定的情形下,当且仅当服务供应商试图迅速联系该通知的发出方或采取其他合理步骤,以协助收到实质上符合第(A)目所有条款的通知时,第(i)段仅适用于此情况。

(d) 信息定位工具——服务供应商利用包括目录、索引、引用、指示或超文本链接在内的信息定位工具将用户导向另一个包含侵权材料或侵权行为的链接地址,除去第(j)款的规定,出于上述原因侵犯版权的服务供应商,如果满足以下条件,将不承担任何货币救济或强制救济或其他平衡救济的责任——

(1)(A) 没有关于这份材料或活动是否侵权的实际认知;

(B) 缺乏是否侵权的实际认知,不清楚在哪些事实或情形下是明显的侵权活动;或

(C) 在认识或意识到侵权时,尽快地删除或禁止访问这些材料。

(2) 在服务供应商有权利和能力控制与这种活动直接相关的侵权活动时,没有因侵权活动直接获利;及

(3) 在第(c)款第(3)项描述的侵权活动中,尽快地删除或禁止访问被认定为侵权的材料,或成为侵权活动主体的材料,此外,根据本项第(c)款第(3)项第(A)目第(iii)段中的信息,应被视作对据称侵权的材料的引用或链接,这些材料应被删除或禁止访问,并且信息足以让服务供应商找到这些引用或链接的准确位置。

(e) 关于非营利教育机构责任的限制——

(1) 当一家公共或其他高等教育非营利机构为服务供应商时,或当这些机构的雇佣教师或研究生正在进行教学或研究时,根据第(a)款和第(b)款的规定,这些教师或学生应视作一个个人而不代表该机构,并且根据第(c)款和第(d)款的规定,这些教师或这些研究生知道或意识到其侵权行为并非自己所处机构所为,如果——

(A) 教师或研究生为了在这些机构中讲授的某一门课程而侵权,且不涉及那些被要求或被建议在之前 3 年仅提供在线获取方式的教材;

(B) 在之前的 3 年时间中,该机构没有接到 2 个以上声称该教师或研究生侵权的通知[第(c)款第(3)项规定],并且根据第(f)款,此类声称侵权的通知并非可诉的;并且

(C) 这个机构给所有用户提供它的系统或者是网络信息资料,这些资料应准确描述,并促进对美国的与版权相关的法律条文的遵守。

(2) 根据本款,包含于第(j)款第(2)项和第(j)款第(3)项的禁令救济的限制应适用,但是不包括第(j)款第(1)项的。

(f) 歪曲——任何人在知情情况下对作品做出实质改变,包括以下情况:

（1）该材料或者活动侵权，或者

（2）该材料或者活动被移除或者被过失损毁或错误定义，

都应该对这些损害负责，包括诉讼费和律师费用，这些费用是由被指称的侵权者，或者任何版权人或版权人授权的许可人，或因该项失实陈述而受损害的服务提供商所招致的，该项服务的提供商依赖此种失实陈述，以删除或禁用对声称是侵权的材料或活动的访问，或替换已删除的材料或停止对其的访问。

（g）移除或者禁止访问的材料的替代和其他责任的限制——

（1）一般无权撤除责任——除第（2）项另有规定外，服务供应商不应因服务商的诚信而对声称侵权的材料或活动，或根据侵权行为是显而易见的事实或情况而对任何索赔人承担任何赔偿责任，不管这种材料或行为最终是否被认定为侵权。

（2）例外——第（1）项不适用于服务供应商的用户指示的材料，该材料在服务供应商控制或操作的系统或网络上，或者由服务供应商根据第（c）款第（1）项第（C）目提供的公告而移除或禁止访问，除非服务供应商：

（A）按照合理的步骤立即通知订阅者移除或者禁止访问该材料。

（B）根据收到的第（3）项所述的反向通知，立即根据第（c）款第（1）项第（C）目提供给通知的发出者一份反向通知的副本，并告知将替换移除的材料，或在 10 个工作日内禁止访问，并且

（C）在接到反向通知的 10—14 个工作日内替换被移除的材料并且解除对访问的禁止，除非他的指定代理商先接到通知发出者的通知［据第（c）款第（1）项第（C）目］，表示他已经向法庭提出诉讼以此来阻止订阅者进行与服务供应商的系统材料或网络材料有关的侵权活动。

（3）反向通知内容——为了在本款下有效可行，反向通知必须是一份发给服务供应商指定代理商的书面通知，主要包括：

（A）订阅者的手写签名或电子签名。

（B）确认材料被移除或者禁止访问，以及被移除或访问被禁止之前，该材料所在的位置。

（C）一份关于伪证惩罚的声明，表明此订阅者确信由于失误或者对材料的判断错误而移除或禁止访问该材料。

（D）订阅者的姓名、地址、电话号码和一份接受在此地址管辖区域的联邦地区法庭的司法裁定的声明，如果订阅者的地址不在美国，则要指出一个服务供应商可以找到的司法管辖区，并且，订阅者接受根据第（c）款第（1）项第（C）目发出通知的人或者此人的代理人的传票送达。

（4）其他责任的限制——遵守第（2）项规定的服务商供应商不应就第（c）款第（1）项第（C）目中规定的通知所确认材料侵犯版权而承担版权侵权责任。

（h）涉及侵权人的传票——

（1）要求。——任何版权人，或者被授权代表版权人执行的代理人都有权根据以下条款，向美国任何法庭的工作人员申请向服务供应商发出传票以确认所谓的侵权人。

（2）要求的内容。——以下要求需要提交给工作人员——

（A）一份第（c）款第（3）项第（A）目所述的通知的副本；

（B）一份提议的传票；和

（C）一份宣誓过的声明，表明发出传票的目的只是为了确认侵权人，并且这些信息仅在保护本款有关权利时使用。

（3）传票的内容——传票应该授权并且命令服务供应商接受通知，并且传票应迅速向版权人或者版权人的授权者提供通知提及的材料的充足信息以确认是否侵权，并保证这些材料对于服务供应商也是可获得的。

（4）授予传票的准则——如果提交的通知满足第（c）款第（3）项第（A）目的规定，提议的传票格式合适，伴随的声明也已生效，工作人员应该立即发出传票并签署提议的传票，并且把它返还给申请人以便申请人将其递送给服务供应商。

（5）服务供应商在接到传票后的行为——尽管有其他法律规定，并且无论服务供应商是否回应通知，在接到一份签署的传票，和一份无论是伴随而来，还是随后而来的根据第（c）款第（3）项第（A）目发出的通知，服务供应商都应立刻向版权人或版权人的授权人提供传票所述的信息。

（6）传票的适用规则——除非本条或法庭的适用规则另有规定，发出和递送传票的程序，以及未遵守传票的救济，都在《美国联邦民事诉讼规则》中有强制性规定，该法规定了传票的发出、生效和强制出庭。

（i）资格条件——

（1）技术调解——本条确立的对责任的限制，应适用于服务供应商，仅当此服务供应商——

（A）通知订阅者和服务供应商系统或者网站的账户持有人，已经调整并且合理执行一项政策，此政策有效终止订阅者和服务商系统或者网站的账户持有人的再次侵权，并且

（B）调解且不与标准技术措施相冲突。

（2）定义——本条中，"标准技术措施"意指版权人使用的以确认或保护版权作品的技术措施，并且——

（A）被大多数版权人和服务供应商所认可，其使用过程是开放、公平、无偿、且是可以多种方式经营的；

（B）在合理且无歧视的情况下，任何人都可获得；并且

（C）不会向服务供应商收取巨额费用，或是对其系统或网络产生巨大负担。

（j）强制令——针对不受制于本条货币补偿规定的服务供应商，以下规定应适用于任何第 502 条规定下的强制令的诉讼。

（1）救济范围。——（A）关于设置除第（a）款外的救济的资格限制，法庭可以授予下列一种或多种形式的关于服务供应商的强制救济：

（i）一项关于服务供应商下属系统或网络的某特定在线网站的活动，以及侵权材料的访问权限限制的命令；

（ii）一项针对服务供应商的系统或网络的用户或账户持有人中从事侵权活动并已在命令中确认的命令，该命令通过终止在命令中详述的用户或账户持有人的账户，限制服务供应商向其用户或账户持有人提供准入服务；

（iii）其他法庭认为必要的强制救济，以防止或抑制已在特定网络位置的对受版权保护的材料的侵犯（在法庭命令中详述），如果这种救济是在为此目的同等的有效救济形式中对于服务供应商负担最少的。

（B）如果服务供应商对第（a）款中所述的救济的限制具有资格，法庭可以仅授予以下一种或两种形式的强制救济：

（i）一项关于以下情况的命令：服务供应商的系统或网络用户或账户持有人，使用供应商的服务从事侵权活动并已通过命令确认，通过终止在命令中

详述的用户或账户持有人的账户,限制服务供应商向其用户或账户持有人提供准入服务。

(ⅱ) 一项通过采取符合命令的合理步骤,控制服务供应商提供准入服务,以阻止访问某具体的、确定的、美国以外的在线位置的命令。

(2) 注意事项——法庭在考虑适用法律强制救济的有关准则时,需考虑到——

(A) 该项强制令——无论是独立的,或结合其他根据本款针对同一服务供应商的强制令——是否会大大增加供应商或其网络、系统运行的负担;

(B) 如果不采取措施防止或制止侵权,在数字网络环境下的版权人可能蒙受危害;

(C) 此类强制令的实施是否在技术上可行、有效,且不会干预在其他在线位置上获得的非侵权材料;以及

(D) 是否有其他较简便且同样有效的手段,以防止或制止获得侵权材料。

(3) 通知和单方面命令——除了确保保留证据的命令,或其他对服务供应商的通信网络运作无重大不利影响的命令之外,本条规定的强制救济,还应仅在通知过服务供应商并向服务供应商提供出庭机会之后有效。

(k) 定义——

(1) 服务供应商——(A)第(a)款中使用的术语"服务供应商",表示一个组织,其经由用户指定的路径提供传输、发送,或提供在线数字传播连接,且用户选择的材料在发送或接收时内容不被修改。

(B) 本条除第(a)款以外使用的术语"服务供应商",意指在线服务或网络访问的提供者,或为在线服务或网络访问提供设施的运营商,并包括第(A)目所描述的组织。

(2) 货币救济。——本条使用的术语"货币救济"指损害赔偿、诉讼费用、律师费,以及任何其他形式应由货币支付的费用。

(l) 不受影响的其他辩护——如果服务供应商的行为在此条款或任何其他辩护中不涉及侵权,服务供应商的行为未能满足本条规定的责任限制,那么服务供应商不应承担其辩护的补偿费用损失。

(m) 对隐私的保护——本条规定的任何内容不得被解释为第(a)款至第

（b）款在以下情况的适用条件——

（1）服务供应商监控其服务，或确定不疑地寻求除了与第（i）款规定的标准技术措施监测程度一致的其他表明侵权活动的事实；以及

（2）在被法律明令禁止的情况下，服务供应商访问、删除或禁止访问材料。

（n）解释——在本条中，第（a）款、第（b）款、第（c）款和第（d）款描述的内容各自独立。无论服务供应商是否适用上述各款中的任何一个赔偿责任的规定，都应完全根据该款的标准，且不得影响判定该服务供应商是否满足其他各款中的赔偿责任规定。

§513　个体经营者合理许可费用的判定[12]

在表演权利协会服从于同意令（该令规定由表演权利协会决定合理的许可费率或费用）却对相关条款进行上诉的情况下，一个拥有或经营7个以下公开表演非戏剧性音乐作品的非公开交易场所，且认为表演权利协会提供的任何许可协议在许可费或版税率相关的问题上不合理的个体经营者，在确定合理的许可费率或费用上，尽管有同意令的规定，都应当享有如下权利：

（1）个体经营者可以通过向第（2）项所述的适用地方法庭提交一份说明版税率存在分歧的申请，并送达关于表演权利协会的申请书副本，着手判定合理许可费或版税率的诉讼。这些诉讼应在该副本生效之后的90天之内，由可适用的地方法庭着手办理，除非这种90天的规定受该法庭的行政规定的限制。

（2）在个体经营者的选举中，第（1）项规定的诉讼应在拥有适用同意令司法管辖权的地方法庭的司法管辖区进行，或在"个体经营者所属联邦巡回法庭（而非联邦巡回上诉法庭）的所在地"的地方法庭开庭处进行。

（3）此类诉讼应由对管理着表演权利协会的同意令拥有管辖权的法院法官审理。由法院自行决定，上述诉讼由一个法官特别助理或上述法官任命的地方法官审理。如果该同意令出于某些目的考虑，设一个或多个法庭顾问职位，则任何此类顾问都应是由法庭指定的法官特别助理。

（4）在任何上述法律诉讼中，应假定产业率在被法庭裁定或许可之前已经是合理的。关于"个体经营者是否适用该版税率"的假设不得以任何方式影

响裁定。

（5）待这些诉讼完成后，当数额相当于行业增长率的最终收费或版税率已确定，或在产业率缺乏的情况下，由双方商定的最近的许可费或版税率金额已生效，个体经营者在法庭书记员的陪同下向有息托管账户支付临时许可费或版税率后，有权公开执行在表演权利协会清单中所有受版权保护的音乐作品。

（6）出于同意令的司法管辖权对表演权利协会的控制，在此类法律诉讼中，由任何一个第（3）项指定的法官特别助理或地方法官做出的裁定，都应当由法庭法官审查。这种诉讼，包括审查，应当在其生效后 6 个月内结束。

（7）任何此种最终裁定，应只对提起诉讼的个体经营者具有约束力，而不适用于任何其他所有人或任何其他表演权利协会；且在可能已被同意令控制运营的同类音乐用户中，也应免除表演权利协会的非歧视性债务。

（8）本条关于任何一个表演权利协会的同意令对合理许可费或版税率的规定，个体经营者不得起诉超过一次。

（9）根据本条，术语"产业率"意指一个由表演权利协会同意的，或由法庭为个体经营者所属的音乐用户产业的一个重要部门裁定的许可费。

第 5 章　尾注

1. 见尾注 8。

2. 在 1998 年，制定了两条 512 法律条文。首先，1998 年 10 月 17 日颁布了 1998 年《音乐许可公正性法案》。该法案修改了第 5 章，增加了标题为"个体经营者合理许可费用的判定"的第 512 条。Pub. L. No. 105—298, 112 Stat. 2827, 2831. 其次，1998 年 10 月 28 日颁布了《在线侵权责任限制法案》。该法案修改了第 5 章，增加了标题为"和网上材料相关的责任限制"的第 512 条。Pub. L. No. 105—304, 112 Stat. 2860, 2877. 此后，在 1999 年，做了技术上的修改，将标题为"个体经营者合理许可费用的判定"之第 512 条重新指定为第 513 条，并且作了内容的修改以反映该变动。Pub. L. No. 106—44, 113 Stat. 221. 另见下文尾注 12。

3. 1988 年《伯尔尼公约实施法案》修改了第 501 条第（b）款，删除"第 205 条第（d）款和第 411 条"，插入以替代"第 411 条"。Pub. L. No. 100—568, 102 Stat. 2853, 2860. 1998 年《卫星家庭收视法案》修改了第 501 条，增加（e）款。Pub. L. No. 100—667, 102 Stat. 3935, 3957.

在 1990 年，《版权救济澄清法案》修改了第 501 条第（a）款，增加最后的两句。Pub. L. No. 101—553, 104 Stat. 2749. 1990 年《视觉艺术家权利法案》也修改了第 501 条第（a）款，具体如下：1) 在"118"之后插入"或者是第 106A 条第（a）款所述之作者"；2) 删除"版权。"并插入"作者的版权或权利,视情况而定。根据本章除了第 506 条的规定,任何涉及的版权应被认为包括第 106A 条第(a)款授予的权利"以替代。Pub. L. No. 101—650, 104 Stat. 5089,5131.

在 1999 年,对第 501 条第(a)款首句做了技术上的修改,插入"121"以替代"118"。Pub. L. No. 106—44, 113 Stat. 221, 222.1999 年《卫星家庭收视促进法案》修改了第 501 条,增加第(f)款,并在第(e)款中插入"首播作品的表演或展示"以替代"包含作品的表演或展示的首播"。Pub. L. No. 106—113, 113 Stat. 1501, app. I at 1501A—527 and 524.1999 年《卫星家庭收视促进法案》规定第 501 条第(f)款应于 1999 年 7 月 1 日生效。Pub. L. No. 106—113, 113 Stat. 1501, app. I at 1501A—544.

2002 年《知识产权和高科技技术修正法案》修改了第 501 条第(a)款,用"第 106 条至第 122 条"替代"第 106 条至第 121 条"。Pub. L. No. 107—273, 116 Stat. 1758, 1909.

4. 2008 年《知识产权的优化资源和组织法案》修改了第 503 条,完全修改了第(a)款。Pub. L. No. 110—403, 122 Stat. 4256, 4258.

5. 1988 年《伯尔尼公约实施法案》修改了第 504 条第(c)款,具体如下:1) 在第(1)项,插入"500 美元"替代"250 美元",插入"2 万美元"替代"1 万美元";2) 在第(2)项插入"10 万美元"替代"5 万美元",插入"200 美元"替代"100 美元"。Pub. L. No. 100—568, 102 Stat. 2853, 2860.1999 年《数字防盗和版权损害促进法案》修改了第(1)项的第 504 条第(c)款,用"750 美元"替代"500 美元",用"3 万美元"替代"2 万美元",在第(2)项中用"15 万美元"替代"10 万美元"。Pub. L. No. 106—160, 113 Stat. 1774.

2004 年《虚假身份在线识别制裁法案》修改了第 504 条第(c)款,增加新的第(3)项。Pub. L. No. 108—482, 118 Stat. 3912, 3916.

6. 1982 年《盗版和造假修正法案》修改了第 506 条,并用新的第(a)款替代。Pub. L. No. 97—180, 96 Stat. 91, 93.1990 年《视觉艺术家权利法案》修改了第 506 条,增加了第(f)款。Pub. L. No. 101—650, 104 Stat. 5089, 5131.在 1997 年,《禁止电子盗窃法案》(NET)再一次修改了第 506 条,完全修改了第(a)款。Pub. L. No. 105—147, 111 Stat. 2678.法案也指导美国量刑委员会"确保对于被裁定为知识产权犯罪之被告可适用的指导范围……要足够的严厉以威慑该犯罪",并且"对于知识产权犯罪,应确保为考虑知识产权犯罪的数量和该物品零售价值提供指导"。Pub. L. No. 105—147, 111 Stat. 2678, 2680.另见附录 G 中尾注。

2005 年《艺术家权利和防盗窃法案》完全修改了第 506 条第(a)款。Pub. L. No. 109—9, 119 Stat. 218, 220.

2008 年《知识产权的优化资源和组织法案》修改了第 506 条,完全修改了第(b)款。Pub. L. No. 110—403, 122 Stat. 4256, 4260.

7. 在 1997 年,《禁止电子盗窃法案》(NET)修改了第 507 条第(a)款,插入"5"以替代"3"。Pub. L. No. 105—147, 111 Stat. 2678.

8. 2008 年《知识产权的优化资源和组织法案》废除了第 509 条。Pub. L. No. 110—403, 122 Stat. 4256, 4260.为替代该条款,参考《美国法典》第 18 编第 113 章第 2323 条,标题为"罚款,破坏和赔偿"。本卷附录 G 包括第 2323 条。

9. 1999 年《卫星家庭收视促进法案》从语法上修改了第 510 条标题,并在第(b)款中,用"法定的"替代"强制的"。Pub.L.No.106—113，113 Stat.1501，app.I at 1501A—543。

10. 在 1990 年,《版权救济澄清法案》增加了第 511 条。Pub.L.No.101—553,104 Stat.2749.在 1999 年,对第 511 条第(a)款做了技术上的修改,插入"121"以替代"119".Pub.L.No.106—44,113 Stat.221,222.2002 年《知识产权和高科技技术修正法案》修改了第 511 条第(a)款,用"第 106 条至第 122 条"替代"第 106 条至第 121 条"。Pub.L.No.107—273,116 Stat.1758,1909.

11. 在 1998 年,《在线侵权责任限制法案》修改了第 512 条。Pub.L.No.105—304,112 Stat.2860,2877.在 1999 年,做了技术上的修改,删除第 512 条第(e)款第(2)项的标题,即"强制令"。Pub.L.No.106—44,113 Stat.221,222.

12. 1998 年《音乐许可公正性法案》增加了第 513 条。Pub.L.No.105—298,112 Stat.2827,2831.该条最初是作为第 512 条。但是,因为 1998 年颁布了两条 512 法律条文,因此做了技术上的修正,将其重新指定为第 513 条。Pub.L.No.106—44,113 Stat.221.另见上文尾注 2。

第6章 印制规定和进出口[1]

条　目

§601　某些复制品的印制、进口和公开发行[3]

（a）除第（b）款规定外，在1986年7月1日以前，若是英文的或受本法保护的主要由非戏剧性文学材料构成的作品，则禁止将其复制品进口到美国并公开发行，除非那些构成材料已在美国或加拿大发行。

（b）第（a）款不适用于下列情况：

（1）当申请进口或者在美国公开发行之时，该材料的任何主要部分的作者既不是美国国民，也不是美国的定居者，或者该作者虽然是美国国民，但截至上述日期，其在美国国外定居至少已连续一年；如果是雇佣作品，本项关于豁免的规定则不适用，除非作品的主要部分既不是一个美国国民或美国定居者，又不是本国公司或企业的雇主创作的。

（2）向美国海关和边境保护局出示盖有版权局印章的进口声明时，任何该类作品都可允许向美国进口，总数不超过2000份，进口声明应根据请求发给版权人，或发给版权人在按第408条注册作品时或此后任何时候所指定的人。

（3）在美国政府、州政府或州的政治分区政府的准许下，或者为了上述各级政府除在学校以外使用的其他用途而申请的进口。

（4）申请进口是为了使用而不是为了出售——

（A）在一个时间内任何人进口任何作品每次不超过一份；

（B）任何从国外进入美国边境的人所带的复制品是他私人行李的一部分；或者

（C）任何为学术、教育或宗教目的而不是为私人谋利开设的机构，其申请进口的复制品是作为其图书馆图书的一部分。

（5）复制品是用盲文复制供盲人使用的；或者

（6）除本款第（3）项和第（4）项规定的进口的复制品以外，进口任何这种还没有在美国或加拿大印制而在美国公开发行的作品不超过 2 000 份；或者

（7）在申请进口或在美国公开发行之日——

（A）这种作品材料的任何主要部分的作者因转让或者在许可的情况下在美国发行该作品而接受报酬；并且

（B）作品的首次出版是根据作者授予受让人或许可证持有人的转让，可以先在美国以外的地方进行，且该受让人或许可证持有人不是美国国民或定居者、美国公司或企业；而且

（C）没有出版系在美国印制的作品的经授权的版本；而且

（D）根据作者授予的转让或许可，或第（B）目提到的首次出版权利的受让人或许可证持有人授予的转让或许可而制作复制品，而复制权的受让人或许可证持有人不是美国国民或美国定居者、美国公司或企业。

（c）在以下情况下，在美国或者加拿大生产复制品是合法的：

（1）复制品是用已排好的活字版直接印刷，或用由这种活字版制成的印版直接印刷，而排版和制版是在美国或加拿大进行的；或

（2）用平版或照相凸版来制版是复制印刷前的最后或中间的一个工序，而制版是在美国或加拿大进行的；而且

（3）在任何情况下，制作多份复制品的印刷或其他最后工序以及这些复制品的装订工作是在美国或加拿大进行的。

（d）违反本条规定，进口或公开发行复制品不会使本编对作品的保护失效。然而，在任何民事诉讼或刑事诉讼中，若有关侵犯复制和发行作品复制品的专有权利，当复制品的复制和发行的专有权利属于拥有作品中非戏剧性文学材料的这种专有权利的那个人时，版权侵权人完全可以就所有作品中的非戏剧性文学材料和作品中的其他部分提出充分的辩护理由，如果版权侵权人证明：

（1）作品的复制品已违反本条规定，由这种专有权利的版权人或经其授权进口到美国或在美国公开发行；而且

（2）侵犯权利的复制品是根据第（c）款的规定在美国或加拿大印制的；而且

（3）侵犯版权的行为是在作品经授权的版本的注册生效日期以前开始的，作品的复制品是按照第（c）款的规定在美国或加拿大印制的。

（e）在任何诉讼中，若侵犯复制和发行作品复制品的专有权利，当该作品载有本条要求在美国或加拿大印制的材料时，版权人应在起诉书中写明那些对该材料实施第（c）款所规定的进程的人的姓名或组织的名称以及实施该进程的地点。

§602　复制品及录音制品的进出口侵权[4]

（a）进出口侵权。——

（1）进口——未经作者许可，在美国境外获得复制品或录音制品后，将其进口到美国，该行为侵犯第106条规定的发行复制品和录音制品的专有权，可根据第502条提起诉讼。

（2）进出口侵权——在未经作者授权情况下，将复制品或录音制品进口到美国，或者从美国出口，也许构成侵权，而且如果版权已经被使用，构成对第106条规定的复制品和录音制品专有权的侵犯，可根据第502条和506条提起诉讼。

（3）例外——本条款不适用于以下内容——

（A）经美国政府、任何州政府或州的政治分区政府准许，为了供其使用而进出口的复制品或录音制品，但不包括供学校使用的复制品或录音制品，或为了存档以外的用途而进口的任何音像作品的复制品；

（B）任何人只是为了私人使用而非为了发行，任何一次进出口任何作品的复制品或录音制品不超过一份者，或任何人从国外来到美国或离开美国携带的复制品或录音制品构成其私人行李的一部分；或

（C）任何一个以学术、教育或宗教为宗旨开设的机构，由其进口，或为了供其使用，并非为私人谋利而进口某一音像作品的复制品仅供其存储之用且不超过一份者，或进口其他任何作品的复制品或录音制品供其图书馆出借或存档之用且不超过五份者，除非这种复制品或录音制品的进口属于该组织违反第108条第（g）款第（2）项的规定进行系统复制或发行的活动的一部分。

(b) 禁止进口——如果本编适用,在制作复制品或录音制品构成对版权的侵犯的情况下,进口将被禁止。除非第 601 条适用,如果复制品和录音制品是合法生产的,美国海关和边防没有权力阻止进口。在任一情况下,财政部长都有权规定,某一作品版权的任何拥有者,必须在缴付规定的费用以后才有权收到美国海关和边境保护局的通知,以获悉可能属于该作品的复制品或录音制品的物品的进口。

§ 603　禁止进口:实施办法以及对禁止进口物品的处置[5]

(a) 财政部长和美国邮政局应分别或联合制订条例,以实施本编各项禁止进口的规定。

(b) 这些条例可作为禁止进口第 602 条规定的物品的条件,要求——

(1) 申请禁止进口的人持有禁止该物品进口的一份法庭命令;或

(2) 申请禁止进口的人按照规定程序提供说明性质的证明,证实该人声称拥有利益的版权是正当有效的,并证明该进口将会违反第 602 条的禁止规定;还可要求申请禁止进口的人提供保证金,以便在最终证明对该物品的扣留和禁止进口为不正当时,对由此可能导致的任何损害进行赔偿。

(c) 凡违反本编禁止进口规定的进口物品,一律按违反海关税收法律进口财物的处理方式,予以扣押和没收。没收的物品应视具体情况按照财政部长或法庭的指示加以销毁。

第 6 章　尾注

1. 2008 年《知识产权的优化资源和组织法案》修改了第 6 章标题,在其中加入"出口",由此现在的题目为"印制规定和进出口"。Pub. L. No. 110—403,122 Stat. 4256,4259.

2. 2008 年《知识产权的优化资源和组织法案》修改了第 602 条标题,加入"出口",由此现在的新的标题为"复制品及录音制品的进出口侵权"。Pub. L. No. 110—403,122 Stat. 4256,4260.

3. 在 1982 年,修改了第 601 条第(a)款的首句,用"1986"替换了"1982"。Pub. L. No. 97—215,96 Stat. 178. 2008 年《知识产权的优化资源和组织法案》修改了第 601 条第(b)款第(2)项子部分的首句,在"美国海关"后插入"边境保护"。Pub. L. No. 110—403,122 Stat.

4256,4260.

4. 2008 年《知识产权的优化资源和组织法案》修改了第 602 条标题,在其中加入"出口",由此新的标题是"复制品及录音制品的进出口侵权"。Pub.L.No.110—403,122 Stat. 4256,4260.法案也修改了第 602 条第(a)款,将其划分为第(1)项、第(2)项和第(3)项;增加第(2)项;整体增加出口之参考。Id.at 4259—60.进一步修改了第 602 条第(b)款,插入副标题"禁止进口",并增加美国海关和边境保护局之参考。Id.at 4260.

5. 1996 年《消费者防伪保护法案》修改了第 603 条第(c)款的尾句,删掉分号和"视情况而定"之后的内容。Pub.L.No.104—153,110 Stat.1386,1388.

第 7 章[1]　版　权　局

条　目

§701　版权局：总的职责和组织[2]

（a）本编规定的一切行政职能和责任,除另有规定外,均属于版权注册处（美国国会图书馆所辖美国版权局主导部门）的职责。版权注册处,连同版权局的下属官员和雇员,均由国会图书馆馆长委任,并在馆长的领导和监督下进行工作。

（b）除本章其他条款规定的职能和责任外,版权注册处应履行以下职能：

（1）在有关版权的国内和国际事务、本编中出现的其他事项和相关事宜方面,向国会提出建议；

（2）在有关版权的国内和国际事务、本编中出现的其他事项和相关事宜方面,为联邦各部门、机构以及司法机关提供信息和帮助；

（3）包括作为一个获得适当的行政机关授权的美利坚合众国代表团的一员,参加与版权、本编中出现的其他事项和相关事宜有关的国际政府间组织的会议和与外国政府官员间的会议；

（4）进行有关版权、本编中出现的其他事项和相关事宜,版权局的行政管

理或法律授予版权局的其他职能的研究和调查,包括与外国知识产权局和国际政府间组织合作的教育计划;

(5) 履行国会可能规定的其他职能,或能够以合理方式促进本编中具体规定的职能和责任的履行。

(c) 版权注册处应备有印章一枚,自 1978 年 1 月 1 日启用,以证明版权局发出的所有验证文件。

(d) 版权注册处每年应向国会图书馆馆长提交一份报告,报告版权局在上一财政年度中的工作和成就。版权注册处的年度报告应单独出版,并作为国会图书馆馆长的年度报告的一部分。

(e) 除第 706 条第(b)款以及根据该条款制订的条例规定外,版权注册处依照本法进行的一切行政措施均应服从修订后的 1946 年 6 月 11 日《行政程序法》(《美国法典》,第 5 编第 5 章第 2 分章和第 7 章)的规定。

(f) 版权注册处应在联邦政府工资体系(第 5 编第 5314 条规定)中,第 III 等级的有效期内得到工资上的补偿。[3]国会图书馆馆长应根据版权注册处的推荐,任命不多于 4 名版权局副局长。国会图书馆馆长应在与版权局局长协商之后任命这些职位。每个版权局副局长的工资应不超过最高年度基本工资水平,该基本工资水平指的是根据第 5 编第 5332 条规定的总表中应支付给 GS-18 的工资。

§702　版权局条例[4]

版权注册处被授权制定与法律不相抵触的、根据本编成为版权注册处职能和责任的行政管理条例。版权注册处根据本编制定的所有条例,均需由国会图书馆馆长核准。

§703　版权局行政措施的有效日期

在任何情况下,根据本编规定,在版权局进行的某项行政措施有一定期限,而且该期限最后一天为星期六、星期日、假日,或哥伦比亚特区或联邦政府的非办公日,则该行政措施的截止日期可延至下一个办公日,而且同期满之日一样有效。

§704　交存于版权局的物品的保留和处置

（a）根据第 407 条和第 408 条规定,交存于版权局的物品,即所有复制品、录音制品以及鉴别材料,包括连同申请书一起交存但没有获准注册的物品,均为美国政府财产。

（b）如果是已出版的作品,所有交存的复制品、录音制品和鉴别材料,均应同时交存国会图书馆,以使其成为国会图书馆馆藏品,或经由国会图书馆交换或转让给其他图书馆。如果是未出版的作品,该图书馆有权按照版权注册处的规定,选择任何交存的材料,以使其成为国会图书馆馆藏品,或按第 44 编第 2901 条规定移交美国国家档案馆或联邦档案中心。

（c）对于特殊种类作品或一般种类作品,版权注册处均被授权对依据第 408 条规定交存的材料的全部或任何部分进行复制,并在将这种材料按第（b）款规定转给国会图书馆以前,或根据第（d）款规定将这种材料销毁或作其他处理以前,使这种复制品成为版权局的注册记录的一部分。

（d）国会图书馆未按第（b）款规定选择交存的材料,或这些材料的鉴别部分或复制品,应在版权局的管控下加以保存,包括在版权注册处和国会图书馆馆长认为切实可行的一段较长的时间内,由政府库藏设施进行的保管保存。期满后,由版权注册处同国会图书馆馆长共同酌定下令销毁或以其他办法处理;但对于未出版的作品,则在其版权期内,交存材料一概不应有意地或故意地予以销毁或以其他办法处理,除非按照第（c）款规定复制全部交存材料,并归入版权局档案。

（e）根据第 408 条的规定交存的复制品、录音制品或鉴别材料的交存人,或注册在案的版权人,可以申请将上述物品的一件或多件加以保存,置于版权局的管控之下,直至该作品的版权期满为止。版权注册处应按照条例,规定此种申请的办理条件和批准条件,并应确定在该申请得到批准时,根据第 708 条第（a）款第（10）项规定应缴之费。

§705　版权局的记录：制作、保存、公众查阅和搜索[5]

（a）版权注册处应向版权局提供并保存所有交存、注册、备案记录以及根据本编进行的其他诉讼的记录,并应对上述全部记录编制索引。

(b) 上述记录和索引,以及与完成的版权注册有关的、并在版权局掌管下保存的交存物品,应公开供公众查阅。

(c) 在根据第 708 条规定缴费以后,版权局根据要求应查阅其公共记录、索引和交存物品,并应提供一份表明交存物品、注册或记录文件情况的报告。

§706　版权局记录的副本

(a) 版权局的任何公共记录或索引均可制作副本;任何人按第 708 条的规定缴费后,即可获取版权注册的补充证明,以及任何公共记录或索引的副本。

(b) 版权局管控下保存的交存物品的副本或复制品,只能按照版权局条例中规定的条件授权或提供。

§707　版权局的版权注册目录格式和出版物

(a) 版权注册目录。——版权注册处应定期编制、出版全部版权注册的目录。这种目录应按照作品的不同种类分成若干部分,版权注册处可根据可行性和使用价值自行决定每一具体部分的出版格式和出版周期。

(b) 其他出版物。——版权注册处接到要求时,应免费提供版权注册的申请表格以及有关版权局职责的一般的介绍性资料。版权注册处还有权出版资料汇编、书目,以及版权注册处认为对公众有价值的其他材料。

(c) 出版物的发行。——版权局的一切出版物均应向第 44 编第 1905 条规定的各储藏图书馆提供,而且除了免费分送的部分以外,应公开发售出版物,发售的价格应依据复制和发行的成本费用而作出调整。

§708　版权局的收费[6]

(a) 费用。——应向版权注册处缴纳如下费用——

(1) 依照第 408 条申请登记版权声明或补充注册,包括在注册之后发放注册证明;

(2) 依照第 304 条第(a)款规定,提出对现存版权续期要求的注册申请,包括在注册之后发放注册证明;

　　(3) 依照第 407 条规定,对交存有关物品发给收据;

　　(4) 依照第 205 条对版权所有权的转让书或其他文件的备案;

　　(5) 依照第 115 条第(b)款的规定,提交获得强制许可证的意向书;

　　(6) 依照第 302 条第(c)款的规定,对某一匿名作品或假名作品的作者的真实身份注册备案,或者依照第 302 条第(d)款规定,对某一作者的死亡事项注册备案;

　　(7) 按照第 706 条规定发放额外注册证明;

　　(8) 发给任何其他证明书;以及

　　(9) 按照第 705 条规定申请查阅材料,并报告查阅结果以及有关服务。

　　版权注册处有权根据成本确定其他服务的费用,包括准备版权局记录副本的费用,不管这些记录是否需要验证。

　　(b) 费用的调整。——版权注册处可以根据条例,按照以下方式,调整第(a)款第(1)项到第(9)项所具体规定的服务的费用。[7]

　　(1) 版权注册处应进行一项关于其进行声明登记、文件备案和提供服务时所产生的成本的研究。这项研究还应该考虑调整任何费用的时机和按照预算使用这些费用的权利。

　　(2) 版权注册处可以根据第(5)项,在第(1)项所进行的研究的基础上调整费用,但不得超过能够支付版权局为提供第(1)项中的服务而产生的合理成本加上任何预计的成本增长的一个合理的通货膨胀调整。

　　(3) 根据第(2)项确定的任何费用应四舍五入为整数;对于少于 12 美元的费用,应四舍五入至最接近的 50 美分。

　　(4) 根据本款确定的费用应是公平合理的,而且适当考虑版权制度的目标。

　　(5) 如果版权注册处根据第(2)项裁定进行费用调整,版权注册处应准备一个建议费用表,并且将该表及其经济分析递交国会。版权注册处建议的费用在该表递交给国会的 120 日之后可以生效,除非在 120 天内通过一个法案声明国会没有批准该费用表。

　　(c) 由本条或依据本条规定的收费,适用于美国政府以及其任何机构、雇员或官员,但版权注册处在花费数额相对较小的偶尔或孤立的情况下,可酌情免收本款规定的费用。

（d）（1）除了第（2）项所规定的情况外，根据本条收取的所有费用应由版权注册处交存美国国库，版权注册处应从其中拨出版权局所需费用。此类收取的费用在被花费之前都应是可获得的。版权注册处可按照其制定的条例，退还误收或多收的本条要求的金额。

（2）对为未来的服务而存储的费用，版权注册处可以要求财政部长将这些费用中的任何一部分用于投资美国财政部的有息证券，且这些投资为公共债券，期限应适合版权局的需要（该需要是由版权注册处确定的）并计算利息（该利率是由财政部长确定的），这些投资也应考虑到美国可比偿还期限的未偿付的可出售债务的当前市场收益率。

（3）将这些投资产生的收入存放在美国财政部，且版权局可以从中拨出所需费用。

§709　由于邮政部门或其他部门的中断而造成的递送延误

在任何情况下，基于版权注册处的条例要求，版权注册处判定某一交存物品、申请书、所需缴纳的费用或任何其他材料应在规定日期送交版权局，如果不是由于邮政部门或其他运输或通讯部门工作的全面中断或暂停，版权局就能按时收到。从版权注册处确定的上述部门的服务恢复运营之日起一个月以内，若版权局实际收到这些物品，则此种情况仍应视为不超过期限。

第7章　尾注

　　1. 2000年《雇佣作品和版权修正法案》通过删除第710条修改了第7章相关条款的内容，删除标题"供盲人和残障人士使用的复制品：自愿许可的形式和程序"。Pub. L. No. 106—379, 114 Stat. 1444, 1445.

　　2. 1989年《版权费用和技术修正法案》修改了第701条，增加了第（e）款。Pub. L. No. 101—319, 104 Stat. 290. 在1998年，《千禧年数字版权法》修改了第701条，增加新的第（b）款，将之前的第（b）款至第（e）款分别重新指定为第（c）款至第（f）款；在新的第（f）款中，用"III"替换了"IV"，用"5314"替换了"5315"。Pub. L. No. 105—304, 112 Stat. 2860, 2887.

　　3.《美国法典》第5编的标题为"政府组织与雇员"。

　　4. 版权局条例在《联邦公报》以及《美国联邦规则法典》第 II 章第 37 编中公布。

　　5. 2000 年《雇佣作品和版权修正法案》修改了 705 条,重写了第(a)款。Pub. L. No. 106—379,114 Stat. 1444,1445.

　　6. 1989 年《版权费用和技术修正法案》修改了第 708 条,用新的第(a)款替代,将第(b)款和第(c)款分别重新指定为第(c)款和第(d)款,并加入新的第(b)款。Pub. L. No. 101—318,104 Stat. 287.该法案声明,这些修改"将会在本法案通过之日起 6 个月之后生效"并且适用于:

　　(A) 在该生效日期或之后,原始、补充和更新版权的注册要求,和在版权局备案的物品,并且(B) 在该日期或之后收到的服务要求,或在该日期之前收到的但是尚未执行的服务要求。

　　对于之前的要求,法案声明对于原始、补充和更新版权的注册要求、在该有效日期之前以美国版权局可接受的形式备案的物品以及在该日期之前处理的服务要求,"应服从在该日期之前生效的《美国法典》第 17 编第 708 条"。Pub. L. No. 101—318,104 Stat. 287,288.

　　1992 年《版权更新法案》修改了 708 条第(a)款的第(2)项,删除"在其第 1 期",用"20 美元"替代"12 美元"。Pub. L. No. 102—307,106 Stat. 264,266.

　　在 1997 年,修改了第 708 条,整体重写了第(b)款和第(d)款。Pub. L. No. 105—80,111 Stat. 1529,1532.《雇佣作品和版权修正法案》修改了第 708 条,重写了第(a)款,用新的语言表达替换了第(b)款首句;在第(b)款第(1)项中,用"调整(名词形式)"替换"增加(动词形式)";在第(b)款第(2)项中用"调整(动词形式)"替换"增加(名词形式)";在第(b)款第(5)项中,用"调整"替换"增加"。Pub. L. No. 106—379,114 Stat. 1444,1445.该法案也声明,"在该法案通过之日,《美国法典》第 17 编第 708 条第(a)款所规定的费用应是根据第 708 条第(a)款在该条款通过之日之前生效的费用"。

　　7. 现行费用可以在《美国联邦规则法典》37 编 201.3 条中找到,并由 Pub. L. No. 105—80,111 Stat. 1529,1532.授权。在 Pub. L. No. 105—80 中,国会修订了第 708 条第(b)款,要求版权注册处根据条例来确定费用,而不是像之前一样将其编入《美国法典》第 17 编。

第 8 章[1]　版税裁判官的诉讼

条　目

§801　版税裁判官;任命及职责[2]

（a）任命——国会图书馆馆长应任命三名全职版税裁判法官,并任命其中之一为首席法官。图书馆馆长的任命应与版权注册处协商后进行。

（b）职责——据本章的法律条款,版税裁判官职责如下:

（1）按照第 112 条第（e）款、第 114 条、第 115 条、第 116 条、第 118 条、第 119 条和第 1004 条的规定,裁定和调整合理的期限和版税率。第 114 条第（f）款第（1）项第（B）目和第 116 条所适用的版税率的计算应能实现下列目的:

（A）使公众最大限度地享用创造性作品;

（B）支付版权人因其创造性作品而获取的公平报酬,并且在现有经济条件下支付给版权使用者公平的收益;

（C）反映版权人和版权使用者在向公众提供的产品中有关相对创造性贡献、技术贡献、投资、成本、所冒风险方面,以及在为创造性表现方法开辟新市场及开辟新的传播途径的贡献方面的相应作用;

（D）在有关产业结构以及普遍的行业惯例方面,尽量减少任何破坏性影响。

（2）对于第 111 条所述版税率的调整只能按照下列规定进行裁定:

（A）第 111 条第（d）款第（1）项第（B）目确定的版税率,可加以调整以反映

（i）全国通货膨胀或通货紧缩的情况;或者

(ii) 有线系统向订购其转播基本服务的订阅者征收的平均版税率的变动情况,以保持自 1976 年 10 月 19 日起存在的每一订阅者版税的美元值实际不变。

但——

(I) 如有线系统提供转播的基本服务向订阅者征收的版税率变动很大,以致该平均版税率超过全国通货膨胀水平,则第 111 条第(d)款第(1)项第(B)目所确定的版税率不得改变。

(II) 版税不得根据每一订阅者的远程等效信号的平均数有所缩减而增加。

版税裁判官应考虑有关维持这种收费水平的全部因素,包括作为一种缓和因素,考虑该产业是否已经受到订阅者税率管理当局的限制,不能随便增加其提供转播的基本服务税率。

(B) 如果联邦通讯委员会的规章和条例在 1976 年 4 月 15 日以后的任何时间作了修订,允许有线系统超出首次播送者的当地服务区传送补充的电视广播信号,则第 111 条第(d)款第(1)项第(B)目确定的版税率可以调整,以保证对此种传送发出的补充性远程等效信号的版税率合理,且能够适应因修订上述规章和条例而引起的变动。对于在修订联邦通讯委员会规章和条例以后接着提出的版税率方案,版税裁判官在裁定其是否合理时,在考虑其他因素的同时,应考虑其对版权人和版权使用者的经济影响。但对于下述任何远程等效信号或其中任何部分,均不得依据本条规定对版税率作任何调整:

(i) 依据 1976 年 4 月 15 日生效的联邦通讯委员会规章和条例,许可传送的任何信号,或者以传送相同型号的某一信号(即独立的、电视网的,或非商业性的教育信号)来代替这种许可的信号;或者

(ii) 依据联邦通讯委员会规章和条例的某一单项豁免,在该规章和条例生效之日,即 1976 年 4 月 15 日以后首先播送的某一电视广播信号。

(C) 关于 1976 年 4 月 15 日以后播出的联营性专有体育节目,如联邦通讯委员会规章和条例有任何改动,版税率[根据第 111 条第(d)款第(1)项第(B)目确定]需加以调整,以保证这种版税率能够适应该规章和条例的变动,但这种调整只适用于受到该变动影响的那些广播系统所传送的受到影响的电

视广播信号。

（D）第 111 条第（d）款第（1）项第（C）目和第（D）目所确定的总收入限额的调整，应能反映全国通货膨胀或通货紧缩情况，或有线系统向订购其转播基本服务的订阅者征收的平均版税率的变动情况，以保持该条规定豁免的美元值实际不变，而其中规定的版税率则不在调整之列。

（3）（A）按照第 111 条、第 119 条和第 1007 条授权分配，按照第 111 条、第 119 条和第 1005 条征收版税，在可能的情况下，版税裁判官未发现这些费用的分配引起争议。

（B）在版税裁判官认为存在争议的情况下，版税裁判官应按照第 111 条、第 119 条或第 1007 条所述，裁定这些费用的分配，包括部分费用分配。

（C）尽管有第 804 条第（b）款第（8）项的规定，版税裁判官可以根据第 111 条、第 119 条或第 1007 条提交申请后，考虑一个或多个索赔人的动机，在反映索赔人动机的《联邦公报》公布后，对这些费用做出部分分配。在该出版开始的 30 天时间内，基于收到的各方反应，版税裁判官可以申明反对部分分配，并判定索赔人无权接受这些费用。所有的索赔人——

（i）同意部分分配；

（ii）签署协议，并承诺返还在遵守根据第（B）目作出的有关费用分配的最终裁定在必要程度上的任何超额部分；

（iii）向版税裁判官提交协议；并且

（iv）同意这些基金可用于分配。

（D）版税裁判官和其他按照第（C）目规定善意行使基金分配权的官员或雇员，不应对第（C）目下的任何超额费用承担赔偿责任。版税裁判官应在做出最终裁定时，计算任何可能的超额部分。

（4）考虑到时间期限或者未能确定版税请求的基础上，接受或拒绝根据第 111 条、第 119 条和第 1007 条提出的版税请求。

（5）接受或拒绝第 804 条规定的税率调整的请求，以及第 803 条第（b）款第（1）项和第（2）项规定的参与请求。

（6）根据第 1002 条和第 1003 条以及第 1010 条的规定，确定数字音频录影设备或数字视频接口设备的状态。

(7)（A）基于法定条款和版税率，或法定版税的分配，在诉讼期间的任何时间，该诉讼程序中的部分或全部参与者就此类事项达成一致，除了——

(i) 版税裁判官应为受到确定版税率的诉讼程序中的任何协议所确定的有关版权期限、版税率或其他判定约束的参与者提供对协议提出意见的机会。版税裁判官也应为根据第 803 条第（b）款第（2）项规定受到协议所确立的有关版权期限、版税率或其他判定约束的参与者提供机会，使其可以对协议提出意见，并基于法定条款和版税率，拒绝采纳；并且——

(ii) 如果参与者不是协定方，版税裁判官基于法定条款和版税率，可拒绝通过协议，如果第（i）段规定的任何参与者拒绝协议，版税裁判法官可以基于之前存在的记录作出裁定，认为协议没有为法定条款或版税率的确定提供合理的基础。

(B) 根据第 112 条第（e）款第（5）项、第 115 条第（c）款第（3）项第（E）目第（i）段、第 116 条第（c）款或第 118 条第（b）款第（2）项，没有产生法定条款和版税率的自愿协商许可协议，不应受到第（A）目中第（i）段和第（ii）段的限制。

(C) 利益相关方可以协商并同意一项协议，版税裁判官可以采纳或通过一项协议，如果该项协议明确了条款通知和记录保存的要求，则还可以替代根据规定可适用的其他协定。

(8) 除第 802 条第（g）款以外，当版税裁判官没有履行本条规定的其他职责时，由国会图书馆任命的版权注册处履行其他职责。

(c) 裁定。——版税裁判官可以在本章规定下，做出任何必要的程序性或证据的裁定，并且可以在根据本章开始有关程序之前，作出将适用于版税裁判官的程序裁定。

(d) 行政支持。——国会图书馆馆长应当向版税裁判官提供必要的、与本章的诉讼程序相关的行政服务。

(e) 在国会图书馆的位置。——版税裁判官和工作人员的办公室应位于国会图书馆之内。

(f) 诉讼生效日期。——在 2004 年《版税和分配改革法案》颁布之日及之后，如果根据本编的规定，或是版税裁判官规定的实施诉讼的期限的最后一天是星期六、星期天等假日或是其他非工作日，在哥伦比亚特区或是联邦政府范围内,诉讼可以在此后的第一个工作日开始;如果超过期限,则从超过之日起开始生效。

§802 版税裁判官员的职权和任期;工作人员[3]

(a) 版税裁判官的资格。

(1) 总论。——每位版税裁判官应由至少有七年法律经验的律师担任。首席版税裁判官应至少有五年裁定、仲裁和法庭审判的经验。对于另两位版税裁判官,一位应具有版权法的丰富知识,另一位应具有经济学的丰富知识。当且仅当以上个人没有任何经济利益冲突时[根据第(h)款判定]才能担任版税裁判官。

(2) 定义。——在本款中,术语"裁定"的含义同第5编第551条赋予的含义,但并不包括调解。

(b) 工作人员:首席版税裁判官应雇用3名全职工作人员协助版税裁判官行使其职能。

(c) 任期:首次被任命为首席版税裁判官的个人任期为6年,其余首次被任命为版税裁判官的个人中,一名任期为4年,其他人任期为2年。因此,继任的版税裁判官的任期均为6年。作为版税裁判官的个人可以在此后的时期被再次任命。新任版税裁判官的任期应当始于前任版税裁判官的任期结束时。当版税裁判官的任期结束时,在该任期任职的个人可以继续任职,直至选出继任者。

(d) 空缺或无能力。——

(1) 空缺。——如果版税裁判官的职位空缺,国会图书馆馆长应迅速填补空缺,并且可以任命过渡期版税裁判官,直至按照本条款选出另一位版税裁判官。在前任尚未期满时选出的个人的委任期应为该任期的剩余时间。

(2) 无能力。——如果一名版税裁判官暂时无法履行其职责,国会图书馆馆长可以任命过渡期版税裁判官在其无能力时期中履行职责。

(e) 报酬。——

(1) 法官。——首席版税裁判官应当按照第5编第5372条第(b)款有关行政法法官的 AL-1 等级确定的基本工资率领取报酬。另两位版税裁判官中的每一位均按照该条款有关行政法法官的 AL‐2 等级确定的基本工资率领取报酬。版税裁判官的报酬应受到人力资源管理办公室有关规定[第 5 编第 5376 条第(b)款第(1)项规定]的影响。

(2) 工作人员。——根据第(b)款任命的工作人员——

(A) 一名工作人员的工资率不应超过按照联邦政府工资体系规定的 GS‐15 中等级 10 支付的基本工资率;

(B) 一名工作人员的工资率不应低于按照联邦政府工资体系规定的 GS‐13 的基本工资率,不应高于联邦政府工资体系 GS‐14 中等级 10 的基本工资率;并且

(C) 第三名工作人员的工资率不应少于联邦政府工资体系 GS‐8 的基本工资率,不应高于 GS‐11 中等级 10 的工资率。

(3) 地点差价薪资。——本款所指的任何工资率均包括地域薪。

(f) 版税裁判官的独立性。——

(1) 做出裁定。——

(A) 总论。——(i) 根据第(B)目和本目第(ii)段,版税裁判官应完全独立地做出有关以下情况的裁定:版税税率和版权期限,版税的分配,接受或拒绝版税请求,版税税率的调整请求,参与请求,以及做出本编规定的其他裁定。但是,在不是事实问题的情况下,版税裁判官应与版权注册处协商以作出裁定。

(ii) 一名或多名版税裁判官,或是通过版税裁判法庭的动议,或是相关诉讼程序的参与者,可以要求版权注册处对本编规定的解释性条款或是重要法律中的实质性问题做出解释。要求做出的书面解释应当以书面形式保存,并允许诉讼参与者对于重要法律中的实质性的问题提出意见,且保证最小程度的重复和延迟。除了第(B)目的相关规定,版权注册处应当在收到来自参与者的所有信息和意见之后的 14 天之内,向版税裁判官提交书面回复。在回复及时送达的情况下,版税裁判官应当运用版权注册处回复中包含的法律解释,回复还应载于最终裁定的记录中。本条款下的授权不应被解释为授权版权注册处在版税裁判官之前提供有关程序问题的解释、有关版税率和版权期限的最终调整和裁定、版税的最终分配,或是接受或拒绝版税请求、税率调整请求以及参与诉讼程序请求。

（B）新问题。——（i）如果新出现的有关本编条款解释的重要法律的实质性问题，成为提出的诉讼的客体，版税裁判官应当依照版权注册处的书面决定解决上述新问题。应该制定合理条款使相关诉讼的参与者有权对该要求提出意见，并确保最小程度的重复和延迟。版权注册处应当在收到所有来自参与者的信息和意见的 30 天之内向版税裁判官传达其决定。这些决定应当采取书面形式，并包含在版税裁判官最终裁定的记录中。如果这些决定及时送达版税裁判官，版税裁判官应当应用版权注册处的决定中包含的合法决议来处理重要法律的实质性问题。

（ii）在第（i）段中，新出现的法律问题意指第 803 条第（a）款所述的判决、决议和裁定中尚未确定的问题。

（C）协商。——尽管有第（A）目的规定，版税裁判官可以与版权注册处就任何决议或要求版权局行使的法案的裁定进行协商，这些决议或裁定不应受到版权注册处的约束。

（D）版权注册处对于法律结论的审查。——版权注册处可以审查在本编下包含于版税裁判官做出的最终裁定中的版税裁判官对重要法律的实质性问题的决议的错误。如果版权注册处在考虑了相关诉讼过程参与者之后得出结论，即由版税裁判官作出的该项决议存在的实质性错误。那么版权注册处应该发布一份书面裁定来修正上述法律错误，这也将会成为诉讼程序记录中的一部分。版权注册处应当在版税裁判官做出裁定后的 60 天以内发布该书面裁定。此外，版权注册处应由此在《联邦公报》上公布该书面裁定，以及对判定为错误的版税裁判官的法律结论的详细鉴定。有关本编中解释的法律结论、版权注册处的裁定，根据本章，应该在此后的诉讼程序中作为前例并存在约束力。根据本目，当裁定时，基于并依据本裁定，版税裁判官可以享有根据第 803 条第（d）款在美国哥伦比亚特区巡回上诉法庭的任何最终裁定中提出干预的权利。如果在干预上诉之前，版权注册处发出通知，与司法部部长就此干预共同协商，而司法部部长没有在接受该项干预的通知之后的合理期限内干预上诉，版权注册处可以通过任何出于此种目的的律师（由版权注册处指定），或以自己的名义干预上诉。版权注册处以自己的名义进行的干预将不会阻止司法部部长代表美国所进行的干预，例如如法律中规定或要求的干预。

（E）司法审查的效力。——本条的任何规定都不应当被解释为更改法庭适用标准或是影响本编条款的解释和订立。法庭将该标准用于审查涉及本编条款解释或条款订立的法律决议，而本编条款的任何解释和订立因其而受到影响的程度，应遵从审查法庭的要求。

（2）绩效考核。——

（A）总论。——尽管有其他法律条款，或国会图书馆的其他条例，并受第（B）目的约束，版税裁判官不应接受绩效考核。

（B）有关制裁和免职。——如果国会图书馆馆长采纳了第（h）款有关制裁或是免职版税裁判官的规定，并且这些规定要求提供制裁或免职原因的证明文件，版税裁判官可以接受具体与制裁或免职原因相关的考核。

（g）禁止不一致的责任。——版税裁判官不得承担任何与版税裁判官的职责和义务相冲突的任何其他责任。

（h）行为标准。——国会图书馆馆长应采纳有关行为标准的规定，包括经济利益冲突，针对单方通讯的限制，这些规定应对版税裁判官以及本章的诉讼程序产生影响。

（i）免职或制裁。——国会图书馆馆长可以制裁一位版税裁判官，甚至将其免职，如果其违反根据第（h）款所采用的行为标准，有玩忽职守等不当行为，或是有任何不称职的生理或心理疾病。所有的制裁或免职仅在通知和听证会之后才可以进行，但是国会图书馆馆长可以在此听证会之前暂停版税裁判官的职务。国会图书馆馆长应在任何这类停职期间任命过渡期的版税裁判官。

§803　版税裁判官的诉讼[4]

（a）诉讼。——

（1）总论。——版税裁判官的行为应与本编保持一致，在与本编不一致的情况下，与第 5 编第 5 章第 II 节保持一致，以实现由第 801 条确立的目标。版税裁判官的行为应与版税裁判官和国会图书馆馆长的相关规定保持一致，并且基于书面记录的形式，符合版税法庭、国会图书馆、版权注册处、版权版税仲裁小组（如果这些判定与国会图书馆馆长或版权注册处一致），版税裁判官

［与及时送达版税裁判官的版权注册处的裁定一致,并符合第 802 条第(f)款第(1)项第(A)目和第(B)目,或第 802 条第(f)款第(1)项第(D)目的规定］先前的裁定和解释,与根据本章以及在 2004 年《版税和分配改革法案》生效日之前、当日或其后的法庭上诉的裁定一致。

(2) 法官作为专家小组和个人的行动。——根据本章,版税裁判官应当主持诉讼听证会,并由法庭全体法官共同审理。首席版税裁判官可以指定一名版税裁判官来主持这类附属性和行政性的诉讼,包括第(b)款第(1)项至第(5)项的该类诉讼,并在首席法官认为合适的情况下进行。

(3) 裁定。——本章诉讼程序中,版税裁判官的最终裁定应通过投票,依照多数人的意见作出。一位版税裁判官反对本章最终裁定中的多数人的意见时,应允许其提出不同意的意见,并将其意见纳入最终裁定中。

(b) 程序。——

(1) 发起。——

(A) 提出参与请求。——(i) 版税裁判官应在《联邦公报》中公布本章中诉讼开始的通知,提出请求以参与诉讼,目的在于根据第 111 条、第 112 条、第 114 条、第 115 条、第 116 条、第 118 条、第 119 条、第 1004 条或第 1007 条作出相关的裁定,根据以下情况——

(I) 根据第 804 条第(a)款迅速作出裁定;

(II) 不晚于第 804 条第(b)款第(2)项中确定的一年的 1 月 5 日提起诉讼;

(III) 不晚于第 804 条第(b)款第(3)项中第(A)目或第(B)目确定的一年的 1 月 5 日提起诉讼,除此之外就按第(A)目或第(C)目的规定提起诉讼;

(IV) 如第 804 条第(b)款第(8)目的规定;或

(V) 不晚于第 804 条第(b)款的任何其他规定中确定的一年的 8 月 5 日,申请诉讼开始。如果到该日到期时仍没有申请,除通知要求的公布之外,将不适用于根据第 111 条应当于 2005 年提起的诉讼。

(ii) 参与请求应在根据第(i)段进行的诉讼开始的通知发布之日起 30 天内递交,除了版税裁判官出于善意并且如果没有歧视已经发出申请的参与者,则可以接受在诉讼参与人递交其书面直接陈述之日之前 90 天的任何时间提出的申请。尽管有之前的规定,在发出通知公告的 30 天之后的申请人,没有资格反对根据第(3)项自愿协商时期达成的协定,任何这类申请人提出的反对意见不应在版税裁判官的考虑之内。

(B) 参与请求。——参与诉讼的请求应描述申请人在诉讼涉及主题中的利益,具有相似利益的团体可以递交一份单一的参与请求。

(2) 普通参与。——根据第(4)项,个人可以参加本章的诉讼,包括提交概要和其他信息,仅当——

(A) 该人已经依据第(1)项提交参与请求[作为个体或是作为第(1)项第(B)目规定的团体];

(B) 版税裁判官未将该参与请求裁定为事实上无效;

(C) 版税裁判官并未在其自发或是在诉讼另一参与者的示意下,裁定该人在诉讼中缺少重大利益;并且

(D) 提交参与请求时,伴有以下情况之一——

(i) 裁定版税率的诉讼,申请费 150 美元;或

(ii) 裁定版税分配的诉讼——

(I) 申请费 150 美元;或

(II) 声明申请人(个人或团体)不会寻求超过 1 000 美元的分配,在该情况下分配给申请人的数量不超过 1 000 美元。

(3) 自愿协商期。——

(A) 诉讼的开始。——

(i) 税率调整诉讼。——提交参与诉讼请求之日后立即开始,版税裁判官应向诉讼的所有参与者提供有关参与者的列表,并应在参与者之间留有一段自愿协商的时间。

(ii) 分配诉讼。——参与确定版税分配诉讼的请求提交之后立即开始,版税裁判官应向诉讼的所有参与者提供有关参与者的列表。应在版税裁判官设定的一个时间段里留有所有参与者之间自愿协商的时间。

(B) 诉讼的时限。——根据第(A)目发起的自愿协商时期应为 3 个月。

(C) 后续诉讼的裁定。——在自愿协商程序结束时,如果根据本章有必要进行进一步的诉讼,版税裁判官应裁定在何种程度上第(4)项和第(5)项可

以适用于参与方。

（4）分配诉讼中的小索赔申诉。——

（A）总论。——如果在根据本章裁定版税分配的诉讼中，索赔的数额为1万美元或更少，版税裁判官处理争议时，应以参与者提交的书面陈述、任何反对方的回应以及各方的附加回应作为基础。

（B）索赔的恶意要求。——如果版税裁判官裁定一个参与者在争议中恶意地提出超过1万美元数额的索赔，目的在于避免在第（A）目中的申诉的裁定，版税裁判官应对该参与者处以罚款，罚金数额介于实际分配数额和参与者提出的数额之间。

（5）纸质诉讼。——本章诉讼中的版税裁判官，自发或是在参与者的示意下，在参与者提交的书面陈述、反对方的回应、参与各方的附加回应的基础上，可以就问题作出裁定。在仅凭借此纸质记录作出该裁定之前，版税裁判官应给予所有的诉讼参与者一个机会，以发表对于其裁定的意见。依照本项规定，诉讼——

（A）应该适用于如下情形：没有真正的重大事实问题，没有公开举行听证会的必要，诉讼的所有参与者同意纸质诉讼；并且

（B）可以适用于版税裁判官认为合适的其他情形。

（6）条例。——

（A）总论。——版税裁判官依照本编可以发布条例以履行其职责。版税裁判官发布的所有条例都必须获得国会图书馆馆长的同意。在2004年《版税和分配改革法案》颁布之后首次任命的版税裁判官或过渡期版税裁判官，视情况而定，应该在任命之后的120天内发布管理本章诉讼的条例。

（B）过渡期的条例。——在根据第（A）目通过条例之前，版税裁判官应当在2004年《版税和分配改革法案》生效之前的一天适用根据本章生效的条例，只要这些条例不与本章规定不一致。除了国会图书馆馆长、版权注册处或是版权版税仲裁小组根据这些条例履行的职能，在颁布之日，被版税裁判官根据本章履行，那么这些职能就应当由版税裁判官根据这些条例履行。

（C）要求。——根据第（A）目发布的条例包括如下：

（i）根据第（2）项进行的诉讼中的所有参与者，应提交书面陈述和书面反

驳陈述,提交日期应由版税裁判官确定。如果是书面陈述,在根据第(3)项进行的自愿协商期结束之后,不应早于 4 个月,不宜晚于 5 个月。尽管有上述规定,版税裁判官可以允许诉讼的参与者基于在发现过程中获得的新信息,在第(iv)段规定的发现期限结束后的 15 天内提交修正后的书面陈述。

(ii)(I)根据第(2)项,诉讼参与者向版税裁判官提交书面陈述和书面反驳陈述之后,版税裁判官在考虑诉讼参与者的观点以后,应为执行并最终完成上述发现的事项制定一个日程表。

(II)在本章中,术语"书面陈述"指证人的陈述、证词、在诉讼中提供的证据,以及对于确定版权期限和版税率,或是对于版税分配来说必要的其他信息,并视情况而定,由版税裁判官以条例形式确定。

(iii)根据本章,如果版税裁判官认为合适,诉讼中也允许承认传闻。

(iv)与书面陈述相关的发现应被允许存在 60 天,版税裁判官所要求的,与动机决议、法令和直到这一期限结束仍搁置的争议有关的发现除外。版税裁判官可以要求诉讼参与者提供与书面反驳陈述相联系的一个发现。

(v)根据本章第(2)项,任何试图确定版税率的参与者可以要求反对方无特权的文件,这些文件与该参与者的书面直接陈述或书面反驳陈述直接相关。对于该请求的反对应通过迫使版税裁判官的副本与版税裁判官所采纳的条例一致的动议或要求来解决。强迫发现的每一动议或要求应由版税裁判官们裁定,或是由第(a)款第(2)项所允许的一位版税裁判官裁定。根据这样的动议,版税裁判官可以要求与根据本章条例一致的发现。

(vi)(I)根据本章第(2)项,确定版税率的诉讼程序的任何参与者,可以通过书面动议或在案记录,要求反对方或证人提供其他相关信息和材料。在缺少发现时,版税裁判官对诉讼的决议将受到实质性的损害。在裁定根据本段发现是否被允许时,版税裁判官可以考虑——

(aa)制造所要求的信息或材料的负担或费用是否超过可能的收益,同时也应将参与者的需要和资源、议题的重要性以及解决这些议题所需的信息或材料的预期价值考虑在内;

(bb)所要求的信息或材料是否具有不合理的累积性和重复性,或是可以从另一个更为方便、更少负担或是更少花费的来源获得;并且

(cc) 寻求发现的参与者在诉讼中是否已经具有了充分的机会,或是通过其他手段获得所寻求的信息。

(II) 本段不应适用于在 2010 年 12 月 31 日以后计划开始的任何诉讼中。

(vii) 本章确定版税率的诉讼中,有权获得版税的参与者应被共同允许拿到不超过 10 份的证词,并且获得对不超过 25 个质问的回应。有义务支付版税的参与者应该被共同允许拿到不多于 10 份的证词,并且获得对不超过 25 个质问的回应。版税裁判官应解决存在于相似的参与者之间对于证词数量或是所允许的质疑回应的数量在分配上的争议。

(viii) 规定和实践的生效是在 2004 年《版税和分配改革法案》生效之日之前,该规定和实践与本章下确立版税费用分配的诉讼的发现有关,在生效之日或是之后应该继续适用于此类诉讼。

(ix) 在确定版税税率的诉讼中,如果诉讼的决议将因证词缺失,或制作的文件或实物的缺失,而受到实质性的损害,版税裁判官可以发出传票命令参与者或证人出庭并致证词,或是制作并允许查验文件或实物。该传票应明确规定产生材料的合理细节或是所需证词的范围和性质。本段中的任何规定都不会阻止版税裁判官要求非参与者制作与版税裁判官决议相关事实的重大事项的信息或材料。

(x) 版税裁判官应当命令在参与者协助报告时举行和解协调会议。和解协调会议应当在第(iv)段确定的 60 天的发现期届满之后的 21 天内举行,并且应在版税裁判官不在场的地方举行。

(xi) 在没有担保人的情况下,参与者的书面直接陈述或书面反驳陈述不得提交任何证据,包括展示,版税裁判官已经发出了正式通知,或是借鉴了以往记录中的合并案件,或是有其他好的理由的情况除外。

(c) 版税裁判官的裁定。——

(1) 时间。——版税裁判官对其诉讼裁定的公布,不晚于根据第(b)款第(6)项第(C)目第(x)段规定的为期 21 天的和解协调会议得出结论之后的 11 个月,但是在确定继承人的版税率或版权期限的诉讼将在某一具体日期到期的情况下,则应不晚于当前法定版税率和法定版权期限到期日之前 15 天。

(2) 复审。——

（A）总论。——在例外情况下,版税裁判官可以根据第(b)款第(2)项诉讼的参与者的动议,在根据第(1)项规定公布诉讼裁定后,命令复审版税裁判官认为合适的此类事项。

（B）提出动议的时间。——根据第(A)目,对复审的动议仅可以在版税裁判官向参与者提供有关诉讼的最初裁定之日起 15 日内提出。

（C）不要求反对方参加。——在命令复审的任何情况下,并不要求任何反对方参加复审,但是根据第(d)款第(1)项规定,反对方不参与诉讼会引起司法审查局限性的情况除外。

（D）拒绝消极推断。——在复审中应排除缺乏参与的消极推断。

（E）版税率和版权期限的连贯。——(i) 如果版税裁判官对于任何复审动议的裁定,在先前有效的法定版税率和法定版权期限到期之前没有送达,在确定将于特定日期到期的继承人的版税率和版权期限的诉讼中,那么——

（I）版税裁判官的最初裁定作为复审动议的主题,应在先前有效的版税率和版权期限到期之日起生效;并且

（II）根据第 114 条第(f)款第(1)项第(C)目或第 114 条第(f)款第(2)项第(C)目,出于第 114 条第(f)款第(4)项第(B)目之目的,作为复审动议主题的版税率和版权期限应当被认为已经在版税裁判官的最初裁定中设定,自裁定之日起生效。

（ii）即使本项复审未决,也不应减轻有关人的版税支付义务,此人会因对该动议作出的裁定而受到影响,在必要的范围内提供财务报表和任何使用报告,支付在相关裁定或条例中要求的版税。

（iii）尽管有第(ii)段的规定,无论何时,如第(ii)段所述,版税将支付给个人而非版税裁判官。版税裁判官指定的收取版权使用者及其继承人支付的版税的机构,在复审动议的决议做出之后 60 天之内,或者如果动议得到批准,在复审结束之后 60 天以内,归还在此之前支付的任何过量的数额,且须与版税裁判官对版税率的最终裁定保持一致。复审中发现的任何版税支付数额不足,应在同一时期补齐支付的差额。

（3）裁定的内容。——版税裁判官的裁定应做好书面记录,并且应由版税裁判官根据事实结果确定。对于裁定中采用的其他条款,版税裁判官可以

具体阐释,并且保存版权使用者所需的记录,以代替那些根据法规适用的内容。

(4)连续司法管辖权。——在可能会阻碍该裁定正当实施的不可预见的情况出现时,版税裁判官可以对于一项书面裁定提出修正,以改正该裁定中的任何技术或文书上的错误,或者修订条款,但支付的版税率除外。这些修正应以书面形式作为裁定的附录,并应分发给诉讼参与者,同时在《联邦公报》上公布。

(5)保护令。——版税裁判官可以发布适合保护机密信息的命令,包括从已公布和向公众公开的裁定中除去机密信息的命令,但是任何有关版税支付和分配的期限和税率的信息不能被排除。

(6)裁定的公布。——不晚于第 802 条第(f)款第(1)项第(D)目规定的 60 天期限结束之时,国会图书馆馆长应在《联邦公报》上公布裁定结果及其任何修正。国会图书馆馆长还应以其认为合适的其他方式公布该裁定及其修正,包括但并不仅限于在网上公布。国会图书馆馆长也应保证该裁定、修正,和附带的相关记录可供公众查阅和复制。

(7)逾期付款。——版税裁判官的裁定中可以载明有关逾期付款的条款,但是这些条款绝不影响版权人享有本编规定的其他权利或救济。

(d)司法审查。——

(1)上诉。——根据第(c)款,版税裁判官的任何裁定,于《联邦公报》上公布之后 30 日内,可由根据第(b)款第(2)项完全参与诉讼并且受裁定约束的任何对该裁定不满的参与者向哥伦比亚特区巡回上诉法庭上诉。任何没有参与复审者不能提出属于听证会裁定的司法审查的任何阶段的复审主题的议题。如果在 30 天的期限内没有上诉,版税裁判官的裁定应作为最终裁定,有关版税率或是费用分配的决议,视情况而定,应根据第(2)项生效。

(2)版税率的效力。——

(A)具体日期的终止。——当本编规定的先前生效的版税率和版权期限将在某一具体日期失效时,版税裁判官对于该权利人的继承人的版税率和版权期限的调整或裁定,应在先前规定的具有效力的版税率和版权期限届满之后马上开始,即使版税裁判官作出裁定的时间较晚。在先前生效的日期结束直到继承人的版税率和版权期限的日期确立的期间,应通过许可证保证在此期间继续支付。无论何时,符合本条并由版权使用者(或其继承人)支付的版税都是支付给个人,而不是版权局;版税裁判官指定的收取版权使用者及其继承人支付的版税的机构,在版税裁判官确定继承时期的版税率和版权期限的最终裁定,或是终结所有对于此类裁定的复审或上诉之后 60 天内,如果有的话,应该退还在此之前支付的任何过量的数额,且须与版税裁判官对版税率的最终裁定保持一致。任何版权使用者对版税支付的不足也应在同一时期向版税裁判官指定的机构补齐。

(B) 其他情况。——如果在某一活动开始之前,还没有为该特殊活动确定版税率和版权期限的相关许可,该版税率和版权期限应追溯到根据包括该版税率和版权期限的相关许可的活动开始时。在其他情况下,如果版税率和版权期限没有在一个特定时期到期,继承的版税率和版权期限应当于版税裁判官在《联邦公报》上公布其裁定之后的第二个月的第一天生效,除本编另有规定,或是有版税裁判官的其他规定,或是诉讼中所有参与者的协定受该版税率或版权期限的约束。除本编另有规定外,版税率和版权期限,在可适用的范围内,将继续有效,直到继承人的版税率和版权期限生效为止。

(C) 支付的义务。——

(i) 根据本款,上诉的未决不应消除根据第 111 条、第 112 条、第 114 条、第 115 条、第 116 条、第 118 条、第 119 条或第 1003 条相关人的版税支付义务,上诉的裁定将影响此人,从——

(I) 提供合适的账户说明和使用报告;并且

(II) 支付相关裁定或条例要求支付的版税。

(ii) 尽管有第(i)段的相关规定,第(i)段规定的版税应支付给个人而不应支付给版权局。版税裁判官指定的收取版权使用者(或其继承人)支付的版税的机构,应当在作出上诉的最终裁定之后 60 天之内,退回在此之前支付的任何过量数额[及利益,如果是根据第(3)项命令的],且应与上诉中对版税率的最终裁定保持一致。由于上诉而导致的版税支付不足[及利益,如果是根据第(3)项命令的]应当在同一时期补付差额。

(3) 法庭司法管辖权。——第 5 编第 706 条应当适用于本款规定的上诉法庭的审查。如果法庭修正或撤销了版税裁判官的一项裁定,法庭可以根据最终裁定,作出有关版税和成本的数额及分配的裁定,并下令归还超额的费用,重新支付不足的费用,以及补偿与费用相关的双方利益。法庭也可以撤销版税裁判官的裁定,根据第(a)款,将案件发回版税裁判官以进行进一步的诉讼。

(e) 行政事务。——

(1) 从申请费用中扣除国会图书馆和版权局的管理成本。——

(A) 从申请费用扣除。——国会图书馆可以从根据第(b)款收取的申请本章规定的特殊诉讼的申请费中扣除由国会图书馆、版权局和版税裁判官管辖该诉讼产生的合理费用,版税裁判官和根据第 802 条第(b)款任命的三名工作人员的薪水除外。

(B) 授权拨款。——授权拨款以支付根据本章产生的且根据第(b)款收取的申请费用不足以涵盖的成本。根据本目可获得的所有资金应保持可获得性直至被耗尽。

(2) 强制许可管理的职位。——1994 年《立法部门拨款法案》第 307 条不适用于国会图书馆为执行第 111 条、第 112 条、第 114 条、第 115 条、第 116 条、第 118 条或第 119 条或第 10 章规定所要求的雇员职位。

§804　诉讼的制度[5]

(a) 提出申请。——根据第 801 条第(b)款第(1)项和第(2)项,有关判定或调整版税率的诉讼,参见第 111 条、第 112 条、第 114 条、第 115 条、第 116 条、第 118 条、第 119 条和第 1004 条,根据第(b)款明确设定的日历年中,本编确定的在 2004 年《版税和分配改革法案》颁布之前或之后,根据本章确立的版税率的版权作品的版权人或版权使用者,可以向版税裁判官提出申请,要求对版税率进行裁定或调整。版税裁判官应判定申请人是否对于要求裁定或调整的版税率具有重大的利益关系。如果认定申请人有此重大利益关系,版税裁判官应就此裁定发出通知,在通知中表明作出该裁定的原因,并且连同根据本章开始诉讼的通知一起公布于《联邦公报》上。关于根据第 801 条第(b)款第(1)项进行的诉讼,涉及第 112 条和第 114 条规定的版税率的裁定和调整,在第(b)款中明确设定的日历年中,版税裁判官应将本章规定的诉讼开始的通知根据第 803 条第(b)款第(1)项第(A)目公布于《联邦公报》上。

(b) 诉讼的时间。——

(1) 第 111 条诉讼。——(A)根据第(a)款申请遵照第 801 条第(b)款第(2)项发起有关第 111 条的版税率的调整的诉讼,且第 801 条第(b)款第(2)项第(A)目或第(D)目适用,该申请在 2005 年和在此后的每一个第五年内可以提出。

(B) 为了根据第 801 条第(b)款第(2)项发起有关第 111 条的版税率调整的诉讼,且第 801 条第(b)款第(2)项第(B)目或第(C)目适用,在以上各款中的任一款规定的事件之后 12 个月内,由第 111 条明确规定版税率或是在 2004 年《版税和分配改革法案》颁布之前或之后根据本章确定版税率的任何受版权保护作品的版权人或版权使用者,可以向版税裁判官提出申请,要求调整版税率。然后,版税裁判官应根据本条第(a)款规定进行诉讼。本章下任何对于版税率的变动,根据本目,可以在 2005 年和在此后的每一个第五年内重新考虑,调整根据第 801 条第(b)款第(2)项第(B)目或第(C)目,视具体情况而定。根据第 111 条第(d)款第(1)项第(B)目确定的版税率的调整请求,该请求由联邦通讯委员会条例和规则变动引起,应阐明请求所依据的变动。

(C) 根据第 111 条版税率的调整,应在版税裁判官在《联邦公报》上公布裁定之后的第一个会计期间开始生效,或是在该裁定指定的其他日期生效。

(2) 第 112 条的某些诉讼。——本章所述诉讼应在 2007 年开始,以确定第 112 条第(e)款第(1)项所述的与第 114 条第(d)款第(1)项第(C)目第(iv)段规定的专有权利的限制有关的活动的合理的版权期限和版税率,应在 2009 年 1 月 1 日生效。应在此后的每五年重复提出此类诉讼。

(3) 第 114 条和相应的第 112 条诉讼。——

(A) 对于拥有资格的非订阅服务和新订阅服务。——本章诉讼应在 2004 年《版税和分配改革法案》颁布日之后立即开始,以确定根据第 114 条和第 112 条为拥有资格的非订阅服务和新订阅服务活动而支付版税的合理版权期限和版税率,应在从 2006 年 1 月 1 日起至 2010 年 12 月 31 日的期间内有效。这些诉讼应在 2009 年 1 月开始,以裁定版税支付的合理版权期限和版税率,在 2011 年 1 月 1 日起生效。此后,应在此后的每五年重复提起此类诉讼。

(B) 对于事先存在的订阅和卫星数字音频收音服务。——本章诉讼应从 2006 年 1 月开始,以确定根据第 114 条和第 112 条为事先存在的订阅和卫星数字音频收音服务活动而支付版税的合理版权期限和版税率,应从 2008 年 1 月 1 日起至 2012 年 12 月 31 日的期间内有效。这些诉讼应随即在 2011 年开始,以裁定版税支付的合理版权期限和版税率,在 2013 年 1 月 1 日生效。此后,应在每一个此后的第五个日历年重复提出此类诉讼。

(C)(i) 尽管有本章其他条款的规定,本目的规定应适用于按照第 114 条第(f)款第(1)项第(C)目和第 114 条第(f)款第(2)项第(C)目提起的有关新服务类型的诉讼。

(ii) 由任何录音制品或新服务类型的版权人提出的裁定该新类型服务的版权期限和版税率的申请书,指明这种新类型的服务是可运作的或将可运作的,在提交该申请书之后的 30 日内,版税裁判官应为诉讼发出通知,以为此类服务裁定版税率和版权期限。

(iii) 诉讼应按照第 803 条第(b)款、第(c)款和第(d)款设定的日程进行,除——

(I) 根据第(ii)段,裁定应在不晚于通知公布后的 24 个月内作出;并且

(II) 根据第 803 条第(d)款第(2)项和第 114 条第(f)款第(4)项第(B)目第(ii)段和第(C)目,裁定应生效。

(iv) 版税率和版权期限,视情况而定,应该在第 114 条第(f)款第(1)项第(C)目或第 114 条第(f)款第(2)项第(C)目所规定的期间内保持有效。

(4) 第 115 条诉讼。——根据第 801 条第(b)款第(1)项,第(a)款所述的有关第 115 条规定的调整或裁定版税率的诉讼申请可以在 2006 年和在此后的每五年提出,或根据第 115 条第(c)款第(3)项第(B)目和第(C)目各方达成协定的此类其他日期内提起。

(5) 第 116 条诉讼。——(A) 根据第 801 条第(b)款,第(a)款所述的有关第 116 条规定的版税率和版权期限裁定的诉讼申请可以在根据第 116 条授予的协商许可终止或届满并且不会被后续协议所取代之后的一年内的任何时间提出。

(B) 如果第 116 条授权的协商许可终止或期满,并且不会被另一个允许

使用一定量的音乐作品(在 1989 年 3 月 1 日之前的一年的时间内对该音乐作品的使用量实质上不会少于此类作品在投币点唱机上的演出量)的此类许可协议所代替,根据第(1)项在协商许可终止或届满后的一年内提出申请,版税裁判官应启动一项诉讼程序,以迅速建立过渡期版税率,或在投币点唱机上公开表演包含于此前遵守已终止或期满的协商许可协议的录音制品中的非戏剧音乐作品的税率。该版税率应和最终的版税率一样,并且应在版税裁判官根据第 803 条裁定可适用于此类作品版税率的诉讼程序结束之前一直保持有效,或是按照第 116 条第(b)款的规定,由一个新协商许可协定代替之前一直保持有效。

(6) 第 118 条诉讼。——根据第 801 条第(b)款第(1)项,第(a)款所述的关于版税支付的合理的条款和版税率的判定的诉讼申请,如第 118 条所提供的可以在 2006 年或在此后每五年内提出。

根据第 801 条第(b)款第(1)项,第(a)款所述的有关第 118 条规定的裁定版税支付的版权期限和版税率的诉讼申请可以在 2006 年和此后的每五年内提出。

(7) 第 1004 条诉讼。——根据第 801 条第(b)款第(1)项,第(a)款所述的有关调整第 1004 条规定的合理版税率的诉讼申请可以根据第 1004 条第(a)款第(3)项的规定提交。

(8) 有关版税分配的诉讼。——关于根据第 801 条第(b)款第(3)项有关在第 111 条、第 119 条或第 1007 条的版税分配的某些情形的诉讼,基于此类分配争议作出的裁定,版税裁判官应该将本章诉讼开始的通知公布于《联邦公报》上。

§ 805　自愿协商协定通则

本编下的任何版税率和版权期限——

(1) 须诉讼的参与者[根据第 803 条第(b)款第(3)项规定]一致同意,

(2) 由版税裁判官采纳作为本章下裁定的一部分,而且

(3) 在较短时期内生效,否则适用本章的规定,

应在该时期内保持有效,否则应适用该裁定;版税裁判官在版税率保持生

效的附加期间内,根据自愿协商调整版税率以反映国家的货币通货膨胀的情
况除外。

第 8 章　尾注

1. 2004 年《版税和分配改革法案》完全修正了第 8 章。Pub. L. No. 108—419, 118
Stat. 2341.

2006 年《版税裁判官项目技术修正法案》完全修正了第 8 章。Pub. L. No. 109—303, 120
Stat. 1478. 该法案的第 6 条指出:"除第(b)款的相关规定外,本法案和本法案的修正案应有
效,正如其包含于 2004 年《版税和分配改革法案》中。"Id. at 1483.

2. 2006 年,《版税裁判官项目技术修正法案》修订了第 801 条,在第(b)款第(1)项第一
句中的"119"后插入一个逗号,并在结尾处加入新的第(f)款。Pub. L. No. 109—303, 120
Stat. 1478. 它还修订了第 803 条第(b)款第(3)项第(C)目的语言,在第(i)段之前,并用"此
类"替代了"这个"。Id. at 1483.

3. 2006 年,《版税裁判官项目技术修正法案》修改了第 802 条第(f)款第(1)项第(A)目
第(i)段,用"第(B)目和本目第(ii)段"替换了"本目第(ii)段和第(B)目";完全修改了第(f)
款第(1)项第(A)目第(ii)段;在第(f)款第(1)项第(D)目第 7 句的"承诺协商"后插入逗号。
Pub. L. No. 109—303, 120 Stat. 1478—79.

4. 2004 年《卫星家庭收视延伸和再授权法案》修改了第 803 条第(b)款第(1)项第(A)
目第(i)段(V),在末尾处插入"以下情况除外,根据第 111 条规定的诉讼于 2005 年开始,该
通知可以不公布"。Pub. L. No. 108—447, 118 Stat. 2809, 3393, 3409.

2006 年,《版税裁判官项目技术修正法案》修订了第 803 条第(a)款第(1)项,在开始处
加入新的句子,并修改了第二句。Pub. L. No. 109—303, 120 Stat. 1478, 1479. 同时修改了第
(b)款第(1)项第(A)目第(i)段(V),在"情况"之前加入"公布通知的要求不适用",并从句
末处删除了"此类通知可以不公布"。还修正了第(b)款第(2)项第(A)目,从末尾处删除
"与 150 美元的申请费一起",并且加入了新的第(D)目。Id. at 1479—80. 修改了第(b)款第
(3)项第(A)目,改变了标题并且为第(ii)段增加了文字。Id. at 1480. 修正了第(b)款第(4)
项第(A)目,删除了最后一句。修正了第(b)款第(6)项第(C)目第(i)段的第一句,在"直接
陈述"之后插入"书面反驳陈述",在"版税裁判官"之后插入"在书面直接陈述的情况下"。
完全修正了第(b)款第(6)项第(C)目第(ii)段(I)的 iv 和 x 部分。修正了第(c)款第(2)项第
(B)目,在句末删除了"关于版税率和版权期限";修正了第(c)款第(4)项,删除"版税裁判
官"之后第一句的"经由版权注册处同意";对第(c)款第(7)项做了一些技术上的修订,在
"版税裁判官"之前加上冠词。修正了第(d)款第(2)项第(C)目第(i)段(I),在"账户说明"
之前插入"合适的",并且删去了"使用报告"之前的"任意"。Id. at 1481. 修正了第(d)款第
(3)项,在开始处加入新的一句话,并删除了先前第一句开始处的"根据第 5 编第 706 条",
现在该句变成了第二句。Id.

5. 2006 年,《版税裁判官项目技术修正法案》修改了第 804 条第(b)款第(1)项第(B)

目,在第 3 句中用"第 801 条第(b)款第(2)项第(B)目或第(C)目"替换了"第 801 条第(b)款第(3)项第(B)目或第(C)目"。Pub.L.No.109—303,120 Stat.1478,1481.修改了第(b)款第(3)项第(A)目,用"颁布日期"替换了"生效日期",并且对第(b)款第(3)项第(C)目第(i)段和第(ii)段作了相应的技术修正以改正语法错误。

第9章[1]　半导体芯片产品的保护

条　目

§901　定　　义

(a) 本章使用的——

(1)"半导体芯片产品"系指下列任何产品的最终形式或中间形式——

(A) 有着两层或两层以上金属、绝缘或半导体材料,按照某一预定模式存放于或置放于某块半导体材料之上或自其腐蚀或刻蚀而成;并且

(B) 其目的在于起到电子电路的作用;

(2)"掩膜作品"系指以固定或编码的方式而形成的一系列相关图像——

(A) 拥有或体现出存在于某一半导体芯片产品各层之中或自其刻蚀而成的金属、绝缘或半导体材料的预定的三维模式;和

(B) 在该系列中,各种图像的相互关系是,每种图像都有着一种形式的半导体芯片产品的表面的模式;

(3) 掩膜作品在某一半导体芯片产品中的"固定"系指其相当固定或稳定地包含于该产品之中,从而可在较长时间内从该产品中感觉到掩膜作品的存在或者可以进行复制;

(4)"销售"意指出售、出租、托售或以其他方式转让,或指要约出售、出租、托售或以其他方式转让;

(5) 掩膜作品的"商业利用"系指出于商业目的向公众销售包含该掩膜作品的半导体芯片产品,但只有当要约以书面形式提出。若在掩膜作品已固定于半导体芯片产品中之后提出,这一用语中才包括销售或转让该半导体芯片产品的要约在内;

(6) 掩膜作品"所有人"系指制作该掩膜作品的人、制作人死亡或无行为能力时的法定代理人,或根据第 903 条第(b)款属于制作人或法定代理人根据本章所享有一切权利的受让人;但如果某一掩膜作品是在某人受雇时制作,则所有人为雇佣该人为其制作掩膜作品的雇主或依据第 903 条第(b)款受让本章中属于该雇主的一切权利的一方;

(7)"不知情购买者"意指善意购买某一半导体芯片产品,且未得到关于该半导体芯片产品保护通知的人;

(8) 得到"保护通知"意指实际知晓,或有合理根据认为某一掩膜作品受到本章保护;

(9)"侵犯版权的半导体芯片产品"系指制作、进口或销售侵犯本章规定的掩膜作品所有人专有权利的半导体芯片产品。

(b) 根据本章,销售或进口含有半导体芯片产品的产品,即被视为销售或进口该半导体芯片产品。

§ 902　受保护的客体[3]

(a) (1) 根据第(b)款规定,由掩膜作品所有人固定或授权固定于半导体芯片产品中的掩膜作品,可享受本章所规定的保护,如果——

(A) 在根据第 908 条对掩膜作品进行注册,或在世界上任何地方首次进行商业利用之日(以较先日期为准),掩膜作品所有人为(i)美国国民或定居者,(ii)与美国同为掩膜作品保护条约的缔约国的外国国民、定居者或主权当局,或(iii)无国籍人,不论其在何处定居;

(B)掩膜作品在美国首次被商业利用;或

(C)掩膜作品属于根据第(2)项颁布的总统公告范围。

(2)如果总统发现,某一外国对所有人为美国国民或定居者的掩膜作品所给予的保护(A)大致等同于该国对其本国国民和定居者的掩膜作品及首次在该国被商业利用的掩膜作品所给予的保护,或(B)大致等同于本章所规定的保护,则总统可根据本章规定发布文告,对(i)在遵照第 908 条对掩膜作品进行注册之日或掩膜作品在世界上任何地方首次被商业利用之日(以较先日期为准)为该国国民、定居者或主权当局的所有人的掩膜作品给予保护;或(ii)首次在该国被商业利用的掩膜作品给予保护。总统可以修改、暂停或废除任何在这种保护上强加条件和限制的声明。

(b)本章规定的保护不适用于下列掩膜作品——

(1)非原创的;或

(2)包含有半导体工业中司空见惯的、普通的或熟悉的设计,或从整体组合来看并无独创性的此类设计的各种变化形式。

(c)本章规定的对掩膜作品的保护,在任何情况下都不适用于任何思想、程序、过程、系统、操作方法、概念、原则或发现,不论其在这类掩膜作品中是以何种形式描述、解释、说明或体现的。

§903　所有权、转让、许可和备案

(a)受本章规定保护的掩膜作品的专有权利,属于掩膜作品所有人;

(b)掩膜作品专有权利所有人可通过所有人自身或经所有人正式授权的代理人签字的任何书面文件转让所有权利,或就这些权利的全部或部分授予许可。这些权利可通过法律规定实行转让或授予许可,亦可通过遗嘱遗赠或依照可适用的无遗嘱继承法律实行个人财产转让。

(c)(1)关于掩膜作品的任何文件,如果在提请备案时具有文件签订人的实际签字,或附有宣誓或官方证明说明该文件是已签字的原件的准确副本,均

可在版权局备案。版权注册处应在收到文件和按第 908 条第(d)款的规定收费时将文件注册备案,并将其连同备案证书一并退还。任何转让或许可一经依照本款备案,即就有关转让或许可的备案文件中所述情况向所有的人发出解释通知。

(2) 凡遇到掩膜作品专有权利的转让发生冲突的情况,如果后一项转让系有偿转让而且在并不了解前一项转让的情况下订立,则首先订立的转让应视为无效,但下列情况例外:首次转让已在订立之日后三个月内,无论如何不迟于后一转让订立前一天,则遵照第(1)项规定备案。

(d) 美国政府官员或雇员以其正式职务身份而制作的掩膜作品,不受本章规定的保护,但并不排除美国政府接受和保有遵照第(b)款转让给美国政府的掩膜作品的专有权利。

§904　保护期限

(a) 本章规定的对掩膜作品的保护,应自该掩膜作品遵照第 908 条规定注册之日,或掩膜作品在世界上任何地方首次被商业利用之日开始,以较先日期为准。

(b) 本章规定的对掩膜作品的保护应自遵照第(a)款规定开始这类保护之日起算的 10 年后终止,且须遵照第(c)款规定和本章中的规定。

(c) 本条规定的所有保护期限均应截至到期之年年底。

§905　掩膜作品的专有权利

本章规定保护的掩膜作品的所有人,享有从事或授权从事下列事项的专有权利:

(1) 以光学、电子学或任何其他手段复制掩膜作品;

(2) 进口或销售包含掩膜作品的半导体芯片产品;

(3) 诱导或有意使他人进行第(1)项、第(2)项所述的任何行为。

§906　专有权利的限制:反向工程;首次销售

(a) 尽管有第 905 条的规定,但下列情况并不构成对某一掩膜作品所有人的专有权利的侵犯：

（1）某人完全出于教学、分析或评价包含在掩膜作品中的概念或技术，或用于掩膜作品中元件的电路、逻辑流程图或组织结构等目的复制掩膜作品；或

（2）从事第（1）项所述分析或评价活动的某人，将其分析或评价活动的结果并入某一为销售而制作的原创掩膜作品之中。

（b）尽管有第 905 条第（2）项的规定，掩膜作品所有人或经掩膜作品所有人授权的任何人所制作的某一具体的半导体芯片产品的拥有者，仍可在未经掩膜作品所有人授权的情况下进口、销售或处理、使用该具体半导体芯片产品，但不得进行复制。

§907　专有权利的限制：不知情侵犯版权行为

（a）尽管有本章任何其他条款的规定，某侵犯版权的半导体芯片产品的不知情购买者——

（1）对于其注意到包含在半导体芯片产品中的掩膜作品受到保护前进口或销售侵犯版权的半导体芯片产品无需承担本章所规定的任何责任；

（2）只须承担该不知情购买者在注意到有关包含于半导体芯片产品之中的掩膜作品受到保护后进口或销售的每部侵犯版权的半导体芯片产品的适当的版税。

（b）第（a）款第（2）项所述版税的数额，应由处理侵犯版权民事诉讼的法庭确定，除非各方通过自愿谈判、调停或有约束力的仲裁解决问题。

（c）第（a）款第（1）项所述对不知情购买者的豁免及第（a）款第（2）项所述对不知情购买者的责任限制，应扩大到直接或间接地从不知情购买者处购买侵犯版权的半导体芯片产品的任何人。

（d）第（a）款、第（b）款、第（c）款的规定仅适用于不知情购买者在注意到有关包含在半导体芯片产品之中的那些部件，且该部件应在掩膜作品受到保护之前购买。

§908　保护要求的注册

（a）掩膜作品所有人可向版权注册处申请注册某一掩膜作品的保护要

求。如果未按本章规定,于掩膜作品在世界任何地方首次被商业利用之日起两年之内就保护掩膜作品的要求提出注册申请,则本章规定的对掩膜作品的保护应终止。

(b) 版权注册处应对本章规定的一切行政管理职责负责。除第 708 条外,本编第 7 章关于版权局的一般职责、组织、管理职权、诉讼、记录和出版物的规定应适用于本章,但版权注册处若需要在本章中使用第 7 章的条款,则可对其作必要的变动。

(c) 申请注册掩膜作品应填写版权注册处规定的表格。此类表格要求提供版权注册处认为与掩膜作品的编目或识别本章所规定掩膜作品保护的存续期限或掩膜作品的所有权等相关的任何信息。提出申请时应附上根据第(d)款规定应收取的费用及该款规定的鉴别材料。

(d) 版权注册处应根据规定,确定本章所规定的对掩膜作品注册保护要求申请备案的合理费用,以及与本章中行政管理或本章所规定的权利有关的其他服务的合理费用,但应考虑到提供这些服务的成本、在政府机构备案的利益及本编规定的法定费用表等因素。版权注册处还应规定关于注册要求应交存的鉴别材料。

(e) 如果版权注册处在审查注册申请后根据本章规定断定:该项申请涉及一件有权受本章保护的掩膜作品,则他应对该项保护要求进行注册,并对申请人颁发盖有版权局印章的保护要求注册证明书。注册的生效日期应为申请书、交存的鉴别材料及经版权注册处或可接受进行保护要求注册的合法司法管辖权法庭所确定的收费款项,版权局均已收到之日。

(f) 在有关本章所述侵犯版权的任何诉讼中,若符合下述情况,则掩膜作品的注册证明书应构成初步证据:

(1) 证明书所述的情况;和

(2) 持有证明书的申请人符合本章所规定的条件,并遵守根据本章所公布的关于要求注册的规章。

(g) 对版权注册处拒绝颁发本条规定的注册证明书一事不满的任何依据本条要求注册的申请人,均可寻求对版权注册处拒绝行为的司法审查,其办法是在不晚于拒发后 60 天的时间内向适当的美国地方法庭提起诉讼,争取这一审查。第 5 编第 7 章的规定应适用于这种司法审查。版权注册处如果未在注册申请提出后四个月之内颁发注册证明书,根据本款和第 910 条第(b)款第(2)项,应被视为拒绝颁发注册证明书,但在说明充分理由时,地方法庭也可缩短此四个月期限。

§909　掩膜作品标记[4]

(a) 受本章保护的掩膜作品所有人,可用能适当表现这种保护标记的方式并在适当的位置将标记附加于掩膜作品和包含掩膜作品的掩膜和半导体芯片产品之上。版权注册处应通过条例规定,根据本条指出附加标记的具体方法和位置作为范例,但这类规定不应被视作详尽无遗的。此种标记的附加并非本章所规定保护的条件,但应构成保护标记的初步证据。

(b) 第(a)款所述标记应包括——

(1) "掩膜作品"一词,符号"M"或符号∗M∗,或Ⓜ(字母 M 加圆圈);和

(2) 掩膜作品的一名或多名所有人的姓名,或可资识别该姓名或通用的缩写。

§910　专有权利的执行[5]

(a) 除本章另有规定外,任何人以商业行为侵犯本章所规定的掩膜作品所有人的任何专有权利,则应负侵犯此项权利的责任。在本款中所使用的"个人"包括任何州、任何州政府机构和任何执法中的州或州政府机构的官员及雇员。任何州以及这样的机构、官员或雇员必须与任何非政府团体以相同的方式或在同等程度上共同遵守本条款。

(b)(1) 本章保护的掩膜作品的所有人,或本章规定的有关掩膜作品的一切权利的专有许可证接受人,在依第 908 条已发出该掩膜作品保护要求注册证明书后,应有权对于根据第 904 条第(a)款对掩膜作品保护生效以后侵犯掩膜作品权利的行为提起民事诉讼。

(2) 如果已将关于掩膜作品的保护要求的注册申请,以及所需交存的鉴别材料和收费按正式方式提交到版权局,但掩膜作品的注册遭到拒绝,则申请人只需将诉讼通知连同申诉书副本按照联邦民事诉讼规则送交版权注册处,

即有权就本章规定的有关掩膜作品的侵权行为提起民事诉讼。版权注册处在收到诉讼通知后 60 天内可自由选择以出庭的方式，就保护要求是否适宜注册问题，成为诉讼的当事人，但版权注册处若未成为诉讼当事人，则不应因此剥夺具有司法管辖权的法庭就该诉讼作出裁定。

(c)(1) 财政部长和美国邮局应分别或共同颁布条例，以执行第 905 条所列有关进口的权利。这些条例可规定作为违禁物品进入美国的条件，要求禁止进口的人必须采取下列行动中的一种或多种行动。

(A) 取得法庭的命令，或按 1930 年《关税法》第 337 条取得国际贸易委员会的命令，禁止进口该物品。

(B) 提供证据，证明所涉的掩膜作品是受本章保护的作品，而且该物品的进口会侵犯本章规定的掩膜作品的权利。

(C) 如果证明没有必要扣押或禁止进口物品，则对由此而产生的任何损害提供保证金。

(2) 可按违反海关法律进口财产的相同的方式，扣押或没收侵犯第 905 条所列权利而进口的物品。任何被没收的物品应按照财政部部长或法庭的指示销毁（视情况而定），但如能使财政部部长确信进口者并无合理根据认为自己的行为构成违法，则可将物品退还给出口国。

§911　民 事 诉 讼[6]

(a) 任何对本章产生的民事诉讼有司法管辖权的法庭可按法庭认为的适当条件发出暂缓行动令、初步强制令和全部诉讼期间法庭强制令，以阻止或约束侵犯本章所规定的掩膜作品的专有权利。

(b) 法庭如果认定侵权人对根据第 910 条第(b)款第(1)项有权提起民事诉讼的人，负有侵犯本章规定的任何专有权利的责任，即应裁定侵权人向受到其侵权行为损害之人支付实际损害赔偿费。法庭还应裁定向此人支付侵权人由于侵犯版权行为而得到的、在计算实际损害赔偿费时未计算的利润。在证实侵权人的利润时，此人只需提供关于侵权人总收入的证据，侵权人则需证明其可予扣除的支出以及利润中由于掩膜作品以外的因素所取得的部分。

(c) 在做出最终裁定以前的任何时候，有权就侵犯版权行为提起民事诉讼的人,可选择不要求取得第(b)款规定的实际损害赔偿费和利润,而要求取得对于任何侵权人应单独承担责任或任何两个或两个以上侵权人应该负共同连带责任的任何一件掩膜作品,有关本诉讼所涉一切侵犯版权行为的法定损害赔偿金,其数额由法庭裁定,但不得超过 25 万美元。

(d) 根据本章关于侵犯版权行为的诉讼应在索赔权产生后 3 年内提起,否则即超过时效。

(e)(1) 在根据本章就侵犯掩膜作品的专有权利行为的诉讼进行期间,法庭可按其认为合理的条件,命令没收据称侵犯专有权利而制作、进口或使用的一切半导体芯片产品以及借以复制半导体芯片产品的任何图样、磁带、掩膜或其他产品。在可行的情况下,本项规定下的命令申请应按照与暂缓行动令或初步强制令的申请相同的方式进行审理和裁定。

(2) 作为最终裁定或判决的一部分,法庭可命令对于任何侵犯版权的半导体芯片产品,及借以复制该产品的任何掩膜、磁带或其他物品,予以销毁或作其他处置。

(f) 在根据本章提起的任何民事诉讼中,法庭可自由裁定允许偿付胜诉一方的全部费用,包括合理的律师费用。

(g)(1) 根据《美国宪法第十一修正案》或任何其他主权豁免原则,任何州、州立机构和任何州或州立机构的现任官员或雇员将不能免除以下诉讼:由包括任何政府或非政府机构的任何个人在联邦法庭提起的针对违反本章掩膜作品所有人的任何专有权利的诉讼或针对任何其他违反本章规定的诉讼。

(2) 第(1)项所述的控告,救济(包括法律救济和平衡救济)同一项针对任何公共团体或个人组织的控告,而不是针对州、州政府机构或州政府机构的在职官员或雇员的控告,救济具有同等程度的可行性。这些救济包括第(b)款规定的实际损害赔偿费用和利润、第(c)款规定的法定损害赔偿金、第(e)款规定的涉案物件的扣押和处置以及第(f)款规定的诉讼费用和律师费用。

§912 同其他法律的关系[7]

(a) 本章中的任何规定均不影响任何人根据本编第 1 章至第 8 章,或第 10 章或根据第 35 编所拥有的任何权利和救济。

(b) 除本编第 908 条第(b)款的规定外,本编第 1 章至第 8 章,或第 10 章中凡提到"本编"或"第 17 编"之处应视为不适用于本章。

(c) 在各州法律就掩膜作品规定的任何权利或救济相当于本章规定的权利或救济的条件下,本章的规定应比任何州的法律优先运用,但只对于 1986 年 1 月 1 日或此后提起的诉讼才能优先适用此项。

(d) 尽管有第(c)款的规定,本章任何规定均不应损害 1983 年 7 月 1 日前首次被商业利用的掩膜作品的所有人的任何权利,无论是根据在此之前或之后宣布或颁布的联邦法律(除本章外)或普通法或一州的法规。

§913　过渡性条款

(a) 根据第 908 条的注册申请和根据第 910 条的民事诉讼或本章规定的其他诉讼,均需在本章颁布之日起 60 天后方能提出。

(b) 除第(d)款规定之外,对于在本章颁布之日前发生的任何行为,不得依第 911 条给予任何货币救济。

(c) 根据第(a)款,本章的规定适用于本章颁布之日或以后,首次被商业利用或根据本章注册,或同时属于两种情况的一切掩膜作品。

(d) (1) 根据第(a)款,可向在 1983 年 7 月 1 日或以后首次被商业利用的任何掩膜作品提供本章规定的保护,如果掩膜作品在 1985 年 7 月 1 日以前按第 908 条在版权局注册,也可向在本章颁布之日以前首次被商业利用的掩膜作品提供本章规定的保护。

(2) 对于第(1)项规定的受到本章保护的任何掩膜作品,在本章颁布之日前,被进口到美国或在美国销售,或既进口又销售侵犯版权的半导体芯片产品部件,可不承担第 910 条和第 911 条的责任,直到该掩膜作品根据第 908 条注册之日后的两年为止,但进口者或销售者(视情况而定)必须首先向掩膜作品的所有人,就其在本章颁布之日后进口或销售,或既进口又销售的所有上述部件,支付或提议支付第 907 条第(a)款第(2)项规定的适当的版税。

(3) 如果有人进口或销售本款第(2)项所述的侵犯版权的半导体芯片部件,未首先支付或提议支付适当的版税,或者如果该人拒绝支付版税,则掩膜作品所有人有权得到第 910 条和第 911 条规定的救济。

§914   国际过渡性条款[8]

(a) 虽有第 902 条第(a)款第(1)项第(A)目和第(B)目中关于根据本章向外国国民、定居者和主权当局提供保护的条件,但商务部部长可根据任何人的请求发布命令,或由部长主动发布命令,在下列情况下,对外国国民、定居者或主权当局提供保护:

(1) 部长认为该外国正在做出真诚的努力,以

(A) 订立一个第 902 条第(a)款第(1)项第(A)目所述的条约;或

(B) 颁布或实施符合第 902 条第(a)款第(2)项第(A)目或第(B)目的立法;而且

(2) 部长认为该外国公民、定居者和主权当局以及由其控制的人,并未盗用掩膜作品或在未经许可的情况下销售或商业性利用掩膜作品;而且

(3) 部长认为发布保护的命令会促进本章宗旨的实现,以及保护掩膜作品方面的国际友谊。

(b) 在根据第(a)款,对一个外国发布保护命令期间,不得仅仅因为掩膜作品所有人是该外国公民、定居者或主权当局,或仅仅因为该掩膜作品是在该外国首次被商业利用,就拒绝接受根据本章注册的掩膜作品要求保护的申请。

(c) 商务部部长根据第(a)款发布的任何命令的有效期限,应由部长在命令中确定,但任何命令在商务部部长的权力根据第(e)款规定终止之日以后即停止生效。任何上述命令开始生效的日期也应在该命令中指定。如系根据某人的请求发布上述命令,则生效日期不得早于商务部部长收到该请求的日期。

(d) (1) 根据本条发布的命令在下列情况下终止:

(A) 商务部部长认为第(a)款第(1)项、第(2)项和第(3)项所列的任何条件已不复存在;或

(B) 该外国公民、定居者或主权当局的掩膜作品,或在该外国首次被商业利用的掩膜作品根据第 902 条第(a)款第(1)项第(A)目或第(C)目,已经有得到保护的资格。

（2）在根据本条发布的命令终止或期满以后，根据该命令注册掩膜作品的保护要求，在第 904 条规定的期间内应继续有效。

（e）本条规定的商务部部长的权力应从本章颁布之日开始，到 1995 年 7 月 1 日止。

（f）（1）商务部部长在发布或终止本条规定的任何命令时，应立即通知版权注册处，以及参议院和众议院的司法委员会，同时应说明发布或终止的理由。部长还应将此通知和理由说明公布在《联邦公报》上。

（2）自本章颁布之日起两年以后，商务部部长在与版权注册处磋商后，应向参议院、众议院的司法委员会送交根据本条采取的行动以及国际承认保护掩膜作品现状的报告。该报告应包括在与版权注册处磋商后，部长认为为了实现本章的宗旨以及增进掩膜作品保护方面的国际友谊，对根据本章给予外国公民、定居者或主权当局所有的掩膜作品的保护，应予修改的建议。不晚于 1994 年 7 月 1 日，商务部部长在与版权注册处磋商后，应向参议院、众议院委员会送交关于修改上述报告的更新报告。

第 9 章　尾注

1. 在 1984 年，《半导体芯片保护法案》修改了《美国法典》第 17 编，增加新的标题为"半导体芯片产品的保护"的第 9 章。Pub. L. No. 98—620, 98 Stat. 3335, 3347.

2. 在 1997 年，修改了第 903 条之标题，在末尾处加入"、转让、许可和备案"以替代"和转让"。Pub. L. No. 105—80, 111 Stat. 1529, 1535. 2002 年《知识产权和高科技技术修正法案》修改了第 903 条的标题，并在第 9 章中用"许可（分词形式）"替换"许可（名词形式）"。Pub. L. No. 107—273, 116 Stat. 1758, 1910.

3. 在 1987 年，修改了 902 条，在第（a）款第（2）项后增加了尾句。Pub. L. No. 100—159, 101 Stat. 899, 900.

4. 在 1997 年，修改了第 909 条，改正了第（b）款第（1）项中的拼写错误。Pub. L. No. 105—80, 111 Stat. 1529, 1535.

5. 在 1990 年，《版权救济澄清法案》修改了第 910 条，对第（a）款增加了最后两句。Pub. L. No. 101—553, 104 Stat. 2749, 2750. 在 1997 年，对 910（a）条作了技术上的修改，将第 2 句的首字母改为大写。Pub. L. No. 105—80, 111 Stat. 1529, 1535.

6. 在 1990 年，《版权救济澄清法案》修改了第 911 条，增加了第（g）款。Pub. L. No. 101—553, 104 Stat. 2749, 2750.

7. 在 1988 年，《司法促进和司法公正法案》修改了第 912 条，删除第（d）款，将第（e）款重新指定为第(d)款。Pub.L.No.100—702,102 Stat.4642,4672.1992 年《家庭录音法案》修改了第 912 条,在第(a)款和第(b)款中"8"之后插入"或 10"。Pub.L.No.102—563,106 Stat.4237,4248.

8. 在 1987 年,修改了第 914 条,在第(e)款中插入"1991 年 7 月 1 日"以替代"该颁布日期三年以后",并在第(f)款第(2)项增加了最后一句。Pub.L.No.100—159,101 Stat.899. 1991 年《半导体国际保护延伸法案》修改了第 914 条,在第(a)款第(1)项第(B)目首句"颁布"之后插入"或实施",并且将第(f)款第(2)项尾句的日期改为"1994 年 7 月 1 日"。Pub. L.No.102—64,105 Stat.320.

在 1995 年 7 月 1 日,根据第(e)款之要求,第 914 条终止。在 1995 年 1 月 1 日世界贸易组织(附件 1C)颁布的《与贸易有关的知识产权协定》生效之日起,该条款在很大程度上是不必要的。《与贸易有关的知识产权协定》关于保护半导体芯片产品的第 2 部分第 6 条是 1995 年 3 月 23 日第 6780 号总统公告的基础,根据第 902 条第(a)款第(2)项将将保护延伸至所有现在(即 1996 年 1 月 1 日)及未来的世界贸易组织成员(在 2003 年 4 月 4 日有 146 个成员国)。见附录 L.

国会决议申明关于延伸半导体芯片的保护至外国组织的讨论,参见 Pub.L.No.100—159,101 Stat.899,和 1991 年《半导体国际保护延伸法案》,Pub.L.No.102—64,105 Stat.320.

第 10 章　数字音频录音设备和媒体[1]

条　　目

A 节——定　　义

§ 1001　定　　义

本章使用的下列术语具有如下含义:

(1)"数字音频复制录音"意指一种以数字格式录入的,对数字化音乐作品进行的复制,可直接来自其他数字音乐录音或间接传输;

(2)"数字音频接口设备"意指专用于通过非专业接口向数字音频录音设备传输数字音频信息和相关接口数据的任何机器或设备;

(3)"数字音频录音设备"意指任一类通常由个人销售给个人使用的音频复制机器或设备,无论是否与其他机器或设备相连或是其他机器设备的一部分。设计及销售此类设备数字录音功能的主要目的是实现数字音频复制录音的私人使用,除了——

(A)专业模型产品,以及

(B)口授录音机、答录机以及其他音频录音设备,设计和销售此类设备主要是为了进行源于某些固定非音乐音频的录音创作。

（4）（A）"数字音频录音媒介"意指任一种通常由个人销售给个人使用的物质实体，其主要市场目标以及消费者使用的目的通常在于，通过使用数字音频录制设备，实现数字音频的复制。

（B）该术语不包括具有下列特征的物质实体——

（i）在进口商或者制造商首次销售之时包含有录音制品；或

（ii）其主要市场目标以及消费者的使用目的通常是复制电影以及其他音像作品，或者是复制包括计算机程序或数据库在内的非音乐的文学性的作品。

（5）（A）"数字音乐录音"作为一个物质实体，具有以下特征——

（i）只以数字记录格式录制一定的音频材料、声明或者附带那些固定声音的介绍；如果有的话，参见下面一条。

（ii）这些音频和材料可以直接地，或借助机器设备间接地被感知、复制或者以其他方式传播。

（B）"数字音乐录音"不包括具有以下任一特征的物质实体——

（i）录音的声音完全由口语录音构成。

（ii）或者在一个或多个计算机程序中固定了的，除去数字音乐录音包含的声明、由一定声音或附带材料构成的介绍，或者被直接或间接用于促进感知、复制或有关某些音频和附带材料的传播。

（C）出于本段的目的——

（i）"口语录音"意指仅录制一系列口头话语的录音，但不包括有伴奏音乐或其他声音的口头话语。

（ii）"附带"意指与之相关但相对次要的。

（6）"销售"意指在美国境内向消费者出售、出租或转让产品，或者是在美国境内出售、出租或转让，并最终将产品转移到美国消费者手中。

（7）"版权利益相关方"是——

（A）根据本编第 106 条第(1)项，有权复制已被包含在数字音乐录音制品或已经销售的根据本条合法制作的模拟音乐录音制品中的音乐作品的录音制品的专利权所有人。

（B）有权在数字音乐录音制品或模拟音乐录音制品中复制音乐作品的法定或拥有使用权的法人，或者可控制该权利使用的人，且该音乐作品已被包含于数字音乐录音制品中，或销售的根据本编合法制作的模拟音乐录音制品中。

（C）其表演收录在已经发行的录音制品中的灌唱艺术家。

（D）任何具有以下特征的团体或其他组织——

（i）代表上述第（A）目、第（B）目或第（C）目中的个人。

（ii）代表音乐作词作曲人以及出版商，享有向音乐用户认证音乐作品的权利。

（8）"制造"意指在美国境内生产或者组装产品。"制造商"意指上述产品的生产者。

（9）"音乐出版商"意指有权认证录音制品中特定音乐作品的复制品的人。

（10）"专业模型产品"意指一类录音设备，其设计、制造、销售及其预期目的均在于在合法经营范围内录制专业产品，且遵守商务部部长按规定颁布的命令。

（11）"串行复制"意指对享有版权的音乐作品或者数字音乐录音产品的再录音，并进行数字格式的复制。"数字音乐录音的数字复制"不包括由版权人发行并最终出售给消费者的数字音乐录音。

（12）数字音频录音设备或者数字音频录音媒体的"转让价格"——

（A）如下［服从于第（B）目中的规定］——

（i）就进口商品来讲，意指美国海关处实际输入的价值（去除运费、保险费和适用关税）。

（ii）就国内商品来讲，意指制造商的转让价格（制造商离岸价格，去除直接销售税和在销售过程中产生的消费税）。

（B）若转让方和受让方是相关机构，或者存在于单一机构内部，则"转让价格"应当不少于根据 1986 年《国内税收法典》第 482 条或其后续条款所通过的条例规定下的合理的正常交易价格。

（13）"作者"意指作曲者或者特定音乐作品的词作者。

B节——复制控制

§1002 复制控制公司

(a) 对于进口、制造和销售的禁令。——任何人不得进口、制造或者销售不符合以下规定的任何数字音频录音设备或者数字音频接口设备——

(1) 串行复制管理系统;

(2) 与串行复制管理系统具有相同功能的系统;关于要求版权和生成状态的信息在使用串行复制条例规定的系统方式和串行复制管理系统的设备之间准确发送、接收、执行命令。

(3) 任何由商务部部长确认为违禁的未经授权的串行复制的其他系统。

(b) 认证程序的发展。——根据利益相关方的请求,商务部部长应当建立一个程序来认证符合第(a)款第(2)项的规定而设定的标准的系统。

(c) 关于系统规避的禁令。——任何人不得进口、制造或销售任何具有以下特征的设备,或者提供、施行任何具有以下特征的服务。其首要目的或者功能是避免、回避、移除、停用或者以其他方式规避任何实现第(a)款所描述的系统的整体或部分功能的程序或电路。

(d) 数字音乐录音的信息编码。——

(1) 禁止对错误的信息进行编码。——任何人不得对含与原编码、版权状态或原录音材料的生成状态有关的错误信息的数字音乐录音进行编码。

(2) 版权状态不需要编码。——本章不要求任何进口或者制造数字音乐录音的相关人员对此类数字音乐录音的版权状态进行编码。

(e) 与数字格式传输同步的信息。——在本章中,任何人以传输或者其他方式向公众传送任何数字格式的录音制品时,不要求其传输或者以其他方式传送与录音制品的版权状态相关的信息。任何以传输或者其他形式传送版权状态信息的人,应当正确地传输或者传送信息。

C节——版税支付

§1003 支付版税的义务

(a) 关于进口和制造的禁令。——任何个人不得进口、或制造并销售任何数字音频录音设备或者数字音频录音媒体,除非此人已经注明了本条所规定的声明,并且支付了账目报告和第 1004 条所规定的这类设备和媒体所适用的版税,才可以实施上述操作。

(b) 通知的提交。——对于制造商或者进口商未提前提交本款规定的通知(包含产品类别或者运用的技术),任何数字音频录音设备和数字音频录音媒体的进口商和制造商都必须向版权注册处提交一份关于此类设备和媒体的通知,其形式和内容应该遵照版权注册处的相关规定。

(c) 季度和年度账目报告的提交。——

(1) 总论。——任何销售数字音频录音设备和数字音频录音媒体的进口商或者制造商应当向版权注册处提交关于该规定的销售的季度和年度账目报告,该季度和年度账目报告的形式和内容应当遵照版权注册处的相关规定。

(2) 认证、验证和保密性。——每条此类的报告应当由获得授权的人员或者主要进口商或制造商准确认证。注册部门应当发布相关规章,以验证、核查此类报告,并确保报告中信息的保密性。此类条例应该规定将此类报告秘密披露给版权利益相关方。

(3) 版税支付。——每项此类报告应当同时附上第 1004 条中规定的版税支付。

§ 1004　版 税 支 付[2]

(a) 数字音频录音设备。——

(1) 支付费用数目。——根据第 1003 条规定,每类进口到美国并在美国经销,或者在美国制造或经销的数字音频录音设备,应付的版税为转让价格的 2%。此项规定只适用于最初制造、销售或者进口并销售此类设备的当事人。

(2) 与其他设备同时销售的费用计算。——关于最初与其他一件或多件设备同时销售的数字音频录音设备,无论是作为一个实体相连的整体,还是作为独立部件,其版税支付应当计算如下:

(A) 如果此数字音频录音设备以及其他此类设备是与实体相连的整体的一部分,版税支付应当根据整体转让价格来计算,但需减去其中非首次销售的数字音频录音设备的版税。

（B）如果此数字音频录音设备非相连实体的整体的一部分,并且其相似设备在最近四个季度中都是单独销售,其版税支付应当根据此类设备在这四季度中的平均转让价格来计算。

（C）如果此数字音频录音设备非相连实体的整体的一部分,并且其相似设备在最近四个季度中大多为非单独销售,其支付的版税应当根据能够反映此设备在整体中所占的价值比例来确定数额。

（3）版税支付的限制。——尽管第（1）项和第（2）项已做出规定,但每类数字音频录音设备应支付的版税不得少于 1 美元,但也不得多于版税最高限额。版税最高限额为每件设备 8 美元,其中对于包含一件以上数字音频设备且实体相连的整体,其版税最高限额为 12 美元。在本章生效的第六年内且此后每年不多于一次,版权利益的相关方可以向版税裁判官申请提高版税的最高限额。如果版税支付超过 20％为相关版税支付的最高限额,版税裁判官应当根据在新的版税最高限额上不多于 10％的版税的预期,提高版税的最高金额。但最高额的增长幅度在任何情况下都不能超过同一时期物价指数的增幅。

（b）数字音频录音媒体。——第 1003 条规定的在美国进口、销售或者制造并销售的数字音频录音媒体的版税支付,应当为转让价格的 3％。仅最初制造、销售或进口并销售此类媒体的当事人,需支付相关的版税。

§1005　版税支付的存储和费用扣除[3]

版权注册处应当受理本章中规定的所有版税支付,同时在适当扣除本章所规定的由版权局产生的合理费用后,支付美国财政部用以抵消票据经费的差额,具体操作根据财政部部长的相关指示。所有由财政部部长持有的资金须投到美国有息证券中,参与第 1007 条规定的后期利息分配。版权注册处,在其自由裁定权的范围内,在任一日历年结束后的四年,可以关闭该年的版税支付账户,同时可将本年仍滞留于账户中的资金及其后续存款保留在账户中,转入下一年。

§1006　版税支付的权利资格[4]

（a）版权利益相关方。——根据本章第 1005 条以及第 1007 条规定的操作程序,支付的版税应当分配给版权利益相关方——

(1) 其音乐作品或者录音制品——

(A) 收录在某一根据本编合法制作并销售的数字音乐录音制品或者模拟音乐录音制品中,并且

(B) 在需支付相关版税的时段内,以数字音乐录音制品或者模拟音乐录音制品格式销售或者向公众传播;并且

(2) 已经提交第 1007 条规定的权利申请书。

(b) 对团体的版税支付分配。——此类版税应当按如下方式分成两笔款项:

(1) 录音制品基金。——$66\frac{2}{3}$％的版税应当被分作录音制品基金。其中$2\frac{5}{8}$％分配给录音制品基金,该部分版税应当存入一个由第三方托管的账户中,并分配给其表演被收录于在美国境内销售的录音制品中的普通音乐家(无论他是否为美国音乐家联盟或其后继机构的成员)。其中第三方账户由第1001 条第(7)项第(A)目所规定的版权利益相关方和美国音乐家联盟(或其后继机构)联合指定的独立遗产继承人管理。$1\frac{3}{8}$％分配给录音制品基金,该部分版税应当存入一个由第三方托管的账户中,并分配给其表演被收录于在美国境内销售的录音制品的普通歌唱家(无论他是否为美国电视和广播艺术家联盟或其后继机构的成员)。其中第三方账户由第 1001 条第(7)项第(A)目规定的版权利益相关方和美国电视和广播艺术家联盟(或其后继机构)联合指定的独立遗产继承人管理。录音制品基金中剩余的版税支付金,其 40％须分配给第 1001 条第(7)项第(C)目所述的版权利益相关方,60％须分配给第1001 条第(7)项第(A)目所述的版权利益相关方。

(2) 音乐作品基金。——

(A) $33\frac{1}{3}$％的版税应当作为音乐作品基金,用以分配给第 1001 条第(7)项第(B)目所述的版权利益相关方。

(B) (i) 分配给音乐作品基金的版税中,音乐出版商对其中的 50％享有权利。

(ii) 分配给音乐作品基金的版税支付金中,作者对另外 50％享有权利。

(c) 团体内部版税的分配。——如果第(b)款中规定的团体内部版权利益相关方不能够自愿就团体内部的版税的分配达成协议,则版税裁判官应当

依据第 1007 条第(c)款规定的程序,分配本条款下的版税。在相关时期内,依据以下基础实行——

(1) 对于录音制品基金,各录音制品是以数字音乐录音制品或者模拟音乐录音制品的形式销售的;并且

(2) 对于音乐作品基金,各音乐作品是以数字音乐录音制品或者模拟音乐录音制品的形式销售或者向公众传播的。

§1007　版税支付的分配程序[5]

(a) 权利申请书的提交和协商。——

(1) 权利申请书的提交。——在每个日历年的前两个月内,在第 1006 条中明确享有此权利的版权利益相关方,若要获取版税,则需向版税裁判官提交针对前一年获得的版税的权利申请书;相应的,版税裁判官需按条例做出指示。

(2) 协商。——尽管有反托拉斯法的相关规定,但本条所指的协商主要针对第 1006 条第(b)款规定的团体性版权利益相关方的协商。团体性版权利益相关方可以自主达成版税分配比例的协议,可以整合各自的权利申请书共同提交,或整体提交一个申请书,或者选派一个共同代理人[包括第 1001 条第(7)项(D)目所规定的任何组织]进行协商或代领团体的版税。但本款下所达成的协议不得变更第 1006 条第(b)款规定的版税分配比例。

(b) 无争议的版税分配。——第(a)款规定的权利申请书于每年提交公布后,版税裁判官应当查明第 1006 条第(c)款下的版税分配方案是否存在争议。如果版税裁判官确认不存在此类争议,则版税裁判官应当在确认后的 30 天内,给该版税分配方案授权,并且在协议中阐明这一点以确认版税分配方案符合第(a)款规定。在此类版税分配前,国会图书馆馆长应当扣除执行本条所产生的合理的行政费用。

(c) 争议的解决。——如果版税裁判官认为存在争议,则在符合本编第 8 章的前提下,版税裁判官应当提起诉讼,以确定版税的分配。在诉讼未决期间,版税裁判官应当停止分配存在争议时足以满足所有要求的款项;但在可执行的范围内,应当授权给不存在争议的待分配款项。在分配此类版税之前,国

会图书馆馆长应当扣除执行本条所产生的合理的行政费用。

D 节——关于某些侵权行为的禁令、救济以及仲裁

§1008　某些侵权行为的禁令

本编中的任何基于制造、进口或者销售某种数字音频录音设备、数字音频录音媒介以及模拟录音设备或者媒介的行为,都不能断定其为版权侵权行为;不能以消费者利用此类设备、媒介制作数字音乐录音制品或者模拟音乐录音制品的非营利性使用为由,断定其为侵犯版权的行为。

§1009　民 事 救 济

(a) 民事诉讼。——任何受到第 1002 条或 1003 条提到的侵权行为侵害的版权利益相关方,都有权向处理此类侵权行为的适当的美国地区法庭提起民事诉讼。

(b) 其他民事诉讼。——任何受到本章提到的侵权行为侵害的版权利益相关方,有权就此类侵权行为造成的实际损害赔偿向适当的美国地区法庭提起民事诉讼。

(c) 法庭的权力。——就第(a)款提到的诉讼,法庭享有以下权力——

(1) 如果它认为可以防止或者抑制此类侵权行为,则可以给此类对象以暂时性或者永久性的强制令;

(2) 发生第 1002 条的侵权行为或者未能按第 1003 条规定缴纳版税而导致利益受损者,应当按照(d)款获得损害赔偿金;

(3) 可酌情允许追偿由相关方或者针对相关方产生的费用,但美国联邦或办事人员由此产生的费用除外。

(4) 可酌情给予胜诉方适当的律师代理费。

(d) 损害赔偿金。——

(1) 针对违反第 1002 条或第 1003 条的侵权行为的损害赔偿金。——

(A) 实际损害赔偿金。——

(i) 根据第(a)款提出的诉讼,如果法庭发现有第 1002 条或第 1003 条提

到的侵权行为发生,并且原告在正式裁定之前提出以赔偿方式解决,则法庭应当判给原告应有的损害赔偿金。

(ii) 在第1003条的情况下,实际损害赔偿应当作为根据第1004条支付及第1005条交存的版税的一部分。在此类情况下,法庭可以在其自由裁定权范围内,裁定不超过实际损害赔偿金50％的额外金额。

(B) 针对违反第1002条的侵权行为的法定损害赔偿金。——

(i) 设备。——经过法庭公正裁定后,原告方可以获得违反第1002条第(a)款或第(c)款中各项规定的侵权行为的法定损害赔偿金。针对涉及此类违法行为或第1002条第(c)款所禁止的行为的设备,判罚每件设备不超过2 500美元的赔偿金。

(ii) 数字音乐录音制品。——经过法庭的公正裁定后,原告方可以获得第1002条第(d)款的侵权行为的法定损害赔偿金。判罚其中涉及侵权的数字音乐录音制品每件不超过25美元的赔偿金。

(iii) 传输。——经过法庭公正裁定后,原告方可以获得针对违反第1002条第(e)款的传输行为的法定损害赔偿金,总计不得超过10 000美元。

(2) 多次违法。——如果在一个案件中,当事人在最近一次终审结束后的3年内又一次违反第1002条及第1003条,法庭应当在公正裁定基础上,提高上述第(1)项规定的损害赔偿金金额,其最高限额为原赔偿金的两倍。

(3) 第1002条的不知情侵权。——如果法庭发现侵权人并没有意识到,并且没有合理理由认为其行为构成违反第1002条的违法行为,法庭可酌情减少此侵权人的损害赔偿金的总额,但不得少于250美元。

(e) 损害赔偿金的支付。——第(d)款规定的损害赔偿金,应当根据第1005条的规定,由联邦版权注册处存入账户,并按照第1003条版税的分配方式分配给版权利益相关方。

(f) 扣押物品。——在第(a)款的诉讼未决期间,如果有数字音频录音设备、数字音乐录音制品,或者第1002条第(c)款规定的设备在被指证的违法侵权人的扣留或者控制下,并且法庭有合理理由确信其违反了第1002条或者涉嫌违法行为,法庭应当下令适当对此类物品进行扣押。

(g) 救济和物品销毁。——在根据第(a)款提起的诉讼中,发现有违反第 1002 条规定的侵权行为,法庭可以下令采取救济或销毁物品,以此作为最终裁定或者判决的一部分。其中销毁针对的物品主要是数字音频录音设备、数字音乐录音制品以及第 1002 条第(c)款规定的其他设备,且具有如下特征——

(1) 未遵守第 1002 条的相关规定,或者涉及违反第 1002 条的相关规定,并且

(2) 在违法侵权人的扣留或者控制下,或者已根据第(f)款被扣押。

§ 1010　部分争议的裁定[6]

(a) 裁定范围。——某种数字音频录音设备或数字音频接口设备在美国境内首次销售的日期之前,任何参与制造、进口或者销售此类设备的相关人士和版权利益相关方,应当共同请求版税裁判官裁定此类设备是否符合第 1002 条,或者此类设备获得版税的依据是否符合第 1003 条。

(b) 提起诉讼。——第(a)款中的相关方应当向版税裁判官提交申请,要求诉讼开始。在接受此类申请的 2 周内,首席版税裁判官应当在《联邦公报》上公布提起诉讼的通知。

(c) 中止法庭诉讼。——第 1009 条中的民事诉讼,如果当事人同时在本条的诉讼中,并且当事人之一请求本条所述的诉讼,则中止第 1009 条中的诉讼直至本条所述的诉讼结束。

(d) 诉讼。——版税裁判官应当采取符合版税裁判官采用的正当程序执行诉讼。版税裁判官的操作应当依据文件证明充足的书面记录。任何诉讼相关方都可以向版税裁判官提交相关信息和提议。诉讼相关方应当各自承担参与诉讼的费用。

(e) 司法复审。——版税裁判官依据第(d)款做出的任何裁定,都可以由本诉讼的相关方,根据第 803 条第(d)款有关本权利的规定提出复审请求。本款规定的未决复审不影响版税裁判官的裁定。如果法庭修改版税裁判官的裁定,则该法庭必须有权使得其决议符合最终裁定。法庭可以进一步撤销版税裁判官的裁定,并将本条规定的诉讼案件发回重审。

第 10 章　尾注

1. 1992 年《家庭音频录音法案》为第 17 编增加了第 10 章,标题为"数字音频录音设备和媒体"。Pub.L.No.102—563,106 Stat.4237.

2. 1993 年《版税法庭改革法案》修改了第 1004 条第(a)款第(3)项,在适当的位置用"国会图书馆馆长"替代"版税法庭"。Pub.L.No.103—198,107 Stat.2304,2312.

2004 年《版税和分配改革法案》修改了第 1004 条第(a)款第(3)项,在适当的位置用"版税裁判官"替代"国会图书馆馆长"。Pub.L.No.108—419,118 Stat.2341,2368.

3. 1993 年《版税法庭改革法案》修改了第 1005 条,删除以"版权注册处应提交版税法庭"开始的尾句。Pub.L.No.103—198,107 Stat.2304,2312.

4. 1993 年《版税法庭改革法案》修改了第 1006 条第(c)款,在适当的位置用"国会图书馆馆长"替代"版税法庭"。Pub.L.No.103—198,107 Stat.2304,2312.在 1997 年,修改了第 1006 条第(b)款第(1)项,插入"电视的联盟"以替代所有的"电视联盟"。Pub.L.No.105—80,111 Stat.1529,1535.

2004 年《版税和分配改革法案》修改了第 1006 条第(c)款,在第(1)项前言部分用"版税裁判官"替换"国会图书馆馆长应召集版权仲裁版税小组"。Pub.L.No.108—419,118 Stat.2341,2368.

5. 1993 年《版税法庭改革法案》修改了第 1007 条,在适当的位置插入"国会图书馆馆长"以替代"版税法庭"或"法庭",修改第(c)款的首句,并在第(c)款尾句插入"国会图书馆馆长产生的合理的行政费用"以替代"其合理行政费用"。Pub.L.No.103—198,107 Stat.2304,2312.

在 1997 年,修改了第 1007 条,在第(a)款第(1)项,插入"1992 日历年"以替代"本章生效的日历年",在第(b)款中,插入"1992"以替代"本条生效的年份",并且在第(b)款中,插入"在……之后"以替代"在之后的 30 天内"。Pub.L.No.105—80,111 Stat.1529,1534,1535.

2004 年《版税和分配改革法案》完全修改了第 1007 条第(a)款第(1)项、第(b)款和第(c)款。Pub.L.No.108—419,118 Stat.2341,2368.

在 2006 年,《版税裁判官项目技术修正法案》修改了第 1007 条第(b)款和(c)款,做了技术上的和一致性的修改,改正版税委员会之参考,并在适当的位置删除"国会图书馆馆长"。Pub.L.No.109—303,120 Stat.1478,1483.

6. 1993 年《版税法庭改革法案》修改了第 1010 条,在适当的位置用"国会图书馆馆长"替代"版税法庭"或"法庭",插入"图书馆馆长的"以替代"它的"。Pub.L.No.103—198,107 Stat.2304,2312.该法案,确立了版权仲裁版税小组,规定"所有版税率和关于在版权要求人之间强制许可费使用划分的所有判定"应保持有效,直到有资源协定或根据本法案的有关修订对此做出更改。Pub.L.No.103—198,107 Stat.2304,2313.

2004 年《版税和分配改革法案》完全修改了第 1010 条。Pub.L.No.108—419,118 Stat.2341,2368.

第 11 章[1]　录音和音乐录像

§ 1101　未经许可的录制以及非法
交易录音和音乐录像

（a）未经许可的行为。——任何人未经表演者个人或者表演者团体的同意——

（1）用复制品或录音制品录制现场音乐表演的声音或者音像，或者从未经许可的录制产品中复制生产此类表演的复制品和录音制品。

（2）向公众传输或者传送现场音乐表演的声音或者音像。

（3）不管此类录制产品是否在美国出现，进行分销或者提供分销，销售或者提供销售，租用或者出租，进行第（1）项描述的任何复制品和录音制品的非法交易，

应当采取第 502 条至第 505 条规定的救济，其程度与版权侵权相同。

（b）定义。——本条中使用的"非法交易"意指为了利益而运输、传输或者处理，或者是通过运输、传输或者处理而企图得到控制权。

（c）适用性。——本条适用于任何在《乌拉圭回合协议法案》生效当日或者之后发生的行为或者系列行为。

（d）高于州法。——本条中的任何规定都不能被解释为取消或限制普通法或州法律下的任何权利或救济。

第 11 章　尾注

1. 1994 年《乌拉圭回合协议法案》在第 17 编中增加了第 11 章，标题为"录音和音乐录像"。Pub.L.No.103—465,108 Stat.4809,4974.

第 12 章[1]　版权保护和管理系统

条　目

§1201　版权保护系统的规避[2]

（a）规避技术性措施的违法行为。——

（1）（A）任何人不得规避技术性措施的有效控制，以获取本编规定的任一项受保护的作品。上述禁止性规定应当在本章制定之日的两年后生效。

（B）第（A）目中的禁令不适用于特殊种类的版权作品用户。如果在随后的 3 年中，当事人将会或有可能会由于此类强制规定，而使其非侵权使用该类作品的能力受到影响，则根据第（C）目作出裁定。

（C）在第（A）目所指的 2 年期间，以及随后的 3 年期间，国会图书馆馆长应当在规章制定程序中作出裁定，以此来实现第（B）目的要求，即判断在随后的 3 年中，版权作品的用户是否将会或有可能会由于第（A）目的禁止性规定而使其非侵权使用该类特殊版权作品的能力受到影响。其中，根据版权注册处建议，国会图书馆馆长应当与商务部负责通讯和咨询的助理部长磋商，报告并解释其在此类建议上的观点。在实施此类规章制定程序时，国会图书馆馆长应当审查——

（i）使用版权作品的有效性；

（ii）出于非营利归档、保存和教育目的使用作品的有效性；

（iii）针对规避版权作品的技术性措施的禁令所产生的在批评、评论、新闻报道、教学、学术或研究领域的影响；

(iv) 规避技术性措施对版权作品在市场上的或者在价值方面的不利影响；以及

(v) 国会图书馆馆长认为合理的其他因素。

(D) 依据第(C)目的规章制定程序，对于已经裁定的版权作品用户的非侵权使用将会或者可能会被影响，并且在随后的 3 年中第(A)目的禁令不适用于此类作品的用户，国会图书馆馆长应当公布版权作品的种类。

(E) 第(B)目中对于第(A)目中强制令适用性的例外情况，以及第(C)目中在规章制定程序中作出的裁定，都不可用于除了本项以外的本编下的相关规定实行的诉讼的辩护。

(2) 任何人不得制造、进口、向公众提供、供应或者非法交易任何技术、产品、服务、设备、零件或者其组成部分——

(A) 其设计和生产的主要目的在于规避技术性措施，该技术性措施能有效控制获取受本编保护的作品；

(B) 除规避能有效控制获取受本编保护作品的技术性措施外，只限于营利性目的和使用；

(C) 由当事人或者另一与他协作的人销售，且另一人应当是运用了当事人的知识来规避有效控制获取受本编保护的作品的技术性措施；

(3) 本条款使用的术语具有如下含义——

(A) "规避技术性措施"意指未经版权人许可，对编码作品进行解码，破解作品密码，或者避免、绕过、移除、解除或削弱一项技术性保护措施；并且

(B) 一项技术性措施"有效控制获得一件作品"意指如果一项措施在其正常运作时，要求信息的申请或者提炼或处理必须得到版权人允许，才能获得作品。

(b) 附加侵权。——

(1) 任何人不得制造、进口、向公众提供、供应或者非法交易任何技术、产品、服务、设备、零件或者其组成部分——

(A) 其设计和生产的主要目的在于规避技术性措施提供的保护，这种措施能有效保护版权人作品或作品的部分根据本编享有的权利；

(B) 除了规避技术性措施提供的保护（能有效保护版权人作品或作品的

部分根据本编享有的权利)之外,只限于营利性目的的使用;

(C) 由当事人或者另一与其协作的人销售,且另一人应当运用当事人的知识来规避技术性措施提供的保护(能有效保护版权人作品或作品的部分根据本编享有的权利)。

(2) 本条款使用的术语具有如下含义——

(A)"规避技术性措施提供的保护"意指避免、绕过、移除、解除或者削弱一项技术性措施;并且

(B) 一项技术性措施"能有效保护本编下的版权人权利"意指如果一项措施在其正常运作时,能够阻止、约束或者限制实施本编规定的版权人的权利。

(c) 其他不受影响的权利。——

(1) 本条的任何规定,都不能影响本编规定的权利、救济、限制或者对版权侵权行为的辩护(包括合理使用)。

(2) 本条的任何规定,都不能扩大或者缩小版权侵权行为的间接和连带责任;此处侵权行为指与技术、产品、服务、设备、零件或与其部分相关的行为。

(3) 本条的任何规定,都不能要求电子产品、远程通信或者计算机产品的组成部分和零件的设计或者设计及挑选,能够回应任何特殊的技术性措施,但前提是此类组成部分或者零件或者由此组成的产品不符合第(a)款第(2)项或第(b)款第(1)项的禁止性规定。

(4) 本条的任何规定,都不能扩大或者缩小言论自由或者媒体因活动需要使用电子产品、远程通信或者计算机产品的权利。

(d) 非营利性图书馆、档案馆以及教育机构的豁免。——

(1) 如果非营利性图书馆、档案馆以及教育机构获得商业开发的版权作品,仅仅为了善意地判断是否获取该作品的复制品,其唯一目的是实施本编允许且不违反第(a)款第(1)项第(A)目的行为。根据本项获取的一件作品的复制品——

(A) 在善意地作出判断后,不应当继续保留;并且

(B) 不应当用于其他目的。

(2) 第(1)项规定的豁免,只适用于一类作品,其相似复制品不能以其他合理形式获得。

(3) 非营利性图书馆、档案馆以及教育机构违反第(1)项规定,蓄意谋取商业利益或者经济收益的——

(A) 首次违反,则适用第 1203 条规定的民事救济;并且

(B) 二次违反及累犯,除第 1203 条规定的民事救济外,收回第(1)项规定的豁免权。

(4) 本款规定不能用作第(a)款第(2)项或第(b)款的索赔的辩护依据,同时此款不允许非营利性图书馆、档案馆以及教育机构以规避技术性措施的方式制造、进口、向公众提供、供应或者非法交易任何技术、产品、服务、零件或者其组成部分。

(5) 图书馆或档案馆要具有本条规定的豁免资格,则图书馆或档案馆的收藏就应当——

(A) 向公众开放;或

(B) 不仅向隶属于图书馆或者档案馆或者其相关组织的研究者开放,并且向其他专业领域的研究者开放。

(e) 法律实施、情报活动及其他政府活动。——本条不禁止合法的调查、保护、信息防护或者情报活动。此处“情报活动”意指由美国政府、州或者州辖区,或者遵从美国政府、州或州辖区的合约的个人行为。本款中,“信息防护”意指为了识别或者定位政府计算机或者计算机系统和计算机网络中的漏洞的活动。

(f) 反向设计。——

(1) 尽管有第(a)款第(1)项第(A)目的规定,但如果一个合法享有计算机程序复制品使用权的个人,可规避能有效控制获取计算机程序特定部件的技术性措施,其唯一目的是识别和分析实现独立创作的计算机程序与其他程序的互通所必须的计算机程序的元素,且未事先提供给涉及规避行为的人。在这种情况下,此类识别和分析行为根据本编规定不构成侵权。

(2) 尽管有第(a)款第(2)项和第(b)款的规定,但如果是为了实现第(1)项中提到的识别和分析,或是为了实现独立制作的程序与其他程序的互通,个人可以开发或者使用技术性手段来规避技术性措施,或者规避由技术性措施提供的保护。如果此类手段是实现此类互通所必需的,则此种情况下的规避

不构成侵权。

(3) 如果第(1)项和第(2)项提到的某人,视情况而定,提供通过第(1)项中所允许的行为获取的信息以及第(2)项中允许的手段,仅仅是为了实现独立制作的计算机程序与其他程序的互通,并且在程度上并未构成本编规定下的侵权或是对除本条外的适用法的违反,那么,可将此类信息和手段提供给他人。

(4) 根据本款,"互通"意指计算机程序交换信息,以及此类程序使用交换后的信息的能力。

(g) 密码研究。——

(1) 定义。——根据本款——

(A)"密码研究"意指用于识别或者分析版权作品中的密码技术的错误或者漏洞的必要活动,且这些活动是为了提高密码技术领域的知识水平或者促进密码产品发展。

(B)"密码技术"意指使用数学公式和运算法则的信息编码和解码。

(2) 可允许的密码研究行为。——尽管有第(a)款第(1)项第(A)目的规定,但是个人通过善意的密码研究,规避运用于已出版作品的复制品、录音制品、表演或展示中的技术性措施,如果具有以下特征,则不属于违法——

(A) 此人合法获取已出版作品的加密复制品、录音制品、表演或展示;

(B) 此种行为是研究此类密码所必需的;

(C) 在规避行为发生之前,此人通过可靠方式获得了许可;并且

(D) 此类行为不构成本编规定的侵权或者是对除此条之外的适用法的违反。其中适用法包括第 18 编的第 1030 条和由《计算机诈骗和滥用法》(1986年)修订的第 18 编的规定。

(3) 判定豁免的考虑因素。——判定个人是否符合第(2)项的豁免要求,以下因素应当考虑在内——

(A) 从密码研究中获取的信息是否已扩散;如果已扩散,那么是不是以合理的计算方式扩散来提高密码技术领域的知识水平或者促进密码产品的发展。相反的,考虑它的扩散方式,是否加剧了本编规定下的侵权或者违反除此条之外的适用法条款(包括侵犯隐私或违反安全的条款)。

(B) 此人是否参与密码技术领域的合法学习课程,或者受雇于此类机构,

或者有一定相关的培训和经验；并且

（C）此人是否向运用技术措施的作品的版权人提供研究发现和研究文件的通知，以及提供此类通知的日期。

（4）在研究活动中使用技术性手段。——尽管有第（a）款第（2）项的规定，但是有以下行为的个人不违反该款的规定——

（A）仅以第（2）项中描述的善意的密码研究为目的，开发或运用技术性手段规避技术性措施；并且

（B）以实现第（2）项中描述的善意的密码研究为目的，或者以使另一方证实他或她的行为以第（2）项中描述的善意的密码研究为目的，向协作者提供技术性手段。

（5）向国会报告。——本章颁布后的一年以内，版权注册处和商务部负责通讯和咨询的助理部长应当共同向国会汇报本款对下列方面所产生的影响——

（A）密码研究和密码技术发展；

（B）专为保护版权作品而设计的技术性措施的充分性和有效性；

（C）保护版权人以防其加密版权作品被非法获取。

如果有的话，报告应当包含立法建议。

（h）零部件的例外。——将第（a）款运用于零件或组成部分时，法庭应当考虑它预计的以及实际组合在技术、产品、服务或设备中的必要性。此类零件或组成部分——

（1）自身没有违反本编下的相关规定；并且

（2）仅为了防止未成年人在网络上获取材料。

（i）对于个人识别信息的保护。——

（1）允许的规避。——尽管有第（a）款第（1）项第（A）目的规定，但当个人规避能有效控制获取受本编保护的版权作品的技术性措施，如果其行为具有以下特征，则并不违反该款规定——

（A）此技术性措施或者其保护的作品，包含收集和散播个人识别信息的能力，该个人识别信息可以反映出企图获取受保护作品的自然人在网上的活动。

（B）在正常操作中，此技术性措施或其保护的作品，收集和散播关于企图

获取受保护作品的某人的个人识别信息,不给此人提供该收集或散播的明显通知,不提供防止或者限制此类收集和散播的能力;

(C) 规避行为只产生了第(A)目中所述的识别和使其失效的影响,没有影响任何人获取任何作品的能力;并且

(D) 规避行为只实现了防止收集和散播个人识别信息的目的,且此信息是关于其他获取受保护作品的自然人,且此规避行为不违反任何其他法律条例。

(2) 部分技术性措施的失效。——本款不适用于不收集和扩散个人识别信息,并且告知用户不应获取或使用带有此类能力的技术性措施或者受其保护的作品。

(j) 安全测试。——

(1) 定义。——根据本款,"安全测试"意指仅以善意的测试、调查或纠正安全防护中的错误或漏洞为目的,在计算机、计算机系统或者计算机网络的所有者或者操作员允许下,使用计算机、计算机系统或者计算机网络。

(2) 允许的安全测试行为。——尽管有第(a)款第(1)项第(A)目的规定,但当个人参与安全测试时,如果此类行为不构成本编规定的侵权,或者违反任何除了本条以外的适用法(包括第 18 编第 1030 条以及由 1986 年《计算机诈骗和滥用法案》修订的第 18 编的规定),则其不违反本款的规定。

(3) 判定豁免的考虑因素。——判定个人是否符合第(2)项的豁免要求,以下因素应当考虑在内——

(A) 从安全测试中获取的信息是否仅被用于提升计算机、计算机系统或者计算机网络所有者或者操作员的安全防护,或者直接提供给此类计算机、计算机系统或者计算机网络的开发者;并且

(B) 从安全测试中获取的信息是否以不会促成本编规定下的侵权或对除本条外的任何适用法律条例的方式使用或者维护,包括侵犯隐私和违反安全义务。

(4) 安全测试中使用技术性手段。——尽管有第(a)款第(2)项的规定,但个人仅以实现第(2)项中描述的安全测试行为为目的,开发、生产、销售或者使用技术性手段,不违反该款的规定。此种情况下,该技术性手段不违反第(a)款第(2)项的规定。

(k) 部分模拟设备和部分技术性措施。——

(1) 部分模拟设备。——

(A) 在本章颁布后的 18 个月有效期内,任何人不得制造、进口、向公众提供、供应或者非法交易以下物品——

(i) VHS 格式模拟磁带录像机,除非此录像机符合自动获取控制及复制控制技术;

(ii) 8 mm 格式模拟录像带摄像机,除非此摄像机符合自动获取控制技术;

(iii) Beta 格式模拟磁带录像机,除非此录像机符合自动获取控制及复制控制技术。但只有在本章颁布之日后的任一日历年中,在美国境内销售此类 Beta 格式模拟磁带录像机达到 1 000 件,此项规定才适用。

(iv) 8 mm 格式模拟非模拟录像带摄像机的磁带录像机,除非此类录像机符合自动获取控制及复制控制技术。但只有在本章颁布之日后的任一日历年中,在美国境内销售此类模拟 8 mm 格式的磁带录像机达到 20 000 件,才可适用此项规定。

(v) 使用 NTSC 格式视频输入,并且不同于第(i)段至第(iv)段的模拟磁带录像机,除非此类设备符合自动获取控制及复制控制技术。

(B) 本章颁布之日起生效,任何人不得制造、进口、向公众提供、供应或者非法交易——

(i) 任何 VHS 格式的模拟磁带录像机或者 8 mm 格式模拟磁带录像机,且此类录像机的模型设计在颁布日期后修改,以致原先符合自动获取控制复制控制技术的录像机模型不再适用此技术。

(ii) 任何 VHS 格式的模拟磁带录像机或者 8 mm 格式模拟非模拟录像带摄像机的磁带录像机,且此类录像机的模型设计在颁布日期后修改,以致原先符合四通道彩色复制控制技术的录像机模型不再适用此技术。

对于未事先制造或者销售 VHS 格式模拟磁带录像机或者 8 mm 格式模拟磁带录像机的制造商,应当要求其在本章节颁布之日后生产的录像机初始模型中运用四通道彩色复制控制技术,并且之后继续使用该技术。就此段而言,一个模拟的磁带录像机"符合"四通道彩色复制控制技术,即指它能记录一个信号,当此信号由录像机的正常浏览模式回放时,能够在一个放映设备上通过可视画面展示转化为一个包含分散的可视线条的显示。

（2）部分加密限制。——任何人不得利用自动获取控制复制技术或者彩色复制控制技术来阻止或限制消费者复制，除了以下复制品——

（A）对现场事件或者音像作品的单个传输或者特定团体传输。其中社会成员已在选择传输种类时对此作品做出了选择，包括传输的内容或接收时间，或者两者兼有；并且此社会成员单独支付了每项此类传输或者特定团体传输的费用；

（B）来自一个现场事件或者音像作品的可传输的复制品，且此传输由一个频道或者服务商提供，此类频道或服务商的收入来自于社会成员订阅所支付的费用，而支付者可以凭此接收所有该频道或服务商包含的节目；

（C）来自一个包含一个或多个先前录制的音像作品的实物媒介；或

（D）来自第（A）目中描述的传输复制品或第（C）目中描述的实物媒介的复制品。

在传输同时满足第（A）目和第（B）目所述条件的事件中，此传输应被视为第（A）目中描述的传输。

（3）不适用。——此款不应当——

（A）要求任何模拟录像带摄像机具有自动获取控制及复制控制技术，可获取任何数码镜头的影像信号。

（B）适用于任何专业的模拟磁带录像机的生产、进口、销售供应、提供或者其他交易；或

（C）适用于任何先前所有的模拟磁带录像机的销售供应或提供或者其他交易。此类录像机在新的时候是合法制造和销售，并且后期未违反第（1）项第（B）目的修改。

（4）定义。——根据本款：

（A）"模拟的磁带录像机"意指使用在磁带上，以模拟电视节目、电影或者其他音像作品的音像或者音频部分所产生电路脉冲的格式记录或包含此记录功能的设备；

（B）"模拟的录像带摄像机"意指一个记录功能中包含通过数码摄像头和连接电视或其他音频再现设备的音像输入，以此来实现操作功能的模拟的磁

带录像机；

（C）如果一个模拟的磁带录像机"符合"自动获取控制复制控制技术的要求，则它——

（i）检测一个或多个此技术的要素，并且不记录受此技术保护的影像或者传输；或

（ii）在回放记录的信号时会呈现有意图地歪曲显示或使显示降格。

（D）"专业模拟磁带录像机"意指为满足经常使用此类设备进行合法业务或者用作工业用途的人，而设计、制造、销售和意图使用的模拟磁带录像机。其中用途包括出于商业目的制作、表演、展示、销售或者传输影像复制品；

（E）在本章生效之日，"VHS 格式""8 mm 格式""Beta 格式""自动获取控制复制控制技术""彩色复制控制技术""四通道版本彩色复制控制技术"以及"NTSC"具有电子产品和影像工业的普遍含义。

（5）违法行为。——本款第（1）项中的任何违法行为，应当比照本条第（b）款第（1）项的违法行为处理。任何本款第（2）项中的违法行为应当作为出于本章第 1203 条第（c）款第（3）项第（A）目之目的而采取的"规避行为"。

§1202　版权管理信息的完整性[3]

（a）错误的版权管理信息。——任何人不得故意或者带有引诱、引发、促成或者隐瞒侵权行为的企图——

（1）提供错误的版权管理信息，或者

（2）发行或者引进并发行错误的版权管理信息。

（b）删除或更改版权管理信息。——未经版权人或者法律许可，任何人不得——

（1）故意删除或者更改版权管理信息，

（2）已知版权管理信息在未经版权人或者法律允许的情况下，被删减或更改，仍发行或者引进并发行此类版权管理信息，或

（3）已知版权管理信息在未经版权人或者法律允许的情况下被删减或更改，已知或者根据第 1203 条民事救济的规定有理由知道此行为会引诱、引发、促成或者隐瞒任何本编规定的侵权行为，仍发行、引进并发行或者公开表演作

品、作品复制品或者录音制品。

（c）定义。——本条中使用的术语具有如下含义，"版权管理信息"意指任何在一件作品的复制品或录音制品，或者一件作品的表演或展示（包括电子形式）中传递的相关信息。包括其数字形式，但不包括那些不包含任何与一件作品或者作品的复制品、录音制品、表演或者展示的用户相关的个人识别信息的情况：

（1）作品标题和其他识别信息，包括版权通知上的信息；

（2）作品作者的名字和其他识别信息；

（3）作品版权人的名字和其他识别信息，包括版权通知上的信息；

（4）除了作品通过收音机和电视广播台的公开表演，表演被录制在除了音频作品之外的作品中的表演者的名字以及其他识别信息；

（5）除了作品通过收音机和电视广播台的公开表演，作品是音像作品的，则在此音像作品作出贡献的作者、表演者、导演的名字以及其他识别信息；

（6）作品使用的期限和条件；

（7）与此信息相关或者此信息的链接的识别数字或者标志；

（8）版权注册处规定的信息，除非版权注册处不要求提供任何版权作品用户的相关信息。

（d）法律实施、情报活动及其他政府活动。本条不禁止任何被合法授权的调查、保护、信息防护或者情报活动。此处情报活动意指由一个政府官员、代理人或者美国政府的雇员、州或者州辖区，或者遵从美国政府、州或州辖区的合约的个人行为。本条款含义下，"信息防护"意指为了识别或者定位政府计算机、计算机系统或计算机网络中的漏洞的活动。

（e）责任限制。——

（1）模拟传输。——在模拟传输中，在其能力范围内以广播台或者有线系统进行传输的个人，或者为此类电台或系统提供节目的人，不应当对第（h）款中的违法行为负责，如果——

（A）避免构成此类违法行为的活动技术上不可行，且不会对此人造成过度经济困难的；并且

（B）此人参与此类活动不是企图引诱、引发、促成或者隐瞒本编下的侵权

行为。

(2) 数字传输。——

(A) 如果以自愿同意和普遍认同的标准设定过程设定一项系列作品的版权管理信息存放的数字传输标准,该标准设定过程需要广播台或有线系统以及意图通过该广播台和有线系统公开表演其系列作品的版权人的跨部门代表,则第(1)项中所确认的个人不对第(b)款中由此类标准设定的特殊版权管理信息所造成的违法行为负责,但应满足以下前提——

(i) 由此人以外的人所存放的信息是和本标准无关的;并且

(ii) 构成违法的活动不是企图引诱、引发、促成或者隐瞒本编下的侵权行为。

(B) 在符合第(A)目规定,设定关于存放系列作品的版权管理信息的数字传输标准之前,第(1)项中所确认的个人不对第(b)款中与此类版权管理信息有关的违法行为负责,但其构成犯罪的活动不是企图引诱、引发、促成或者隐瞒本编下的侵权行为,并且——

(i) 由此人进行的此类信息传输会造成数字信号明显的视听效果下降;

(ii) 由此人进行的此类信息传输与以下产生矛盾——

(I) 与此数字信号传输信息相关的适用的政府条例;

(II) 与此数字信号传输信息相关的适用的工业标准,且在本章生效日期之前由自愿同意和普遍认同的标准主体所采纳;或者

(III) 与此数字信号传输信息相关的适用的工业标准,且由自愿同意和普遍认同的标准设定程序所采纳;程序由广播台或有线系统和用作此电台或系统的公开表演的系列作品的版权所有者的法人代表公开参与。

(3) 定义。——本条款中所用的术语具有如下含义——

(A) "广播台"具有 1934 年《通信法案》第 3 条(47 U.S.C 153)所规定的含义。

(B) "有线系统"具有 1934 年《通信法案》第 602 条(47 U.S.C 522)所规定的含义。

§1203　民事救济[4]

(a) 民事诉讼。——第 1201 条和 1202 条违法行为的受害者可以向相应

的美国地区法庭就此违法行为提起民事诉讼。

（b）法庭权力。——针对第（a）款中提出的诉讼，法庭——

（1）可以就能够阻止或限制违法的行为发出暂时或者永久性强制令，但在任何事件中，都不能强制限制《宪法第一修正案》所保护的言论和出版自由。

（2）在诉讼未决时，对于被指控违法的并且法庭有理由确信其违法行为的侵权人，可以在法庭认为合理的时期内，扣押任何仍属于侵权人或受侵权人控制的设备或产品；

（3）可以根据第（c）款判罚损害赔偿金；

（4）在裁定中，可以允许除了美国政府或官员外的当事人追索部分费用；

（5）在裁定中，可以给予胜诉方合理的律师费；

（6）作为违法行为的最终裁定或者判决的一部分，可以采取救济或者销毁任何仍属于侵权人所有或被侵权人控制或已经根据第（2）项被扣押的涉嫌违法的设备或产品。

（c）损害赔偿金。——

（1）总论。——除了本编规定的例外情况，被判为第1201条或1202条中的违法行为的当事人应当对以下任何一条负责——

（A）实际损害赔偿金和侵权人获取的额外利润，具体见第（2）项的规定，或者

（B）法定损害赔偿金，具体见第（3）项的规定。

（2）实际损害赔偿金。——如果在做出最终裁定之前，原告选择此类赔偿金，法庭可以判给原告方由于违法行为而遭受损害的实际损害赔偿金，以及参与违法行为的并且没有作为实际损害赔偿金估算的违法者的既得利润。

（3）法定损害赔偿金。——（A）在最终裁定之前，原告方可以选择追索第1201条各项违法行为的法定赔偿金，其中每项规避行为、设备、产品、零件、供应或者服务，最低不少于200美元，最多不高于2500美元，具体由法庭裁定。

（B）在最终裁定之前，原告方可以选择追索违反第1202条的法定赔偿金，总数不低于2500美元，最多不高于25000美元，具体由法庭裁定。

（4）多次违反。——在任何要求受害方证实一个人在最近一次终审结束后的3年内再次违反第1201条或第1202条的案件中，在法庭认为正当的情

况下,法庭可以提高本应支付的赔偿金额,其最高限额为原来赔偿金的三倍。

(5) 不知情侵权。——

(A) 总论。——在任何要求受害方证实侵权人为无意或者没有理由认定其构成违法行为的案件中,法庭可酌情减少或免除损害赔偿金的总额。

(B) 非营利性图书馆、档案馆、教育机构或公共广播机构。——

(i) 定义。——根据此目,"公共广播机构"的含义在第 118 条第(g)款已给出。

(ii) 总论。——针对非营利性图书馆、档案馆、教育机构或公共广播机构,在需要非营利性图书馆、档案馆、教育机构或公共广播机构证实,且法庭发现其没有意识到或没有理由认定其构成违法行为时,法庭应当免除其损害赔偿金。

§ 1204　刑事犯罪及处罚[5]

(a) 总论。——以商业营利或者私人利益为目的有意违反第 1201 条或第 1202 条的人——

(1) 对于首次违反,应当处以不超过 500 000 美元的罚款或者不超过五年的有期徒刑,或二者同判;

(2) 对于二次违反,应当处以不多于 1 000 000 美元的罚款或者不超过十年的有期徒刑,或二者同判。

(b) 对于非营利性图书馆、档案馆、教育机构或公共广播机构的限制。——第(a)款不适用于非营利性图书馆、档案馆、教育机构或公共广播机构〔如第 118 条第(g)款所定义〕。

(c) 限定法令。——除非在起诉之后的五年内提起刑事诉讼程序,否则将不能根据本条提起刑事诉讼程序。

§ 1205　保　留　条　款

本章中任何内容均不能废除、缩减或弱化联邦法和州法中任何防止侵犯个人及个人网络使用隐私的法律规定,也不能作为减轻联邦法或州法中任何防止侵犯个人及个人网络使用隐私的规定中的刑事诉讼和民事诉讼的辩护和依据。

第 12 章　尾注

1. 1998 年《世界知识产权组织版权、表演和录音制品条约实施法案》在第 17 编中增加了第 12 章,标题为"版权保护与管理系统"。Pub.L.No.105—304,112 Stat.2860,2863.1998 年《世界知识产权组织版权、表演和录音制品条约实施法案》是《千禧年数字版权法》的第 Ⅰ 编。Pub.L.No.105—304,112 Stat.2860.

2. 1999 年《卫星家庭收视促进法案》修改了第 1201 条第(a)款第(1)项第(C)目,删除"在记录上"。Pub.L.No.106—113,113 Stat.1501,app.Ⅰ at 1501A—594.

3. 1999 年,修改了第 1202 条,在第(e)款第(2)项第(B)目中插入"系列作品"替代"系列或作品"。Pub.L.No.106—44,113 Stat.221,222.

4. 1999 年《卫星家庭收视促进法案》完全修改了第 1203 条第(c)款第(5)项第(B)目。Pub.L.No.106—113,113 Stat.1501,app.Ⅰ at 1501A—593.

5. 1999 年《卫星家庭收视促进法案》完全修改了第 1204 条第(b)款。Pub.L.No.106—113,113 Stat.1501,app.Ⅰ at 1501A—593.

第13章[1]　对原创设计的保护

条　　目

§1301 受保护的设计[2]

（a）设计保护

（1）总论。——一件实用物品原创设计的版权人或其设计人,若其设计能够使该物品在外表变得与众不同,从而对采购方和公众产生极大的吸引力,同时其本人也得遵从本章的条款,在此前提下他们将得到本章的保护。

（2）船只特征。——尽管有第1302条第（4）款的规定,一艘船的船身、甲板或船身与甲板的组合,其中包括插头和模具的设计,均受本章的保护。

（3）豁免条款。——美国国防部在本章节中拥有的权利（包括建造已注册的外观设计的权利）是依据第10编第2320条的内容或者该设计符合美国政府的批准文件的内容。

（b）定义。——本条款下使用的术语具有如下含义:

（1）一个设计是"原创的",意指能与先前的设计有较大区别,并能用于解释说明重要的没有抄袭的作品的由某设计人创作的原创设计。

（2）一个船身或者甲板,其中包括插头和模具,其在正常的使用中能够有固定的不仅仅是描绘外表和传递信息的功能,我们称之为"实用物品"。一个实用物品的部分也应当视为一个实用物品。

（3）"船"意指这样一种器械:

（A）可以自己独立地通过自带的推进力完成在水中的航线掌控;

（B）可以承运一位或多位乘客。

（4）"船体"意指一艘船的外部轮廓或称为结构的部分,但其中不包括甲板、上部建筑、桅杆、船帆、帆桁、索具、五金设备、夹具以及其他附件。

（5）"插头"仅指一种能精确复制制造模型的设备或模具，不必考虑该设备或模型是否具有多于描绘外部特征及传递信息的内在实用功能。

（6）"模具"意指使用一种物质材料的模型或形态，不必考虑其是否具有多于描绘外部特征及传递信息的内在实用功能。

（7）"甲板"意指一艘船的水平面。在该平面上覆盖着船体，其中包括外部舱和驾驶舱并配有专属的桅杆、船帆、帆桁、索具、五金设备、夹具以及其他附件。

§1302　不受保护的设计[3]

本章节不保护以下的设计——

（1）非原创；

（2）常见的日常事物，例如一个标准的几何图形，一个为人熟知的符号、徽章、装饰图案，或其他已经被公认的普通的流行的形状、式样、结构；

（3）在相关贸易中通常使用的，但仅仅是对无关紧要的细节或基础原理进行适量改变的上一条款中提及的事物的变体；

（4）仅口述一种体现其实用功能的物品的设计；或

（5）包含于一个在其提交注册申请的两年多以前就已经公开发表的由美国或其他国家的设计师、版权人设计的有用物品中。

§1303　修正、改编、重新排列

尽管本章对设计的保护适用于受保护客体的设计，但仍排除了第1302条中提及的对该受保护客体进行一个实质性的修正、改编或重新排列的设计工作。这种保护应独立于已存在的对本受保护客体的保护条款，同时这种保护也不应解释为对该受保护客体的任何权利的保障，除非是本章节的条款内容，或是对已存在的保护条款的拓展内容。

§1304　保护起始

本章节对设计的保护应当早于注册公示的日期［根据第1313条第（a）款］

或该设计首次公开的日期[根据第 1310 条第(b)款]。

§1305 保 护 期 限

（a）总论。——根据第(b)款,本章对第 1304 条中提及的设计的保护应从生效之日起持续十年。

（b）期满。——本条规定的各种类型的保护应当持续至一个日历年的结束。

（c）权利失效。——根据本章规定对特定设计的保护都将期满或失效,不论这种设计在被保护期间被各种不同的物品应用的次数多少,设计所享有的任何权利都会期满。

§1306 设 计 标 记

（a）标记内容。——

（1）任何时候根据第 1310 条第(b)款公开发表的设计的作者若想要寻求本章保护,根据第 1307 条的规定,必须先用设计标记对自己的设计予以清楚注明,该标记包括——

（A）注明"受保护的设计",缩略词"Prot'd Des.",或者是在字母"D"上加一个圈,Ⓓ,也可用符号"*D*"标示;

（B）对设计保护的生效日期;

（C）设计人姓名,或是可被认出的名字缩略词,或是公认的可替代的设计人名号。任何根据第(C)目可被使用的设计人的独特身份证明,都必须在用于设计标记之前在管理员处注册过。

（2）在注册之后,注册号可以用于替代第(1)项第(B)目和第(C)目中所规定的要素。

（b）标记的位置。——当包含设计作品的实用物品通过正常的商业渠道时,应该在实用物品上标示设计标记,标记的定位和使用合理表明该物品受到设计保护。

（c）后续移除标记。——当设计版权人已遵守本条款,任何其他人对物品上设计标记的移除、毁坏或消除都不会影响设计版权人根据本章规定所享有的保护。

§1307　遗漏标记的影响

（a）有标记的行为。——除第（b）款规定以外,遗漏第 1306 条规定的标记不会减少本章对设计的保护,或阻止对本章任何侵权人的追偿,以防止该侵权人在收到设计保护的书面标记后,仍从事本章规定下的侵权行为。

（b）无标记的行为。——遗漏第 1306 条规定的标记,根据第 1323 条会阻止对侵权人的追偿,该侵权人在收到设计保护的书面标记之前即已从事本章规定下的侵权行为。根据本章规定,不应当就此类侵权活动发出强制令,除非设计版权人补偿该侵权人的合理支出或履行了与其在收到设计的书面保护之前产生的相关合同义务,法庭可在其自由裁定权范围内裁定。提供设计保护的书面标记的责任应该在设计版权人一方。

§1308　专 有 权

本章保护的设计版权人拥有以下专有权。——

（1）可以制作、请人制作、进口、商业销售或在贸易中使用包含自己设计的实用物品;并且

（2）可以销售、在贸易中分销或使用包含自己设计的实用物品。

§1309　侵 　 权

（a）侵权行为。——除了第（b）款的规定以外,以下在保护期内未经设计版权人同意的发生在美国的行为应当视为对专有权的侵犯。——

（1）制作、请人制作、进口、商业销售或在贸易中使用第（e）款规定的侵权物品;或

（2）销售或在贸易中分销或使用侵权物品。

（b）销售者和发行商的行为。——侵权物品的销售者或发行商,即使没有制作或进口这类物品,也应当被认定为已经侵犯了本章保护的设计的权利,只要此人——

（1）被引诱或者自愿与制造商共谋去制造,或与进口商共谋进口这样的

物品,除非此人仅仅是在正常经营的过程中极少的采购或仅下了一份订单,采购此类物品同时又未自行提出共谋或引诱他人加入;或

(2) 拒绝或未能根据设计版权人的要求迅速并完全揭发该人的侵权物品来源,并且该人在收到有关设计被保护的注册或证明信通知后,订购或再次订购这样的侵权物品。

(c) 不知情的行为。——在不知道某设计受本章保护并且是此设计复制品的情况下,制作、请人制作、进口、销售或分销此包含该设计的任意物品,不构成本条下的侵权行为。

(d) 日常经营中的行为。——除第(b)款第(1)项或第(2)项提及的情况外,某人把在日常经营中纳入生产的侵权产品或者在对受保护设计包含于侵权产品的情形没有了解的情况下,在其日常经营中为别人制作加工这类产品,不应认定为侵犯了本章规定的设计的权利。从侵权产品来源处订购或再订购侵权产品应当认定为第(b)款第(2)项中提及的订购与再订购的情况。

(e) 侵权物品的定义。——侵权物品意指未经过受保护设计的版权人同意,而擅自复制受本章保护的设计所生产的物品。但侵权物品并非出现在广告、书籍、杂志、报纸、照片、广播节目、电影等相似媒体中的被保护设计的图例或图片上。一个原创设计或在本质上与被保护的设计无相似之处的设计不应被认定为抄袭。

(f) 原创性的建立。——根据本章的任何诉讼或诉讼程序的当事人若宣称具有本章所诉的权利,则应承担证明该设计原创性的责任,不论诉讼或诉讼程序的另一方有否在之前提出一个初看之下与本设计相同或完全相似的设计作品用以证明当事人所提出的设计抄袭自其所提出的设计作品。

(g) 用于教学或分析的复制。——如果一个人使用某受保护的设计制造了某件实用物品或者以其他方式使用了该设计,仅仅是用于教学、分析、评价外观、体现在设计中的构思、技术以及用该设计制造的物品的功能,就不应认定为对设计版权人专有权的侵犯。

§1310 申 请 注 册

(a) 申请注册的时间限制。——若申请注册的时间超过设计被首次公开

后两年,则其将会失去本章对该设计的保护。

　　(b) 设计公开时间。——设计被公开的时间意指经设计版权人或其拥有者同意将体现该设计理念的现有实用物品在社会各处展示、公开分发或用于销售的时间。

　　(c) 设计版权人的申请。——注册申请必须是由设计版权人自己提出的。

　　(d) 申请的内容。——注册申请应提交给管理者并应该写明以下几点:

　　(1) 设计人(们)的姓名和地址;

　　(2) 所有者(如为非设计人)的姓名和地址;

　　(3) 包含该设计的实用物品的特定名称;

　　(4) 设计被首次公开的时间(若存在并早于申请注册日期的话);

　　(5) 表明该设计已经用于一个实用物品的声明;

　　(6) 管理者所要求的其他信息。

注册申请书也可以包括对该设计与众不同特色的描述,不过即使没有这类描述也不应阻碍本章规定的注册。

　　(e) 誓词。——注册申请书应附有申请人或经申请人正式授权的代理人或代表宣誓的声明,其以申请者最优的知识和信仰阐明——

　　(1) 设计是原创的,并且是由申请书中提及的设计人(们)所设计;

　　(2) 在本次申请之前该设计未被申请人或前任申请人进行过注册;而且

　　(3) 申请人是基于本章有权得到保护和注册的人。

　　如果该设计已经通过第 1306 条提及的设计标记被公开,则申请说明应阐述该设计标记的具体形式和位置。

　　(f) 错误的影响。——(1)根据本章规定,在寻求注册申请的过程中,若其声明中出现对申请书中提及的实用物品的功效的错误描述,不会影响根据本章所获得的保护。

　　(2) 如果出现遗漏联合设计人或所谓的联合设计人的错误,不会影响注册的有效性、实际的所有权和对设计的保护,除非这种遗漏是出于欺骗的目的。

　　(g) 受雇期间的设计。——该设计作品是在设计师正常受雇期间设计,且该设计作品很难或者无法找到独立的原创者,同时在申请说明中提到为某雇主而非独立的原创者设计该设计作品,应当把该雇主的名字一并写入申请说明中设计人一栏。

(h) 设计的图示。——注册申请书中必须有对包含设计的实用物品的两份一样的图画或其他图示（包含一个或多个视图）的展示，该图示应以一种适用于复制的形式和风格展示该设计。

(i) 不止用于一件物品的设计。——如果设计的区分点仅仅是用于不同实用物品，而实质上其本身形式相同，那么当给其中一件物品给予保护时应对其他的物品也给予保护，但对设计的注册要求不必超过一个。

(j) 多项设计的申请。——若在一份申请书中出现对多项设计的申请，应按照管理者的规定来处理。申请书中的每一项设计申请都应当缴纳等同于一个单独设计申请的费用。

§1311　在国外提早申请的好处

根据本章规定，如果在美国提交注册申请的设计在之前已经由申请人本人或其合法代表、前任申请人、后任申请人（此人为美国公民）在外国为该设计提交过申请，并且在美国提交申请的时间是在外国提交时间后的六个月内，应当视为在外国申请的这一日期在美国提交了对该设计的申请，本章规定的相似的保护具有相同的效力。

§1312　誓词及确认

(a) 总论。——本章所要求的誓词及其确认——

(1) 应这样给出——

(A) 在法律授权给任何在美国的人去执行该誓词之前；或

(B) 在任何美国外交或领事官员授权某人执行该誓词，或在相关外国官方正式授权（该授权已被某一特定美国外交或领事官员证明）执行该誓词之前给出。

(2) 申请人若遵守誓词作出地的州或国家的法律则应当认定该誓词有效。

(b) 代替誓词的书面申明。——

(1) 根据本章规定，管理者可按规则规定在行政办公室填写的或被法律、规定或其他规则要求写于誓词下方的所有文档，可按照规定以这样的形式订阅一份书面申明,并且这份书面申明可以代替誓词。

(2) 不论第(1)项中提及的申明何时使用,包含申明的文档应当载明有意的错误陈述会被处以罚款、有期徒刑或二者同判(依据第 18 编第 1001 条),以及由此产生的对申请、文档以及注册的有效性的危害。

§ 1313　对申请的检查,相关 事项与拒绝注册[4]

(a) 设计注册的裁定;注册。——已按照第 1310 条要求的正确格式填写注册申请表,并按照第 1316 条缴纳费用,管理者应该通过该设计的申请书判断设计在表面上是否应当受本章保护,如果是,管理者可以注册该项设计。根据本款,注册应当被公示,公示的日期即为注册的日期。

(b) 拒绝注册;再审查。——若在管理者看来,申请注册的设计在表面上不应当受本章保护,管理者应该寄给申请人一份通知来说明拒绝申请及其理由。在收到通知后的三个月内,申请人可以通过递交书面请求希望管理者重新考虑该项申请。在收到这样的书面请求后,管理者可以裁定注册该设计或再发出一份最终的通知表示拒绝。

(c) 取消注册的申请。——任何人认为本章的注册会对其自身造成伤害,在缴纳费用之前,可在任何时候向管理者提出当场取消注册申请的要求,说明该项设计不应当受本章保护及其理由。在收到取消的申请后,管理者应该退回用于在管理者办公室展示的设计样品、申请公示,同时申请人在收到申请通知以后的三个月内可以有申明注册有效的权利。管理者根据规定应全权处理在此期间出现另一申请方并申明其申请的有效性的情况,如果这段提供申明的期限期满后,管理者应当认定申请人的取消申请已经成立,且该项设计不再受本章保护,并将该项注册从记录上抹去。取消申请应当被公开宣示,管理者有关于取消申请的最后裁定应当寄给申请人以及记录保管者。取消申请的费用应由败诉方的当事人(们)承担,管理者有权评估和收取这笔费用。

§ 1314　注 册 证 书

注册的认证应当在有管理者盖章的情况下,以美国的名义发布并在官方记录中予以记录。注册证书应当说明实用物品的名称、填写申请的日期、注册的日期以及设计被公开的日期,如果被公开的日期早于填写申请的日期,则应在注册证书中加入设计的图案或其他图示来展示这项设计。若在申请中有对本设计突出特征的描述,那么在注册证书中也应出现上述描述,任何法庭都应承认注册证书并作为拥有证书的初步证据。

§1315 公告和索引的发布

(a) 管理者的出版。——管理者应当出版申请设计注册和取消申请的目录和索引,也应出版已注册的并用于销售或其他分销的设计的图案或图示。

(b) 已注册设计的代表文件。——管理者应该建立和维护一个已注册设计的图案或其他图示的文件。根据管理者的规定,这个文件应当适合于大众使用。

§1316 费　　用

管理者应当根据相关规定设定填写注册设计申请的费用以及本章中出现的其他相关管理费用,在设定过程中应当考虑提供这些服务的成本以及公开记录的补助金。

§1317 条　　例

管理者应当为本章中的管理制定条例。

§1318 记　录　的　副　本

在缴纳规定的费用之前,每个人应该获得一份与本章内容有关的被证明过的管理办公室官方记录的副本。这份副本应当与原件在证明方面有一样的可被接受的效力。

§1319 证书的错误修正

管理者可以通过加盖公章的修正证书,修改在注册中出现的由于官方失误而造成的错误,或者在申请人付清要求的费用之前,纠正文书或印刷上的自然而非官方失误而产生的错误。这样的注册连同证书在修改完成以后应当具有和原本正确的版本相同的法律效力。

<h2 style="text-align:center">§1320　所有权和转让⁵</h2>

（a）设计中的财产权。——受本章保护的设计的所有权归属于设计人、已故或无法律行为能力的设计人的法定代表、对设计人在受雇的正常职责范围内所设计的作品享有所有权的雇主或者所有权受让人。受让人应当被视为设计的版权人。

（b）产权转让。——意指已注册设计的产权或者一个已经或可能填写了注册申请的设计，通过书面的某种方式被分配、授予、传递、抵押或同意遗赠给他人。

（c）转让的确认和宣誓。——第 1312 条中提及的誓词和确认应作为第（b）款提及的分配、授予、传递、抵押的执行的初步证据。

（d）转让备案。——在第（b）款提及的对所有权的分配、授予、传递、抵押的行为在与后续买家和承押人的比较后应被认定为无效，除非在执行日之后，或出现后续买家或承押人之前三个月内到管理者办公室进行过注册。

<h2 style="text-align:center">§1321　侵权救济</h2>

（a）总论。——一个设计版权人，在获得设计注册证书后，根据本章规定有权提出对某些构成设计侵权行为的诉讼。

（b）拒绝注册后的复审。——（1）在遵守第（2）项的规定的前提下，设计人可以通过提出民事诉讼的方式，对管理者最终拒绝注册该设计的行为寻求司法审查，以此来获得注册申请的通过。若在同一诉讼中，法庭裁定该设计应当受本章保护，设计版权人就获得了受本章保护的设计的各项权利。

（2）设计版权人在符合以下条件的情况下可以依据本条规定来寻求司法审查，如果——

（A）版权人为获得设计注册先前已适时提出对最终拒绝的诉讼申请；

（B）版权人应准备一份诉讼理由的文档副本并在提出诉讼后 10 天内将其寄给管理者；并且

（C）被告已经实施对受本章保护的设计可能构成侵权的行为。

（c）作为诉讼当事人的管理者。——管理者可以选择在收到诉讼书的 60 天内作为对设计申请索赔的被告主体申明应诉。如果管理者没有成为本次诉讼的当事人也不会剥夺法庭具有的对本案的司法管辖权。

（d）使用仲裁解决争议。——管理者可以依据规定在一定时间内指派代表作为侵权争议的当事人，当事人可以决定此次争议或争议的一部分通过仲裁解决，且仲裁应该服从第 9 编的规定。当事人应当提交仲裁人对管理者的通知，而且这类通知可作为对双方仲裁有关事项的决定性内容。仲裁裁定在上述通知未发出之前不可强制执行。本部分的任何内容都不会剥夺根据第 1313 条第（c）款赋予管理者的决定某一设计是否应通过注册的权利。

§1322 强 制 令

（a）总论。——对本章中的诉讼拥有司法管辖权的法庭应该依照公平的原则制止对本章中的设计的侵权。这类制约包括根据自由裁定权，对受保护方通过暂时禁止订购和初步强制令的方法进行及时救济。

（b）不正当获得强制救济的损害赔偿。——一个因为设计注册申请人不正当获得强制救济而遭受损害的销售者或发行商，可以以此为理由对申请人提起诉讼。在诉讼中，他们可以获得包括利润损失、原材料成本、意愿购买损失、欺诈而得的强制救济的惩罚性赔偿（除非法庭发现可以在减轻罪行的合理情况下免除）以及合理的律师费用。

§1323 侵 权 追 偿

（a）损害赔偿。——根据本章，在找到索赔人被侵权而造成危害的证据后，法庭应判定对因为侵权而造成的伤害的足够赔偿。此外，法庭可以增加损害赔偿的额度，但不应超过 50 000 美元或每复制品 1 美元的限制，取其认为适宜的较大者作为赔偿金额。裁定的损害赔偿应包括赔偿金而非处罚金。法庭可以接受专家证词作为判定损害赔偿额度的辅助资料。

（b）侵权人的利润。——作为对第（a）款中提及的救济的代替方案，法庭可以将侵权人通过销售使用但被认定为索赔人设计的产品所获的利润判给索赔人。在这种情况下,索赔人被要求证明侵权人的销售额,而侵权方则证明自己在销售过程中的费用支出额。

(c) 诉讼时效。——索赔人必须在发现侵权行为的三年内提出诉讼,一旦超过时间限制,则视为诉讼权利的丧失。

(d) 律师费。——在本章中提及的侵权诉讼案,法庭可以裁定给胜诉一方合理的律师费。

(e) 对侵权物品及其他物品的处置。——法庭可以要求侵权方交出所有侵权物品以及所有用于制造侵权物品的板材、模具、图样、模型及其他材料,并将这些材料销毁或按照法庭裁定的其他方式处置。

§1324　注册方面的法庭权力

在任何涉及本章对设计保护的诉讼案件中,法庭有权在认定适合的时候注册一项设计或取消注册。这样的裁定应由法庭向管理者证明,管理者应在记录中添加一个适当的条目。

§1325　欺诈性获得注册的诉讼责任

在知道某设计是通过损害本章所规定的权利的不正当或者欺诈手段获得注册的,仍提起侵权诉讼的当事人,应当支付总额为 1 万美元的费用或由法庭规定的费用。这笔费用向原告收取并用于补偿被告,此外这笔费用和被告的律师费应由法庭进行衡量。

§1326　虚假标记的处罚

(a) 总论。——某人出于欺骗公众的目的,在一项并未受本章保护的设计上标记、使用或在与制作、使用、分销或销售的物品有关的广告中使用第 1306 条规定的设计标记,或任何其他引进的言语或标识来虚假地证明该设计受本章保护,在明知该设计并未受此类保护的情况下,该人应当为每一次这样的过错支付不超过 500 美元的民事罚款。

(b) 私人诉讼。——任何人都可以根据第(a)款提出处罚要求,在这种情况下所获得的罚款,一半应当作为奖励给予控诉者,另一半应当归到美国国库。

§1327　虚假申诉的处罚

任何人为了取得设计的注册而故意做出虚假的申诉,并且这种中诉已经实质性地影响本章所提供的权利时,应当支付 500 美元以上 1 000 美元以下的罚款,本章赋予此人关于设计方面的任何权利或特权都将被剥夺。

§1328　财政部和邮政局实施的条款

(a) 条例。——财政部部长和邮政局应当各自或者联合颁布第 1308 条规定的有关进口的权利执行的条例。对于美国物品的入境禁令,此类条例可以要求任何申请此类入境禁令的当事人接受以下一项或多项要求:

(1) 获得禁止进口此类物品的法院命令,或者国际贸易委员会的命令(根据 1930 年《关税法》第 337 条)。

(2) 提供证据证明相关设计受本章保护,同时此类产品的进口会侵犯本章下的设计权利。

(3) 签署一份担保契约,对于未被证明正当的阻止产品入境或者拒绝入境令所可能造成的损害进行担保。

(b) 扣押和没收。——违反第 1308 条规定的权利而进口的物品,应当以处理违反关税条例引进的财产相同的方式进行扣押和没收。所有没收物品应当在财政部部长或者法庭的指导下进行销毁,但以下情况例外,即当进口商向法庭或财政部部长证明没有理由认定其行为对此条例构成违法,则物品应当返还给出口国家。

§1329　关于设计专利法

根据《美国法典》第 35 编规定,针对制造业物品的原创设计发布设计专利的,则本章下对于原创设计的保护应当终止。

§1330　普通法律及不受影响的其他权利

在本章中以下提及的内容不应取消或限制——

(1) 如果存在适用于还未基于本章注册通过的设计的普通法律、其他权

利和救济；或者

（2）商标保护法中赋予的权利和任何防止不正当竞争的权利。

§1331　管理者；管理者办公室

在本章中提及的管理者意指版权注册处，"管理者办公室"和"办公室"意指国会图书馆的版权局。

§1332　无追溯效力

本章的保护条款将不适用于任何已经在本章生效前根据第 1310 条第（b）款公开发表的设计。[6]

第 13 章　尾注

1. 1998 年，《船身设计保护法案》在第 17 编中增加了第 13 章，标题为"对原创设计的保护"。Pub.L.No.105—304,112 Stat.2860,2905.《船身设计保护法案》是《千禧年数字版权法》的第五编，Pub.L.No.105—304,112 Stat.2860,2905.

2. 1999 年《卫星家庭收视促进法案》完全修改了第 1301 条第（b）款第（3）项。Pub.L.No.106—113,113 Stat.1501,app.I at 1501A—593.

2008 年《船身设计保护修正案》修改了第 1301 条第（a）款，修改了第（2）项中船身的定义，并在新的第（3）项中对美国国防部提供了一个例外。Pub.L.No.110—434,122 Stat.4972.修改了第 1301 条第（b）款，包括修改了第（2）项中实用物品的定义以及第（4）项中船身的定义，并在新的第（7）项中增加了甲板的定义。Id.

3. 1999 年，修改了第 1302 条第（5）项，用"2 年"替代了"1 年"。Pub.L.No.106—44,113 Stat.221,222.

4. 1999 年《卫星家庭收视促进法案》修改了第 1313 条第（c）款，为以"取消程序的费用"开始的语句增加了尾句。Pub.L.No.106—113,113 Stat.1501,app.I at 1501A—594.

5. 1999 年，修改了第 1320 条，改正第（c）款标题中的"确认"的拼写。Pub.L.No.106—44,113 Stat.221,222.

6. 第 13 章的生效日期是 1998 年 10 月 28 日，参见附录 B 中《千禧年数字版权法》第 505 条。

附　　录

过渡和相关法律条文

《美国法典》相关条文

相关国际条文

附录 A　1976 年《版权法》[1]

第 I 编——版权法的总体修订

* * * * * * *

过渡和补充条款

第 102 条。本法于 1978 年 1 月 1 日生效,但本法有明确说明的除外,包括本法第 1 条的规定。第 118 条、第 304 条第(b)款及第 17 编第 8 章之内容,根据本法案首条修改后,于本法案颁布之日起开始生效。[2]

第 103 条。本法不对任何在 1978 年 1 月 1 日以前进入公共领域的作品提供版权保护。由本法第 1 条修订的第 17 编第 106 条规定,以录音制品复制一件作品并且销售录音制品的专有权利,不包括在 1909 年 7 月 1 日前享有版权的非戏剧音乐作品。

第 104 条。所有在第 17 编的第 1 条第(e)款或者第 9 条第(b)款规定下(1977 年 12 月 31 日仍然存在)或者美国先前的版权法律规定下由总统发布的公告,在由总统结束、中止或者修订前仍然有效。

第 105 条。第 44 编第 505 条第(a)款第(1)项修订如下:

(1)"§ 505　复写盘的销售

"根据印刷联合会针对适用者的规定,公众印刷局销售用以印刷政府出版物的额外或者复写的铅板或者电铸版盘时,应当要以不超过上缴给政府的创作、金属材料和制作的费用,外加上述费用的百分之十,完整价格应当在订购单提交后支付。"

(2)第 44 编第 5 章的开头与第 505 条相关的章节解释条目修订如下:

"505　复写盘的销售"

(b)第 44 章节的 2113 条修订如下:

[为了方便读者,第 44 编第 2113 条,现在被定名为第 2117 条,其最新修订被编录在后面的附录 I 中。]

（c）在第 28 编第 1498 条第（b）款中,短语"第 17 编的第 101 条第（b）款"被修改为"第 17 编的第 504 条第（c）款"。

（d）1954 年《国内税收法典》修改了第 543 条第（a）款第（4）项,删除"（除了第 2 条或第 6 条之原因）"。

（e）修改了第 3202 条第（a）款,删除第（5）项。修改了第 39 编第 3206 条,删除词语"第（b）款和第（c）款",在第（a）款中插入"第（b）款",删除第（c）款。将第 3206 条第（d）款重新指定为第（c）款。

（f）《标准参考数据法案》（15 U.S.C.290e）修改了第 6 条第（a）款,删除短语"第 8 条",并且插入"第 105 条"以替代。[3]

（g）对第 2 编第 131 条进行了修改,删除短语"交存以保护版权",插入短语"根据版权法的获得资料"以替代。

第 106 条。如果个人在 1978 年 1 月 1 日以前,遵从第 17 编第 1 条第（e）款强制许可规定,合法制造用于机械化生产版权作品的器具的组成部分,并且 1977 年 12 月 31 日仍然存在,则此人可以不用获取此法第 1 条所修订的第 17 编第 115 条规定的新的强制许可证,就可以继续生产和销售此类组成相同机械化产品的部分。但是,在 1978 年 1 月 1 日或者之后制造的此类组成部分应当被当作录音制品,且符合第 115 条的规定。

第 107 条。如果在 1977 年 12 月 31 日,持续享有或者仍能够获得临时广告版权的任何作品,根据第 17 编第 22 条规定,只要作品在该日期已经出版,该作品的版权保护则据此延长至由本法第 1 条所修订的第 17 编第 304 条所规定的时期或期限。

第 108 条。由本法第 1 条修订的第 17 编第 401 条到 403 条的公告规定适用于所有 1978 年 1 月 1 日当天及以后公开发行的复制品或者录音制品。然而,对于 1978 年 1 月 1 日以前出版的作品,如果在 1977 年 12 月 31 日仍然存在或者符合本法第一条修订条例的,则其 1977 年 12 月 31 日以后公开发行的复制品仍然可以适用第 17 编的公告规定。

第 109 条。如果版权所有权的注册申请,版权局已在 1978 年 1 月 1 日以前收到其保证金、申请书和费用,并且版权局在 1978 年 1 月 1 日以前已收到版权分配记录或其他文书,则只要在 1977 年 12 月 31 日仍然存在的,此申请适用于第 17 编规定。

第 110 条。第 17 编第 14 条中的要求和惩罚规定,在 1977 年 12 月 31 日即已存在,其适用于在该日或该日之前通过公开版权通知而获得版权的任何作品,但是在当日以后回应此条款下的要求而提供保证金和注册申请的,则适用于由本法第 1 条修订的第 17 编的规定。

第 111 条。《美国法典》的第 18 编第 2318 条修订如下:

〔为了方便读者,第 18 编第 2318 条,其最新修订及相关判罪条款被编录在后面的附录 G 中。〕

第 112 条。第 17 编规定的引起诉讼的原因,出现在 1978 年 1 月 1 日以前的,则应按此诉讼起因出现时的第 17 编的规定处理。

第 113 条。(a) 国会图书馆馆长(下文简称"图书馆馆长")应当在国会图书馆中建立或者维持一个名为美国电视和广播档案馆的图书分馆(下文简称"档案馆")。档案馆的目的是保留电视和广播节目的永久性记录,作为美国人民的文化遗产,并且在不促成或造成版权侵权行为的前提下,为历史学家和学者提供节目资料。

(1) 在咨询相关组织和个人后,国会图书馆馆长应当在档案馆中确定和放置此类在美国和其他国家传输给公众的电视和广播节目的复制品和录音制品。此类节目包含现成的或者隐含的大众或者文化利益、历史重要性、认知价值和其他值得保留的因素,包括具有以下特征的已出版和未出版的播送节目的复制品和录音制品——

(A) 符合本法第 1 条修订的第 17 编的第 407 条和第 408 条;并且

(B) 从国会图书馆的现存收藏中改编;并且

(C) 由其他图书馆、档案馆、组织和个人赠送或者交换给档案馆;

(D) 从以上所有者手中购买获得的。

(2) 图书馆馆长应当维持和公开准确的档案馆收藏目录和索引,并且将收藏提供给符合本条规定条件的学习和研究活动。

(b) 尽管有本法第 1 条修订的第 17 编第 106 条的规定,但对于由常规新闻播报和现场新闻事件报道的播送节目,以及在图书馆通过条例规定的标准和条件下,图书馆馆长有权——

（1）以保存或保护或者以根据此款第（3）项规定的发行为目的，以同一种格式或者其他明确形式，复制此类节目的录制品；

（2）在不做删节或者其他编辑的情况下，汇编大量此类属于其职权范围内的录制品，并且以本款第（1）项的目的对此类汇编作品进行复制；

（3）发行符合本款第（1）项和第（2）项规定的复制品——

（A）出借给相关研究人员；

（B）为了支付由本法第1条修订的第17编第108条第（a）项规定的图书馆或者档案馆的费用，

两种情况下都只能用于研究，而不能用于后期复制或表演。

（c）图书馆馆长或者任何由本条授权的图书馆员工，对于任何其他人的版权侵权诉讼不承担责任，但图书馆馆长或者此类员工故意参与该人实施的侵权行为的除外。本条中任何内容不能作为申辩或者降低由本法第1条修订的第17编的责任的解释。其中责任主要是指对任何未经第17编或者本条授权的行为，或者任何未经第17编或者本条授权的当事人所采取的行为应负的责任。

（d）本条可被引证为"美国电视和广播档案法"。

第114条。应当授权拨发为了实现本法目的必要的经费。

第115条。如果由本法第1条修订的第17编的规定被宣布为违反宪法，则本编余下的内容仍然有效。

附录A　尾注

1. 本附录包括1976年《版权法》的过渡和补充条款，Pub. L. No. 94—533，90 Stat. 2541，其未修改《美国法典》的第17编。

2. 1976年《版权法》于1976年10月19日颁布。

3. 2002年《知识产权和高科技技术修正法案》修改了第105条第（f）款，用"《标准参考数据法案》（15 U.S.C. 290e）"替代"第15编第290条第（e）款"。Pub. L. No. 107—273，116 Stat. 1758，1910.

附录 B　1998 年《千禧年数字版权法》[1]

第1条　简　　称

本法案可以被称为"《千禧年数字版权法》"。

第 I 编——世界知识产权组织条约的执行

第101条　简　　称

本编可以被称为"1998 年《世界知识产权组织版权、表演和录音制品条约实施法案》"。

* * * * * * *

第105条　有　效　日　期

（a）总论。——除了本条所列出的内容,本条及本条修订的内容应当于本法颁布之日起生效。

（b）与国际协定相关的修正法案。——

（1）以下内容应当随《世界知识产权组织版权条约》中与美国有关的条款产生效力而生效:

（A）本法案第 102 条第（a）款第（4）项修改了《美国法典》第 17 编第 101 条中所含"国际协定"定义中的第（5）项。

（B）本法案修改了第 101 条第（a）款第（6）项。

（C）本法案第 102 条第（c）款第（1）项修改了《美国法典》第 17 编第 104A 条第（h）款第（1）项的第（C）目。

（D）本法案第 102 条第（c）款第（2）项修改了《美国法典》第 17 编第 104A 条第（h）款第（3）项的第（C）目。

（2）以下内容应当随着《世界知识产权组织表演和录音制品条约》中与美国有关的条款产生效力而生效:

（A）本法案第 102 条第（a）款第（4）项修改了《美国法典》第 17 编第 101

条中"国际协定"定义中的第(6)项。

(B) 本法案修改了第 102 条第(a)款第(7)项。

(C) 本法案修改了第 102 条第(b)款第(2)项。

(D) 本法案第 102 条第(c)款第(1)项修改了《美国法典》第 17 编第 104A 条第(h)款第(1)项的第(D)目。

(E) 本法案第 102 条第(c)款第(2)项修改了《美国法典》第 17 编第 104A 条第(h)款第(3)项的第(D)目。

(F) 本法案修改了第 102 条第(c)款第(3)项。

* * * * * * *

第 II 编——在线版权侵权责任限制

第 201 条　简　　称

本编可以被称为"《网络版权侵权责任限制法案》"。

* * * * * * *

第 203 条　有　效　日　期

本编及本编修改之内容应当于本法实施之日起生效。

* * * * * * *

第 IV 编——综合条款

第 401 条　与专利和商标行政长官以及版权注册处有关的规定

(a) 赔偿金。——(1) 修改了《美国法典》第 35 编第 3 条第(d)款;删除"由商务部副部长之法律规定",插入"《美国法典》第 5 编第 5314 条下联邦政府工资体系第 III 级有效"。

* * * * * * *

(3) 对《美国法典》第 5 编第 5314 条进行了修改,在结尾处增加了如下内容:

"商务副部长和专利与商标行政长官。"

"版权注册处。"

* * * * * * *

第405条　录音制品专有权利的范围;临时录制

(a) 录音制品专有权利的范围。

* * * * * * *

(5) 本款中第(2)项第(B)目第(i)段第(III)子段所作修改,应被视为已经作为1995年《录音制品数字表演权利法案》的一部分生效,《美国法典》第17编第114条第(f)款第(1)项下诉讼通知的公布,在本法案生效之日产生效力,版税的判定应被视为在本法案生效之日产生效力并于2001年12月1日终止。

(6) 本款所作修改不废除、限制或者损害《美国法典》第17编第114条保留的权利,包括该条第(c)款、第(d)款第(4)项和第(i)段保留的权利。

* * * * * * *

(c) 第17编第112条第(A)目的范围不受影响。

本条或本条所作修改均不影响《美国法典》第17编第112条第(a)款的范围或其规定下的个人豁免权。

* * * * * * *

第406条　与电影中权利转让相关的
合同义务的承担

(a) 总论。——对《美国法典》第28编第Ⅵ部分进行了修改,在末尾处增加如下新的章节:

"第180章——某些合同义务的承担

"第4001条。与电影中权利转让相关的合同义务的承担。

"§4001　与电影中权利转让相关的合同义务的承担

"(a) 义务的承担。——(1) 符合美国法律规定转让电影的版权所有权("版权所有权转让"和"电影"已在第17编第101条中定义),其中,电影的制作须符合一项或多项根据美国法律而协商订立的集体协商协定。如果转让是在本章生效当日或者之后发生的,并且不受公开表演权利的限制,则此转让方式应当被判定为符合适用于版权所有权转让的承担协议,并且可适用的集体协商协定要求上述版权所有权转让。这也是适用的集体协商协定所要求的。受让人应当承担每一项此类承担协议规定的义务,支付转让生效日之后产生的并且有利于被转让的权利利用的余下款项并提供相关通知,以及承担根据每一项此类承担协议对于违反义务的任何救济,相关的义务和救济是由可适用的集体协商协定规定的,如果——

"(A) 在转让时,受让人知道或者有理由知道此类集体协商协定已是或者将适用于电影;或

"(B) 当法庭针对集体谈判协定中的转让人下达仲裁裁定令时,转让人没有经济能力在命令下达后 90 天内履行裁定内容。

"(2) 在第(1)项第(A)目中使用的"知道或者有理由知道"具有如下含义:

"(A) 实际知道集体协商协定已是或者将可以适用于电影。

"(B)(i) 推定可知集体协商协定已是或者将可以适用于电影。其中推定可以是从第 17 章第 205 条中关于电影版权的文件记载或者出版物中得出,或从由相关联合运营的公开网页得出,或从识别电影符合此集体协商协定的信息中得出,但前提是网页允许对信息可使用的日期进行商业性的合理查证。

"(ii) 当且仅当第(a)款第(1)项中提到的转让发生,本项第(i)段适用——

"(I) 在电影完成之后,或

"(II) 在电影完成之前并且

"(aa) 在提交第 17 编第 408 条的电影版权注册申请前 18 个月内,或

"(bb) 如果未提交申请,且电影在美国公开发布前的 18 个月内。

"(C) 意识到关于某项特殊转让的其他事实或者情形,从中能明显知道集体协商协定已经适用于电影或者将可以适用于电影。

"(b) 公开表演权利转让的排除范围。——就本条而言,第(a)款中的电影版权所有权的例外条款仅限于公开表演权利,包括向地面广播电台、有线系统或节目进行转让。此电台、系统或节目须是电影的展示者,或是在其自己的网络、系统、服务或者电台展示,或是展示其他网络、系统、服务或者电台的传输内容。当某一地面广播电台、有线系统或节目或其他受让人同时是电影的发行

商或者生产商时,公开表演例外条款不影响任何与此类职能相关的受让人义务。

"(c) 安全利益保证的排除条款。——第(a)款不适用于——

"(1) 仅由抵押契据、担保契约,或者其他安全利益构成的版权所有权转让;或

"(2) 经被保护的当事人授权并且受第(1)项安全利益保护的后期版权所有权转让,包括由受保护当事人或者后期受让人对于受保护当事人的权利或者救济实行的转让。

本款中的排除不应影响法律或合同下的任何权利或救济。

"(d) 善意争议的决议延缓。——因第(a)款第(1)项而承担第(a)款义务的受让人,在联盟和前转让人之间有善意争议,可以选择推迟履行此项义务,直到争议解决。但延缓不应当继续增加任何联盟适用的集体协商协定下的权益要求。

"(e) 私人协定的义务判定范围。——本条不应扩大或缩小根据本条所作集体谈判协定或承担协定下任何人的权利、义务或救济。

"(f) 通知失败。——如果在第(a)款规定下的转让人,在执行转让文件之前未能通知第(a)款规定下的受让人适用的集体协商义务,并且仅根据第(a)款第(1)项第(B)目的规定,第(a)款适用于受让人,那么作为未能通知的后果,转让人有责任承担受让人的所有损失。

"(g) 争议和声明的判定。——任何有关于第(a)款至第(f)款的争议都应该到地区法庭审判,法庭在权力范围内可以允许一方承担所有款项,也可以让占优势的一方出一定的律师费作为款项的一部分。

"(h) 研究。——总审计长可以和版权注册处协商,研究在电影产业可能引起本条款的情况,并且得出这些条款可能对电影产业带来的影响,总审计长要在本章生效期的 2 年内向议会提交这份报告。"

* * * * * * *

第 407 条 生 效 日 期

除非在本编中有所提及,本编和本编所作修改应于本法案颁布之日起开始生效。

* * * * * * *

第 V 编——某些原创设计的保护

第 501 条　简　　称

本法案可以被称为"《船身设计保护法案》"。

* * * * * * *

第 505 条　生 效 日 期[2]

第 502 条和第 503 条所作修改应于本法案颁布之日起开始生效。[3]

附录 B　尾注

　1. 本附录包括《千禧年数字版权法》(DMCA)中的一些条款,Pub.L.No.105—304,112 Stat.2860,未修改《美国法典》第 17 编。

　2. 1999 年《知识产权和通讯产品综合性改革法案》修改了第 505 条,删除"法案"之后的所有内容。Pub.L.No.106—113,113 Stat.1501, app. I at 1501A—521,593.

　3.《千禧年数字版权法》的第 502 条在《美国法典》的第 17 编中增加了第 13 章,并对第 503 条做了一致性的修改。该法案颁布于 1998 年 10 月 28 日。

附录 C   2004 年《版税和分配改革法案》[1]

第 1 条   简   称

本法案可以被称为"2004 年《版税和分配改革法案》"。

第 2 条   参   考

除非被特别提出,否则无论何时本法案做出的修正或者撤销某条或者其他条款的措施都应参考《美国法典》的第 17 编的条款。

* * * * * * *

第 6 条   生效日期和过渡条款[2]

(a) 生效日期。——本法案和法案所做出修改应在本法案颁布之日的 6 个月后生效,除非根据《美国法典》第 17 编第 801 条第(a)款并由本法案修改之规定,在 90 天结束之前并未任命版税裁判官,则国会图书馆馆长根据《美国法典》第 17 编第 802 条第(d)款(并由本法案修改)任命一名或更多过渡时期版税裁判官,在该颁布之日起 90 天后履行在《美国法典》第 17 编所规定的版税裁判官的职责。

(b) 过渡条款。——

(1) 总论。——根据第(2)项和第(3)项,本法案所作修改不应影响任何已开始的诉讼、提交的申请,或在本法所作修改的《美国法典》第 17 编的条款下的第(a)款规定的生效日期之前达成的自愿协议,以及在该有效日期内的延缓。该诉讼、在此类诉讼中作出的裁决,以及进行的上诉应继续进行,如果该法案尚未被颁布,则该诉讼所作判定应继续产生效力,直到根据本法案对《美国法典》第 17 编作出修改。如果本法案尚未颁布,提交的申请和达成的自愿协议应保持效力。根据本项,国会图书馆馆长可以判定诉讼是否已开始。国会图书馆馆长可以终止任何根据《美国法典》第 17 编第 8 章第(a)款规定的有效日期之前开始的诉讼,任何被终止的诉讼应视作无效。在该情况下,版税裁判官可以根据《美国法典》第 17 编第 803 条第(b)款第(6)项的规定提起新的诉讼。

(2) 某些版税诉讼。——尽管有第(1)项的规定,本法案所作修改不应影响开始于 2006 年 1 月 31 日之前,并符合《美国法典》第 17 编第 119 条第(c)款判定版税率的诉讼。

(3) 未决诉讼。——尽管有第(1)项的规定,任何在《美国法典》第 17 编第 114 条第(f)款第(2)项或第 112 条第(e)款规定下确立或调整的法定许可的税率和期限的诉讼,对于 2005 年 1 月 1 日当日或之后的法定期限,均应在本法案颁布之日终止并失效。任何于 2004 年 12 月 31 日当日,根据《美国法典》第 17 编第 114 条第(f)款第(2)项或第 112 条第(e)款的规定生效的税率或期限,对于新的订购服务、有资格的非订购服务,根据第 17 编第 114 条第(d)款第(1)项第(C)目第(iv)段免除的服务,从 2003 年到 2004 年,根据 2002 年《小互联网广播调解法案》(17 U.S.C.114 note;公法 107—321)(包括该法案所作修改)授权在《联邦公报》上公布的税率和期限,以及任何所采取的符合以上的通知和记录条款,均应保持效力,直到根据《美国法典》第 17 编第 804 条第(b)款第(2)项或第(3)项第(A)目所确定的后续期限和税率之中首先生效的较晚的那个日期,或是由各方同意或是版税裁判官确立的这样一个较晚日期。对于开始于 2005 年 1 月 1 日,由版权注册处根据 2002 年《小互联网广播调解法案》(17 U.S.C.114 note;公法 107—321)(包括该法案所作修改)公布的规定中所定义的有资格的小互联网广播或非商业性的互联网广播,可以通过遵从这些规定确立的管理选择过程的诉讼,并在不晚于互联网广播商在该时期支付版税的第一个日期,选择在上述规定中公布的期限和税率。直到开始于 2006 年 1 月 1 日的后续期限和版税率已被确立,许可人应继续按照该版税率以及之前生效的期限支付版税,并在该服务的后续税率和期限确立后,服从具有追溯效力的调整。

(4) 过渡时期诉讼。——尽管有第(a)款的规定,在本法案颁布之日后立即适用,版税裁判官或过渡期版税裁判官应公布本法案修改的《美国法典》第 17 编第 803 条第(b)款第(1)项第(A)目所述的通知,以发起确立或调整《美国法典》第 17 编第 114 条第(f)款第(2)项或第 112 条第(e)款下有关法定许可税率和期限的诉讼,以及开始于 2006 年 1 月 1 日的新订购服务和合格的非订购服务的诉讼。在第 803 条第(b)款所述时期内,版税裁判官或临时版税裁判法官有权根据该款提起诉讼。尽管有第 17 编第 803 条第(c)款第(1)项的规定，不应要求版税裁判官于 2004 年 12 月 31 日起生效的法定税率和期限终止之前发布对该诉讼的判定。

（c）现有拨款。——《拨款法案》为执行《美国法典》第 17 编第 8 章而提供的任何资金，也应在执行本条所需的范围内提供。

附录 C　尾注

1. 本附录包括 2004 年《版税和分配改革法案》中的条款，Pub. L. No. 108—419, 118 Stat. 2341，且不会修改《美国法典》第 17 编。

2. 2006 年，《版税裁判官项目技术修正法案》修改了第 6 条第(b)款第(1)项，用"第(a)款规定的有效日期"替代第 3 句中的"本法案颁布之日"。Pub. L. No. 109—303, 120 Stat. 1478, 1483.

附录 D　2004 年《卫星家庭收视延伸和再授权法案》[1]

* * * * * * *

第 IX 编——2004 年《卫星家庭收视延伸和再授权法案》

第 1 条　简称；目录表

（a）简称。——本法案可被称为"2004 年《卫星家庭收视延伸和再授权法案》"，或"2004 年 W.J.（比利）《陶津卫星电视法案》"。

* * * * * * *

第 1 编　卫星运营商的法定许可

第 101 条　权　力　延　伸

（a）总论。——1994 年《卫星家庭收视法案》（17 U.S.C.119 note；公法 103—369；108 Stat.3481）修改了第 4 条第（a）款，删除"2004 年 12 月 31 日"，并插入"2009 年 12 月 31 日"。

（b）特定订阅者的延伸。——修改了《美国法典》第 17 编第 119 条第（e）款的内容，删除"2004 年 12 月 31 日"，并插入"2009 年 12 月 31 日"。

* * * * * * *

第 106 条　特定诉讼的效力

本条款不应改变任何在 2004 年 5 月 1 日之前法庭对任何一方裁定的法律救济，有关方面不得违反《美国法典》第 17 编第 119 条。

* * * * * * *

第109条 研 究

不晚于 2008 年 6 月 30 日,版权注册处应向众议院司法委员会和参议院司法委员会报告在《美国法典》第 17 编第 111 条、第 119 条和第 122 条下法定许可运行和修订的调查结果及建议。报告应包括但并不限定于如下内容:

(1) 比较在这些条款下包括该版税的历史税率在内的许可人支付的版税,比较在该每一条款下的版税与类似项目的市场价格。

(2) 分析在这些条款下许可期限和许可条件的差异,分析这些差异是否取决于或源于卫星和有线电视产业的历史、技术或管制方面的不同,分析有线或卫星产业是否由于这些期限和条件而被置于竞争劣势的状况。

(3) 分析在这些条款下,许可与其最初被创立时相比是否仍然具有存在的合理性。

(4) 如果有的话,分析在这些条款下版税与有线和卫星订阅者索取费用之间是否存在相关性,分析有线和卫星公司是否因在这些条款下的版税结构和数额而对其订阅者有所保留。

(5) 分析在这些条款下将许可适用于转播源于数字信号的网络电台和超级电视台的首播而产生的一些问题,包括根据《美国法典》第 17 编第 119 条下未获服务家庭的适用限制的问题,以及有线系统和卫星运营商版税的判定问题。

附录 D 尾注

1. 本附录包含 2004 年《卫星家庭收视延伸和再授权法案》第 IX 编,2005 年《综合拨款法案》第 J 部分的条款,Pub.L.No.108—447,118 Stat.2809,3393,未修改《美国法典》第 17 编。

附录 E　2004 年《知识产权保护和法庭修正案》[1]

第 1 条　简　　称

本法案可以被称为"2004 年《知识产权保护和法庭修正案》"。

第 I 编——防 伪 条 例

第 101 条　简　　称

本编可以被称为"2004 年《防伪修正法案》"。

* * * * * * *

第 103 条　不受影响的其他权利

(a) 第 17 编第 5 章和第 12 章；电子传输。——本编所作修改——

(1) 不应扩大、缩小或以其他方式影响《美国法典》第 17 编第 512 条、第 1201 条或第 1202 条中规定的任何责任或对责任的限制；并且

(2) 不得擅自解释并——

(A) 在任何情况下，应用于证书原件、许可文件、注册卡、类似标签元素，或根据《美国法典》并由本法案修改的第 18 编第 2318 条第 (b) 款的第 (4) 项或第 (5) 项所述文件或包装的电子传输；以及

(B) 在《美国法典》第 18 编第 2318 条第 (f) 款下的民事诉讼，应用于根据《美国法典》第 18 编第 2318 条第 (b) 款第 (1) 项或第 (6) 项的定义为伪标签、伪文件或包装的电子传输。

(b) 合理使用。——本编所作修改不应影响在《美国法典》第 17 编第 107 条下，证书原件、许可文件、注册卡、类似标签元素，或由本编修改的《美国法典》第 18 编第 2318 条第 (b) 款的第 (4) 项或第 (5) 项所述的文件或包装的合理使用。

第 II 编——在线身份欺诈的制裁

第 201 条　简　　称

本编可以被称为"《在线身份欺诈制裁法案》"。

* * * * * * *

第 205 条　解　　释

（a）言论及出版自由。——本编中的任何内容都不应扩大或缩小与域名注册或使用相关的行为的言论或出版自由。

（b）法庭判定救济的自行裁定权。——本编中的任何内容不应限制法庭对侵犯知识产权的责任人判定损害赔偿金或其他救济的自由裁量权。

（c）法庭判定有期徒刑条款的自行裁定权。——本编中的任何内容不应被理解为限制法庭根据适用法律对犯罪行为作出适当的有期徒刑刑期的自由裁量权。

附录 E　尾注

1. 本附录包括 2004 年《知识产权保护和法庭修正案》的条款，Pub.L.No.108—482，118 Stat.3912，未修改《美国法典》第 17 编。

附录 F　2008 年《知识产权的优化资源和组织法案》[1]

第 1 条　简称;目录表

（a）简称。——本法案可被称为"2008 年《知识产权的优化资源和组织法案》"。

* * * * * * *

第 2 条　参　　考

本法案中任何涉及"1946 年《商标法》"之提法均指 1946 年 7 月 5 日通过（15 U.S.C. 1051 et seq.）的标题为"供商业中商标注册使用的为执行特定国际公约和其他目的的法案"的法案。

第 3 条　定　　义

本法案中,术语"美国法人"意指——

（1）任何美国居民或国民,

（2）任何国内的企业（包括任何相关外国企业在本国建立的永久性机构）,以及

（3）任何外国子公司或附属机构（包括任何永久性的外国机构）,该国内企业事实上由本国企业控制。

该术语不适用于定居在美国以外,并且受雇于除了第（1）项、第（2）项或第（3）项中定义的个人或组织的个人。

第 I 编　知识产权民事加强法案

* * * * * * *

第 102 条　侵权的民事救济

* * * * * * *

（b）扣押记录保护命令。——《商标法》第 34 条第（d）款第（7）项［15 U.S.C. 1116（d）（7）］作如下修改：

"（7）本款下任何扣押的物品应由法庭监管。根据本款所作扣押，法庭应就发现和使用任何已被扣押的记录和信息发布适当的保护令。保护令应规定适当的程序以确保包含于此类记录中的机密的、私有的、专有的和享有特权的信息未被不正当地披露或使用。

第 103 条　仿冒案例中的三倍损害赔偿

1946 年《商标法》第 35 条第（b）款［15 U.S.C.1117（b）］所作修改如下：

"（b）在第（a）款下对于违反本法案第 32 条第（1）款第（a）项或《美国法典》第 36 编第 220506 条的行为，在涉及仿冒商标或名称［如本法案第 34 条第（d）款之定义］的情况下，除非找到情有可原之情况，法庭应当判定三倍于该利润或损害赔偿以及合理的律师费用，无论涉及数量多少，如果该违反行为包括——

"（1）在明知该商标或名称是仿冒商标［根据本法案第 34 条第（d）款之定义］的情况下，仍在销售、为销售供给，及在商品或服务的销售中故意使用商标或名称；或者

"（2）提供对于实施第（1）项中明确规定的违反行为而言必要的商品或服务，并意图使商品或服务的接受者非法使用该商品或服务。

在该情况下，法庭可以授予裁定前利息，其数量按照 1986 年《国内税收法案》第 6621 条第（a）款第（2）项确立的年利率计算，计算期开始于申请人提交诉状（其中列明对判决的记录要求）的日期，终止于该请求已被判定或是由法庭认为合理的更短的时期。"

第 104 条　仿冒案件的法定损害赔偿

对 1946 年《商标法》第 35 条第（c）款进行如下修改——

（1）在第（1）项——

（A）删除"500 美元"，插入"1 000 美元"；以及

（B）删除"10 万美元"，插入"20 万美元"；以及

(2) 在第(2)项中,删除"100 万美元",插入"200 万美元"。

＊　＊　＊　＊　＊　＊　＊

第Ⅱ编　知识产权刑事加强法案

＊　＊　＊　＊　＊　＊　＊

第 205 条　仿冒商品或服务的非法交易

(a) 总论。——对《美国法典》第 18 编第 2320 条作如下修改——

(1) 在第(a)款中——

(A) 删去"任何人",插入"违法行为。——"

"(1) 总论——任何人";

(B) 把剩下的 2 条文字移到右边;以及

(C) 在末尾处增加以下文字:

"(2) 严重的身体伤害或死亡。——

"(A) 严重的身体伤害。——如果犯罪者违反第(1)项,蓄意或无所顾忌地造成或意图造成严重的身体伤害,则应根据本编判处罚款或不超过 20 年的有期徒刑,或二者同判。

"(B) 死亡。——如果犯罪者违反第(1)项,蓄意或无所顾忌地造成或意图造成死亡,则根据本编应处以罚款或任何期限的有期徒刑或无期徒刑,或二者同判。"以及

(2) 在末尾处增加如下内容:

"(h) 中转和出口。——本条中禁止交易的商品或服务,不应经美国中转或从美国出口。任何此类中转或出口应被视为违反于 1946 年 7 月 5 日通过的为提供在商业中使用的商标注册以执行特定国际公约和其他目的的法案的第 42 条(通常情况下指'1946 年《商标法》'或'《兰哈姆法案》')。"

(b) 财产没收及财产销毁;财产赔偿。——《美国法典》第 18 编第 2323 条第(b)款所作修改如下:

"(b) 财产没收及财产销毁;财产赔偿。——除了法律提供的其他类似救济,与本条有关的财产没收、销毁和赔偿应遵守《美国法典》第 2323 条的相关

规定。"

第 206 条　没收、销毁和赔偿

＊　＊　＊　＊　＊　＊　＊

（b）技术和一致性修改。——对《美国法典》第 18 编第 113 章下条款内容进行了修改，在末尾处加入：

"第 2323 条　没收、销毁和赔偿。"

第 207 条　《商业间谍法案》下的财产没收

对《美国法典》第 18 编第 1834 条修改如下：

"第 1834 条　犯罪没收

"除了法律提供的其他类似救济，与本章有关的财产没收、销毁和赔偿应遵守《美国法典》第 2323 条的类似规定。"

＊　＊　＊　＊　＊　＊　＊

第 209 条　技术和一致性修改

＊　＊　＊　＊　＊　＊　＊

（b）其他修改。——对 1950 年《关税法》第 596 条第（c）款第（2）项第（C）目［19 U.S.C.1595a(c)(2)(c)］进行了修改，删除"或 509"。

第Ⅲ编　联邦政府抵制仿冒和侵权的协商及战略计划

第 301 条　知识产权执行协调委员会

（a）知识产权执行协调委员会。——根据参议院的意见和批准，总统应任命知识产权执行协调委员会（本编中用 IPEC 指代），该 IPEC 在总统行政办公室任职。根据参议院行使立法权，知识产权执行协调委员会的提名将提交参议院进行审核，并交由司法委员会进行判定。

（b）知识产权执行协调委员会的职责。——

（1）总论。——知识产权执行协调委员会应——

（A）在第（b）款第（3）项第（A）目下，主持跨部门知识产权执行顾问委员会；

（B）在第303条下，协调顾问委员会反对仿冒和侵权联合战略计划的发展；

（C）根据第（b）款第（3）项第（A）目所列部门和机构的要求，协助实施联合战略计划；

（D）促进发布部门和机构的政策指导，包括政策和解释的基本问题，在一定程度内确保知识产权执行政策的协调和与其他法律的一致性；

（E）参考国内和国际知识产权执行程序，并与法律保持一致以向总统和国会报告；

（F）如第304条所述，向国会报告有关联合战略计划的实施情况，并向国会提出合理的关于促进联邦知识产权法律和执行努力的建议；

（G）行使总统指示的其他这类职能。

（2）权力的限制。——在执行其调查或起诉权力时，知识产权执行协调委员会不能控制或指示任何法律执行机构，包括司法部。

（3）顾问委员会。——

（A）机构。——建立跨部门知识产权执行顾问委员会，由知识产权执行协调委员会主持，并包括以下成员。

（i）与知识产权执行相关的以下部门和机构的代表，且需经参议院批准，或由这些部门和机构各自的上级直接任命：

（I）管理与预算办公室；

（II）司法部内的相关单位，包括联邦调查局和刑事部门；

（III）美国专利和商标局以及商务部的其他相关单位；

（IV）美国贸易代表办公室；

（V）国务部、美国国际发展部、国际毒品法案执行局；

（VI）国家安全部、美国海关和边境保护部门、美国移民与海关执行部门；

（VII）健康和人类服务部下属食品和药品监管部门；

（VIII）农业部；

（IX）总统判定的实质上协助联邦政府打击仿冒和侵权行为的所有其他

该类机构。

（ii）版权注册处，或由版权注册处任命的美国版权局的高级代表。

（B）职能。——在第（A）目下建立的顾问委员会应根据第303条发展抵制仿冒和侵权行为的联合战略计划。

第302条　定　　义

根据本编，术语"知识产权执行"意指与保护美国及国外的产权、专利、商标、其他形式的知识产权、商业秘密的法律执行相关的所有事务，特别包括与打击仿冒和侵权商品有关的事务。

第303条　联合战略计划

（a）目的。——抵制第301条第（b）款第（1）项第（B）目中规定的仿冒和侵权行为（在本条中用"联合战略计划"指代）的联合战略计划的目标如下：

（1）在国内外供应链中减少仿冒和侵权商品。

（2）在抵制仿冒侵权商品的融资、生产、买卖或销售等过程中，识别并处理妨碍有效执行的结构性弱点、系统性漏洞和其他未被发现的缺陷，在包括顾问委员会在内的联邦政府部门执行、调查、起诉知识产权犯罪，并为减小执行成本提出建议。建议将包括如何减少负责执行、调查、起诉知识产权犯罪的联邦政府部门在人事、物资、技术、设施上的支出。

（3）在法律允许的范围内，确保相关部门间的信息识别与共享，包括满足对机密信息和隐私信息的需求，在与司法部和其他关于此类信息处理的法律执行条例相一致的条件下，协助逮捕和起诉故意参与融资、生产、买卖、销售仿冒侵权商品的个人及独立团体。

（4）破坏并消除国内与国际仿冒侵权网络。

（5）加强其他国家保护和执行知识产权的能力，减少不执行相关法律来防止融资、生产、买卖、销售仿冒侵权商品的国家。

（6）与其他国家合作建立国际标准与政策以有效保护和执行知识产权。

（7）保护海外知识产权，通过——

（A）与其他国家合作，并与他国恰当的法律执行部门交流关于参与融资、生产、买卖、销售仿冒侵权商品的个人及独立团体的信息。

（B）确保向美国恰当的法律执行部门提供第（A）目中所提及的信息，如之前担保的那样，协助其与他国相关部门在执行活动中的合作。

（C）为与他国公司、产业联盟、工会和其他利益团体，就执行知识产权保护进行磋商建立正式程序。

（b）时间安排。——在本法案颁布后 12 个月内，及在此之后不晚于每个第三年的 12 月 31 日，知识产权执行协调委员会需向参议院和众议院的司法委员会及专款委员会递交联合战略计划。

（c）知识产权执行协调委员会的职责。——在建立联合战略计划期间，知识产权执行协调委员会应当——

（1）帮助并协调根据第 301 条第（b）款第（3）项任命的代表顾问委员会的相关部门官员及员工的会议事务及其工作。

（2）与私营部门中的专家就知识产权执行进行磋商，为根据第 301 条第（b）款第（3）项任命的顾问委员会成员提供更多帮助。

（d）其他部门和机构的职责。——在建立和执行联合战略计划时，第 301 条第（b）款第（3）项中规定的各部门负责人须——

（1）委任在知识产权执行领域中有专门知识技能和经验的人员，与知识产权执行协调委员会或与其他顾问委员会成员合作。

（2）与知识产权执行协调委员会和其他顾问委员会成员分享相关部门或机构的信息，包括各部门或机构在执行抵制仿冒侵权活动中的统计信息和处理联合战略计划的陈述方案，并在法律允许范围内，满足对机密信息和隐私信息的需求，并与司法部和其他关于此类信息处理的法律执行条例保持一致。

（e）联合战略计划的内容。——每份联合战略计划须包括以下内容：

（1）描述联合战略计划中为贯彻目标而须优先考虑的重点事务，包括联邦政府在知识产权执行中的相关活动。

（2）描述如何实现该计划中的重点事务，包括如何加强联邦政府在抵制仿冒侵权行动中的执行效率和效力。

（3）评估实现第（1）项中重点事务所必需的资源。

（4）在之后一年中检测联合战略计划执行成果的工作指标。

（5）分析侵犯知识产权的威胁因素，包括违反知识产权法后为美国经济带来的成本代价，和由仿冒侵权行为导致的对公共健康与安全的威胁。

（6）确定参与执行第（1）项中重点事务的相关部门和机构。

（7）确保第（6）项中确立的各部门和机构协调一致的策略，通过行政分支和行政责任减少执行该战略中的疏忽。

（8）其余信息，如在表达违反知识产权法后为美国经济带来的成本代价时的必要信息，及联邦政府为成功执行联合战略计划以减少此类成本和对抗威胁的步骤。

（f）加强国外政府的执行力度。——联合战略计划须包括向他国政府提供培训和技术支持的项目，以加强这些政府执行法律抵制仿冒和侵权行为的力度。关于这些项目，联合战略计划需——

（1）试图加强执行效率，并使之与联邦政府的支出保持一致；试图减少工作的重复、重叠部分或不一致。

（2）指出并重视能够最有效开展培训和技术支持项目的国家，及在减少美国市场仿冒和侵权产品、保护美国人及其许可证持有人的知识产权的国家，以及保护美国人利益不会因该国违反知识产权法而受到损害的国家。

（3）在确定第（2）项中的重点国家时，参照 1974 年《贸易法案》[19 U.S.C. 2242（a）]中第 182 条第（a）款规定的美国贸易代表处的名单。

（4）美国联邦政府在改善他国政府在抵制仿冒侵权的法律与执行的实践中，建立衡量美国联邦政府工作效力的标准。

（g）联合战略计划传播。——联合战略计划应刊登在白宫网页上，确保公众都能看到，并通过其他途径向大众进行传播，且由知识产权执行协调委员会来确定传播方式。

第 304 条 报 告

（a）年度报告。——从 2009 年起，知识产权执行协调委员会须在每个日历年不晚于 12 月 31 日递交顾问委员会前一财政年的活动报告。此份年度报告需递交给国会，并以第 303 条第（b）款和第（g）款中规定的途径传播给美国民众。

（b）内容。——报告包括以下内容：

（1）执行战略计划的过程，以及第 303 条第（e）款第（1）项中所述的重点内容的实施。

（2）在鼓励联邦政府、各州和地方政府部门和机构给予知识产权执法更高的优先权方面所取得的进展。

（3）在与他国合作调查、逮捕和起诉参与仿冒和侵权商品的融资、生产、买卖、销售的独立组织及个人方面取得的进展。

（4）相关部门和机构共同协作、共享信息，来加强知识产权执法的方式。

（5）评估联邦政府，包括第 303 条第（b）款第（3）项中建立的委员会所代表的部门，在工作中的成功之处和缺点。

（6）对顾问委员看重的执行法令、规章、基金水平提出适当建议（如果有的话），将大大提高联邦政府在打击仿冒侵权行为的效率和效力，并以其他方式加强知识产权执法包括消除或合并重复方案或倡议。

（7）在加强各国保护和实施知识产权的能力方面取得的进步。

（8）与他国共享知识产权执法相关信息过程中的成功和挑战。

（9）在贸易协定和条约中保护美国公民及其许可证持有人的知识产权所取得的进展。

（10）联邦政府中负责执行、调查或起诉知识产权犯罪的部门的工作在减少其重复性工作、物资、设施和程序方面取得的进展。

（11）对联邦在知识产权犯罪的执行、调查或起诉过程中如何加强其基金和资源使用的效率和收益一致性提出适当建议（如果有的话），包括以上部门使用了多少现有人员、物资、技术和设施资源。

第 305 条　保 留 与 废 除

（a）将美国知识产权执法全国协调委员会改为知识产权执行协调委员会。——

（1）废除美国知识产权执法全国协调委员会。——2000 年《财政部及一般政府拨款法案》第 653 条（15 U.S.C. 1128）在参议院确认通过知识产权执行协调委员会，并且在国会议事录上公布此任命时，美国知识产权执法全国协调委员会的废除生效。

（2）履行责任的一致性。——尽管第（1）项中提到，参议院审议通过后，知识产权执行协调委员会可以使用国家知识产权法执行协调委员会的服务和人员，在合理条件下，根据知识产权执行协调委员会的意见行使必要的职能和履行责任来协助委员会与知识产权执行协调委员会间所有职能与责任的有序转换，且需依据本法案的任何条款或修订内容。

（b）当年预算授权不受影响。——除了第（a）款中提到的，本条例下任何与以下内容相关的美国部门与机构（包括所有独立机构）的职权都不可替代——

（1）调查和起诉违反保护知识产权法律的行为及事件。

（2）在美国边境地区对保护知识产权法律的行政强制执行。

（3）美国贸易协定项目或国际贸易。

（c）解释法律的规则。——本条例中任何情况都不得——

（1）减少任何部门机构或其他在第301条第（b）款第（3）项第（A）目中规定的团体的权力、责任和职能。

（2）被解释为转变负责法律执行部门或机构关于控制、使用或分配法律执行资源，或启动、起诉个体案件及其他类型案件的职能。

第306条　拨款的授权

（a）总论。——可授权在每一财政年度拨出执行本编内容的必要款项。

第Ⅳ编　司法部程序

第401条　地方法律执行拨款

（a）授权。——《计算机犯罪执行法案》（42 U.S.C. 3713）第2条修改如下：

（1）在第（b）款中，在每处"计算机犯罪"后插入"，包括互联网中侵犯已注册版权的作品"；以及

（2）在第（e）款第（1）项中，与拨款授权相关，删除"2001至2004财政年度"，并插入"2009至2013财政年度"。

（b）拨款。——司法部司法程序办公室可向符合条件的州或地方政府的

法律执行机构拨款,包括市政和公共教育机构的法律执行机构,以培训、防范、执行和起诉知识财产盗窃和侵权犯罪(以下称为"IP-TIC 款项"),相关内容参见如下:

(1) IP-TIC 款项使用额度——IP-TIC 款项可用来建立和发展以下与州和地方实名制法律及地方关于反侵权、反仿冒以及因受联邦和各州法律实行商品专利、商标、服务标记、商业机密或其他知识产权保护而对货物实施的非法活动的刑法。

(A) 协助州和地方法律执行机构实施这些法律,包括通过偿还州和地方政府机构已发生的超时费用和收缴证据的仓储费。

(B) 协助州和地方法律执行机构教育公众防止、制止和识别违反该类法律的行为。

(C) 教育和培训州和地方法律执行官员和起诉人进行调查和法庭证据分析,以及起诉涉及该类法律的事件。

(D) 建立特遣部队,包括来自州或地方法律执行机构的人员,专门执行调查任务和法庭证据分析及该类事件的起诉工作。

(E) 协助州和地方法律执行官员和起诉人获得计算机及其他设施来进行涉及此类法律的调查和法庭证据分析。

(F) 促进各州和地方法律执行官员和起诉人之间的技能,以及联邦法律执行部门关于调查、分析和起诉与此类法律相关或侵犯版权犯罪的信息共享。

(2) 符合条件。——符合领取 IP-TIC 款项,各州或地方政府机构需向司法部长提供除了在司法程序办公室公开发布的财政手册规定的常规信息和司法部门受补贴者需要的所有其他信息,还需要:

(A) 确认该政府部门所在州具有第(1)项中提到的有效法律;

(B) 评估申请款项的州或地方政府机构所需资源,包括基本工资、加班费、仓储费和其他根据第(1)项中法律进行调查、预防和实施过程中的费用等信息;

(C) 协调本条例下拨款项目的计划和其他联邦拨款的技术协助和培训项目,包括直接拨款的地方项目如爱德华·伯恩正义援助补助计划[由 1968 年《综合犯罪控制和街道安全法案》(42 U.S.C. 3750 et seq.)第 I 编第 E 部分第 1

子部授权]。

（3）资金匹配。——联邦政府申请的 IP‑TIC 款项不可超过该项目或提议成本的 50％。

（4）拨款批准——

（A）批准。——为执行本条，从 2009 年至 2013 年每个财政年可批准总额为 2 500 万美元的拨款。

（B）限制。——在任一财政年中为执行本条内容的可用资金数额中，司法部部长的工资和行政经费不得超过总额的 3％。

第 402 条　改善知识产权犯罪相关法律执行过程中的调查资源和法庭资源

（a）总论。——根据可得拨款执行本款，司法部部长需通过与联邦调查局局长就知识产权盗窃犯罪进行协商——

（1）确保联邦调查局至少有 10 个额外可指派的代理人在知识产权犯罪的调查和合作方面支持司法部下属犯罪科的计算机犯罪和知识产权部门。

（2）确保司法部计算机非法入侵和知识产权犯罪单位至少有一位联邦调查局的代理人协助（除了所有支持此类单位直到该法案颁布），支持调查和起诉知识产权犯罪。

（3）确保所有位于美国检察官办公室的计算机非法入侵和知识产权犯罪单位，配有至少 2 个美国助理检察官来负责调查和起诉计算机非法入侵和知识产权犯罪。

（4）确保常规和综合培训项目的执行——

（A）旨在培训联邦调查局特工参与调查和起诉此类犯罪并执行与知识产权犯罪的相关法律。

（B）包括与调查和起诉知识产权犯罪相关的法庭培训。

（b）集团犯罪计划。——根据可得拨款执行本款，在本法案颁布后不晚于 180 天，司法部部长需通过美国检察官办公室、计算机犯罪和知识产权部门以及集团犯罪和勒索敲诈部门，并咨询联邦调查局和其他联邦执法部门如国土安全局，创建并执行一个全面、长期的规划，来调查和起诉涉及支持知识产权盗窃犯罪的国际有组织犯罪集团。

（c）授权。——从2009年到2013年，每个财政年可授权拨款1000万美元用于执行本条。

第403条　知识产权犯罪和其他计算机犯罪活动的调查和起诉资源的附加资金

（a）资源的附加资金

（1）授权。——除了用在别的地方的知识产权犯罪和其他计算机犯罪活动资源的调查和起诉资金，从2009年到2013年每个财政年还可授权拨款——

（A）1000万美元给联邦调查局局长。

（B）1000万美元给司法部部长用于司法部刑事司。

（2）有效性。——第（1）项中拨出的款项在使用前都有效。

（b）附加资金的使用。——第（a）款中的有效款项需由联邦调查局局长和司法部部长使用，并用在联邦调查局和司法部刑事司各自的以下内容——

（1）雇佣和培训执法官员

（A）来调查知识产权犯罪和其他通过使用计算机和其他信息技术的犯罪，包括互联网犯罪；并且

（B）来协助对此类犯罪的起诉。

（2）使司法部相关单位，包括负责调查计算机非法入侵和知识产权犯罪，能够获得先进的司法科学工具和专业的计算机法庭援助，包括来自非政府组织，来调查、起诉和研究此类犯罪。

第404条　年　度　报　告

（a）司法部部长报告。——不晚于该法案颁布后一年以及之后每年，司法部部长需向国会提交本项条例执行行动的报告。本条要求的初始报告需在2009年5月1日前提交。所有在此之后的年度报告都需在之后每个财政年的5月1日前提交。本条要求的报告需作为司法部年度执行情况报告的一部分，且需要包含以下内容——

（1）关于第401条授予的拨款，各州和地方执法津贴申请人的数量和身

份,分配的津贴数量,各津贴的币值,包括津贴接受者如何使用资金及各项津贴的明确意图和津贴接收人的项目效能报告。此类报表需说明各受补贴者是否达到了第401条第(b)款中的津贴发放标准。那些没有服从本项要求的受补贴者需根据(但不仅限于)司法部司法程序办公室发布的财政手册接受制裁。

(2) 关于根据第402条第(a)款第(1)项和第(2)项授权的联邦调查局编外特工,参与调查和行动的数目,每次行动的类型、行动结果以及在行动中被加于的惩罚。

(3) 关于第402条第(a)款第(4)项授权的培训项目,参与此类项目的联邦调查局特工的数目,培训项目的要素以及该项目的主旨。

(4) 关于第402条第(b)款授权的犯罪集团计划,由该计划产生的犯罪集团调查和起诉的数目。

(5) 关于第403条授权——

(A) 雇佣和培训法律执行官员的数目;

(B) 由此类法律执行官员的雇佣和培训产生的调查和起诉的数目和类型;

(C) 在任何此类诉讼中涉及的被告;

(D) 每起成功起诉的任何惩罚;

(E) 用于调查、起诉和研究计算机非法入侵和知识产权犯罪的先进的司法科学工具;

(F) 使用此类工具进行调查和起诉的数目和类型。

(6) 司法部部长认为有关有效使用根据第401条、第402条、第403条授权的资源并需告知国会的所有其他信息。

(7) 对工作成果、活动和司法部分配给执行、调查和起诉知识产权犯罪的资源,作一概要,包括——

(A) 回顾司法部在预防和调查知识产权犯罪中的政策和工作,包括司法程序办公室、司法部刑事司、美国检察官行政办公室、总检察长办公室、副总检察长办公室、法律政策办公室和司法部所有其他与知识产权相关的部门或局的工作。

(B) 概述此类政策和工作的总体成败。

(C) 回顾司法部关于知识产权犯罪的调查和起诉活动,包括——

(i) 与此类犯罪相关的调查的数目；

(ii) 与此类犯罪相关的逮捕的数目；

(iii) 与此类犯罪相关的起诉的数目，包括——

(I) 涉及诉讼的被告数目；

(II) 起诉是否导致定罪；

(III) 裁定结果和此类犯罪的法定最大惩罚，以及平均裁定情况。

(D) 部门内对员工、财政资源和其他用于执行、调查和起诉知识产权犯罪的资源（如时间、技术和培训）进行评估，包括该工作中涉及的调查者、起诉者、法庭专员的数目。

(8) 对工作成果、活动和司法部投入于以下内容的资源作一概要，包括——

(A) 减少任何其他联邦机构用于执行、调查和起诉知识产权犯罪的重复性工作、物资、设施和程序；并且

(B) 在执行、调查和起诉知识产权犯罪中，提高执行效率，并使之与联邦资金和资源的支出保持一致，包括部门对现有人员、物资、技术和设施的利用。

(b) 司法部部长的初始报告。——第(a)款中要求司法部部长递交的第一份报告需包含本法案生效前 5 年司法部门被分配到的工作、活动和资源，以及在法案颁布后的一年期间将要执行、调查和起诉的知识产权犯罪，包括——

(1) 回顾司法部在预防和调查知识产权犯罪中的政策和工作，包括司法程序办公室、司法部刑事司、美国检察官行政办公室、总检察长办公室、副总检察长办公室、法律政策办公室和司法部所有其他与知识产权相关的部门或局的工作。

(2) 概述此类政策和工作的总体成败。

(3) 回顾司法部关于知识产权犯罪的调查和起诉活动，包括——

(A) 与此类犯罪相关的调查的数目；

(B) 与此类犯罪相关的逮捕的数目；

(C) 与此类犯罪相关的起诉的数目，包括——

(i) 涉及诉讼的被告数目；

(ii) 起诉是否导致定罪；

(iii) 裁定结果和此类犯罪的法定最大惩罚，以及平均裁定情况。

（4）部门内对员工、财政资源和其他用于执行、调查和起诉知识产权犯罪的资源（如时间、技术和培训）进行评估，包括该工作中涉及的调查者、起诉者、法庭专员的数目。

（c）联邦调查局报告。——在该法案生效后不晚于一年，以及之后的每一年，联邦调查局负责人需向国会提交关于执行本项规定的行动的报告。本条要求的初始报告需在 2009 年 5 月 1 日前提交。之后的年度报告需在每个财政年的 5 月 1 日前提交。本条要求的报告需作为司法部年度执行情况报告的一部分，且需要包含以下内容：

（1）回顾司法部关于预防和调查知识产权犯罪的政策和工作；

（2）概述此类政策和工作的总体成败；

（3）回顾司法部关于知识产权犯罪的调查和起诉活动，包括——

（A）与此类犯罪相关的调查的数目；

（B）与此类犯罪相关的逮捕的数目；

（C）与此类犯罪相关的起诉的数目，包括——

（i）涉及诉讼的被告数目；

（ii）起诉是否导致定罪；

（iii）裁定结果和此类犯罪的法定最大惩罚，以及平均裁定情况。

（4）在局内对员工、财政资源和其他用于执行、调查和起诉知识产权犯罪的资源（如时间、技术和培训）进行评估，包括该工作中涉及的调查者、起诉者、法庭专员的数目。

（d）联邦调查局初始报告。——第（c）款中要求联邦调查局负责人递交的第一份报告需包含本法案颁布前 5 年联邦调查局被分配到的工作、活动和资源，以及法案生效后一年期间将要执行、调查和起诉的知识产权犯罪，包括——

（1）回顾该局在预防和调查知识产权犯罪中的政策和工作；

（2）概述此类政策和工作的总体成败。

（3）回顾司法部关于知识产权犯罪的调查和起诉活动，包括——

（A）与此类犯罪相关的调查的数目；

（B）与此类犯罪相关的逮捕的数目；

（C）与此类犯罪相关的起诉的数目，包括——

(i) 涉及诉讼的被告数目;

(ii) 起诉是否导致定罪;

(iii) 裁定结果和此类犯罪的法定最大惩罚,以及平均裁定情况。

(4) 在局内对员工、财政资源和其他用于执行、调查和起诉知识产权犯罪的资源(如时间、技术和培训)进行评估,包括该工作中涉及的调查者、起诉者、法庭专员的数目。

第 V 编 综 合 条 款

第 501 条 美国审计局关于保护制造商的知识财产的研究

(a) 研究。——美国审计局总审计长需开展研究来协助联邦政府确定该如何更好地保护制造商的知识财产,量化国内外仿冒商品对以下领域的影响——

(1) 美国的制造业;以及

(2) 美国总体经济。

(b) 内容。——根据第(a)款规定进行研究时,总审计长需检查——

(1) 仿冒生产的商品交易的活跃程度和进口到美国的程度;

(2) 现行关于保护知识产权,包括专利、商标和版权保护的法律对美国国内制造商的影响;

(3) 现有关于防止非法抄袭商业外观的成文法和判例法的种类和范围;

(4) 此类法律在仿冒生产的商品交易的调查和起诉活动中的使用情况;

(5) 任何保护各种知识产权的有效行动或程序;

(6) 为更有效地保护制造商的知识产权,对现有法规或规章做出的任何改变。

(c) 报告。——不晚于该法案颁布后一年,总审计长需向国会提交关于第(a)款要求的研究成果报告。

第 502 条 美国审计局关于非重复性和效能的审计和报告

不晚于该法案颁布后的两年,总审计长需进行一项审计并向参议院和众议院司法委员会提交报告,内容关于——

(1)知识产权执行协调委员会和司法部部长在实现本法案目标和意图中的工作、活动、行动,以及各部门和个人根据本法案执行的任何职责和义务;

(2)总审计长代表知识产权执行协调委员会和司法部部长,为更好地实现目标和意图和更有效执行职责和义务,而建议的任何可能的立法、监管或规章变化;

(3)知识产权执行协调委员会和总审计长在以下方面的任何行动和工作中的有效性——

(A)减少所有其他负责知识产权犯罪执行、调查或起诉的联邦部门的重复性工作、物资、设施和程序;以及

(B)在执行、调查和起诉知识产权犯罪中,提高执行效率,并使之与联邦资金和资源的支出保持一致,包括知识产权执行协调委员会是否利用了现有人员、物资、技术和设施,如设立在国土安全局的国家知识产权协调中心。

(4)总审计长代表知识产权执行协调委员会和司法部部长,为减少重复性工作和在执行、调查和起诉知识产权犯罪中加强联邦政府执行效率,并使之与联邦政府的资金和资源支出保持一致而建议的任何行动和工作。

第503条 国会的认知

国会的认知是——

(1)美国知识产业已经创造了近百万高技能、高薪酬的工作,并在每年支付数十亿美元的美国税收;

(2)美国知识产业继续代表创造力和创新力、商业引领、创造技能工作、出口、经济增长和竞争力的主要来源;

(3)仿冒和侵权导致了美国公司每年数十亿美元的营业额损失,甚至因减少了就业增长、出口和竞争力而导致了美国经济更多的损失;

(4)越来越多美国演员和国外个体和组织参与仿冒和侵权,故意违反现有的联邦犯罪法,对美国经济的长期活力和美国产业的未来竞争力造成了严重威胁;

(5)恐怖分子和犯罪组织利用盗版、仿冒和侵权行为来为他们的活动提

供资金；

（6）针对侵犯各类作品的知识产权法的有效刑事执行，需被提到首席执行官的重要日程中；

（7）就所有知识产权盗窃相关的犯罪而言，司法部部长应给予与恐怖主义和组织犯罪相联系的案例高度重视；

（8）与计算机软件有关的犯罪性仿冒和侵权，包括外资或外控团体的此类行为，司法部部长需重视以下案例——

（A）为商业利益和私人经济利益参与知识产权故意盗窃。

（B）参与违法企业，以知识产权盗窃作为企业商业活动的可持续性和活力中心。

（C）仿冒或侵权商品或服务使该企业与法定权利人进行不公平竞争。

（D）明确知道企业负责人或高级职位者参与了知识产权盗窃。

附录 F　尾注

1. 该附录包括 2008 年《知识产权的优化资源和组织法案》的条款，Pub. L. No. 110—403，122 Stat. 4256，未修改《美国法典》第 17 编。

附录 G　第 18 编——犯罪和刑事诉讼,《美国法典》

第 I 部分——犯　　罪

第 113 章——财　产　失　窃

* * * * * * *

第 2318 条　仿冒标签、非法标签或仿冒说明书或包装设计的交易[1]

(a)(1) 在第(c)款规定下的任何情况中,故意交易——

(A) 仿冒标签或贴上的、附入的、伴随的或有计划贴上、附入或伴随的非法标签的——

(i) 录音制品;

(ii) 计算机程序的备份;

(iii) 电影或其他音像作品的复制品;

(iv) 文学作品的复制品;

(v) 图画、图形或雕塑作品的复制品;

(vi) 视觉艺术作品的复制品;

(vii) 说明书或产品包装;或

(B) 仿冒说明书或产品包装,均应根据本编进行罚款,或判处 5 年以下有期徒刑,或二者同判。

(b) 本条中使用的——

(1) 术语"仿冒商标"指看上去像真的,但事实上非真的识别标签或容器;

(2) 术语"交易"的含义与本编第 2320 条第(e)款相同;

(3) 术语"复制品""录音制品""电影""计算机程序""音像作品""文学作品""图画、图形或雕塑作品""录音作品""视觉艺术作品""版权人",分别按照第 17 编第 101 条(相关定义)的赋意;

（4）术语"非法商标"意指真实执照、许可证文件、注册卡或类似标签元素——

（A）被版权人用来证实录音制品,计算机程序备份,电影或其他音像作品复制品,图画、图形或雕塑作品的复制品,视觉艺术作品复制品,说明书或产品包装并非仿冒或侵犯版权;并且

（B）在没有版权人授权的情况下——

（i）被用来发行或意图发行与相关版权人意图附加与该标签元素无关的复制品、录音制品或视觉艺术作品;或

（ii）在与真实证书或许可证文件有关的情况下,故意仿冒以指定比版权人授权的情况下更多的许可用户或复制品数量,除非版权人使用的证书和文件仅为监测或追踪版权人的发行渠道,并不是为了核实某一复制品或录音制品未侵权。

（5）术语"说明书或产品包装"意指录音制品,计算机程序备份,电影或其他音像作品复制品,图画、图形或雕塑作品的复制品,视觉艺术作品复制品的说明书或产品包装外观;

（6）术语"仿冒说明书或产品包装"意指看上去像是真的,但事实上非真的说明书或产品包装。

（c）本条第（a）款中提到的情况有——

（1）发生在美国司法管辖内的特殊海域和地域的侵犯;或者是在美国司法管辖内的特殊空域（由第 49 编第 46501 条定义）;

（2）使用或意图使用洲际或外国商业的邮件或设施实施犯罪;

（3）附加、附入、伴随或意图附加、附入、伴随的仿冒商标或非法标签——

（A）一份注册了版权的录音或音乐作品的录制品;

（B）一份注册了版权的计算机程序的备份;

（C）一部注册了版权的电影或其他音像作品的复制品;

（D）一部文学作品复制品;

（E）一部拥有图画、图形或雕刻的作品复制品;或

（F）一部视觉艺术作品;

（G）注册了版权的说明书或产品包装;或者

（4）仿冒已注册版权的说明书或产品包装。

（d）没收或销毁财产；赔偿。——除了其他类似法定救济，本条有关的没收、销毁和赔偿应尽可能服从第 2323 条的规定。

（e）民事救济。——

（1）总论——版权人受到违反（a）款的伤害或遭到恐吓时，可以在合适的美国联邦地方法庭提起民事诉讼。

（2）法庭的自由裁定。——对于根据第（1）项提起的任何诉讼，法庭——

（A）可以在法庭裁定的阻止或限制违反第（a）款规定行为的一个合理时期，授予一项或多项临时或永久的强制令；

（B）在等待诉讼的任何时间，如果某物品被扣押或在被指控的违反人的控制下，并且法庭有理由认为该物品违反第（a）款的规定，那么在法庭裁定的一个合理时期，可下令扣押该物品；并且

（C）可以判给遭受损失方——

（i）合理的律师费和诉讼费；

（ii）（I）实际损害赔偿和第（3）项规定的违反人所获任何额外收益；或

（II）第（4）项规定的法定损害赔偿。

（3）实际损害赔偿和收益。——

（A）总论。——遭受损失方有权追索——

（i）如本项第（B）目所述，因违反第（a）款而使受害方遭受的实际损害；

（ii）违反人因为违反第（a）款而获得且没有计入实际损害赔偿的任何收益。

（B）损害赔偿计算。——法庭应计算实际损害赔偿，通过计入——

（i）任何已经或意图附加、附入或伴随仿冒商标、非法商标、仿冒说明书或产品包装的录音制品、复制品或视觉艺术作品的价值，

（ii）已经或意图附加、附入或伴随仿冒商标、非法商标、仿冒说明书或产品包装的录音制品、复制品或视觉艺术作品的数量。

（C）定义。——根据本项，录音制品、复制品或视觉艺术作品的"价值"为——

（i）就已注册版权的一段录音或音乐作品来说，其授权录音制品的零售

价值；

　　(ii) 就已注册版权的计算机程序来说,其授权备份的零售价值；

　　(iii) 就已注册版权的电影和其他音像作品来说,其授权复制品的零售价值；

　　(iv) 就已注册版权的文学作品来说,其授权复制品的零售价值；

　　(v) 就已注册版权的图画、图形或雕塑作品来说,其授权复制品的零售价值；

　　(vi) 就已注册版权的视觉艺术作品来说,其授权复制品的零售价值。

　　(4) 法定损害赔偿。——受害方可以在最终裁定发布之前,选择每一违反第(a)款的法定赔偿,总数不少于 2 500 美元,不多于 25 000 美元,并由法庭裁定合适的赔偿金额,来代替实际损害赔偿和收益。

　　(5) 后续违反行为。——如果法庭发现违反方在最终裁定之后的三年中再次违反了第(a)款规定,法庭可根据本项增加 3 倍数额的损害赔偿金。

　　(6) 诉讼限制。——除非申请人发现有人违反了第(a)款规定中关于三年之内提起民事诉讼的部分,否则申请无效。

第 2319 条　侵犯版权犯罪[2]

　　(a) 违反第 17 编第 506 条第(a)款(关于刑事犯罪)的任何人,应根据第(b)款、第(c)款、第(d)款的规定受到惩罚,此类惩罚应除去第 17 编的任何其他条款或任何其他法律。

　　(b) 违反第 17 编第 506 条第(a)款第(1)项第(A)目的任何人——

　　(1) 如果该案件涉及复制和发行,包括电子方式,在 180 天内生产了某一个或多个版权作品的至少 10 份复制品或录音制品,并获得了价值 2 500 美元的零售价值总量,应处以 5 年以下有期徒刑,或本编所规定数额的罚款或二者同判；

　　(2) 如果该犯罪行为是一项重罪,并且是第(a)款所规定的二次犯罪或累犯,应处以 10 年以下有期徒刑,或本编所规定数额的罚款或二者同判；

　　(3) 其他情况下,应处以 1 年及以下有期徒刑,或本编所规定数额的罚款或二者同判。

(c) 违反第 17 编第 506 条第(a)款第(1)项第(B)目的任何人——

(1) 如果该案件涉及一个或多个版权作品的 10 份或多份复制品或录音制品,并获得至少 2 500 美元的总零售价值,则应处以 3 年以下有期徒刑,或本编所规定数额的罚款或二者同判;

(2) 如果该犯罪行为是一项重罪,并且是第(a)款所规定的二次犯罪或累犯,应处以 6 年以下有期徒刑,或本编所规定数额的罚款或二者同判;

(3) 如果该案件涉及一个或多个版权作品的一份或多份复制品或录音制品,并获得至少 1 000 美元的总零售价值,则应处以 1 年以下有期徒刑,或本编所规定数额的罚款或二者同判。

(d) 违反第 17 编第 506 条第(a)款第(1)项第(C)目的任何人——

(1) 应处以 3 年以下有期徒刑,或本编所规定数额的罚款,或二者同判;

(2) 如果该案件是出于商业利益或私人经济利益的目的,应处以 5 年以下有期徒刑,或本编所规定数额的罚款,或二者同判;

(3) 如果该犯罪行为是一项重罪,并且是第(a)款所规定的二次犯罪或累犯,应处以 6 年以下有期徒刑,或本编所规定数额的罚款或二者同判。

(4) 如果该犯罪行为是一项重罪,并且是第(2)项所规定的二次犯罪或累犯,应处以 10 年以下有期徒刑,或本编所规定数额的罚款或二者同判。

(e)(1) 在根据《联邦刑事诉讼规则》第 32 条第(c)款编写陈述报告的过程中,应允许案件的受害者提交受害陈述,该陈述确认案件的受害方、伤害的程度和范围以及伤害造成的损失,包括该案件对受害方造成的预期经济影响,缓刑官应接受该受害陈述。

(2) 允许提交受害人影响陈述的个人应包括——

(A) 在案件中受影响的合法作品的生产者和销售者;

(B) 该作品的知识产权持有人;

(C) 该生产者、销售者和知识产权持有人的合法代表。

(f) 在本条中使用的——

(1) 术语"录音制品"和"复制品"分别指第 17 编第 101 条(相关定义)确定的意义;

(2) 术语"复制"和"发行"分别指第 106 条第(1)项和第(3)项(版权作品

中的相关专有权利)下版权人的专有权利,并受到第 17 编第 107 条至第 122
条的限制;

(3) 术语"经济收益"的含义在第 17 编第 101 条已经给出;

(4) 术语"用于商业发行的作品"的含义在第 17 编第 506 条第(a)款已经
给出。

第 2319A 条　未经授权的录音及现场音乐演出录像之录制和交易[3]

(a) 犯罪。——未经表演者或相关成员许可,故意和出于商业目的或私
人经济利益——

(1) 在复制品、录音制品中录制现场音乐表演的声音,或声音和图像,或
者从未经授权录制的版本复制该表演的复制品或录音制品;

(2) 传输或向公众传播现场音乐表演的声音,或声音和图像;或

(3) 发行或提供用于发行、销售或提供销售、租赁或提供租赁,或根据第
(1)项所述交易任何复制品或录制的录音制品,无论录制是否在美国发生;

应判处 5 年以下有期徒刑,或本编所规定数额的罚款或二者同判。如果
该犯罪属二次犯罪或累犯,应判处 10 年以下有期徒刑,或本编所规定数额的
罚款或二者同判。

(b) 财产的没收和销毁;赔偿。——和本条相关的没收、销毁和赔偿,除
其他类似的法定救济之外,应服从第 2323 条规定并在本条限度内执行。

(c) 扣押和没收。——如果现场音乐表演的声音的复制品或录音制品,
或声音和图像的复制品或录音制品,未经表演者或相关成员允许,在美国以外
录制,将与触犯美国海关法的进口财产相同的处置方式处置这些复制品或录
音制品,如扣押和没收。国土安全部部长应颁布规章,使得表演者在特定费用
支付问题上,有权获得美国海关和边境保护局通知,告知进口的复制品或录音
制品似是未经授权而录制的现场音乐表演的声音或音像。

(d) 受害人影响陈述。——

(1) 在准备符合《联邦刑事诉讼规则》第 32 条第(c)款规定的陈述报告的
过程中,该罪行的受害者应被允许提交受害陈述,该陈述确认案件的受害方、

伤害的程度和范围以及伤害造成的损失,包括该案件对受害方造成的预期经济影响,缓刑官应接受该受害人影响陈述。

(2) 允许提交受害人影响陈述的个人应包括——

(A) 在案件中受影响的合法作品的生产者和销售者;

(B) 该作品的知识产权持有人;

(C) 该生产者、销售者和知识产权持有人的合法代表。

(e) 定义。——在本条中使用的——

(1) 术语"复制"、"录制"、"音乐作品"、"录音制品"、"仿造"、"录音"以及"传输"意同 17 编中的意义;并且

(2) 术语"交易"意指出于获得任何价值的考虑而运输、转让或其他处置,或意图控制或获取对运输、转让或处置的控制。

(f) 适用范围。——本条应适用于发生在《乌拉圭回合协议法案》颁布之日或之后的任何行为。[4]

第 2319B 条　在电影演播场所播放电影时未经授权的录像[5]

(a) 违法行为。——未经版权人授权,故意使用或意图使用影像录制设备,对来自电影演播场所中的该作品的表演进行传输,或制作电影复制品或其他受第 17 编规定版权保护的影像作品或部分作品的任何个人,应——

(1) 被判处三年以下有期徒刑,或本编所规定数额的罚款,或二者同判;或

(2) 如果该犯罪行为属二次犯罪或累犯,应判处六年以下有期徒刑,或根据本编罚款,或二者同判。

个人占有一件在电影演播场所中的影像录制设备,可以在任何诉讼中被视为判定该人是否进行本款下的犯罪行为的证据,但不足以作为最终裁定的充分支持。

(b) 财产没收和销毁;赔偿。——和本条相关的没收、销毁和赔偿,除了法律提供的任何其他类似救济,应服从第 2323 条并在本条限度内执行。

(c) 授权活动。——本条并不制止任何合法授权的美国、州,或州政府部门的官员、代理人和雇员进行的调查、保护或情报活动,或个人通过与美国、

州、或州政府部门的合同来执行此类活动。

（d）剧院的豁免。——出于合理的理由，对于正在展示电影或其他影像作品的电影演播场所的拥有者或承租人，该拥有者或承租人授权的代理人或雇员，被展示的电影或其他影像作品的许可人，或该许可人的代理人或雇员——

（1）可以合理的方式在合理的时间，出于询问或传唤执法人员的目的，拘留就该电影或音像作品而言违反本条规定的任何嫌疑人；并且

（2）不应对在第（1）项下的拘留行为所产生的任何民事或刑事诉讼承担责任。

（e）受害人影响陈述。——

（1）总论。——在准备符合《联邦刑事诉讼规则》第 32 条第（c）款规定的陈述报告的过程中，该罪行的受害者应被允许向缓刑官提交受害人影响陈述，该陈述确认案件的受害方、伤害的程度和范围以及伤害造成的损失，包括该案件对受害方造成的预期经济影响，缓刑官应接受该受害人影响陈述。

（2）内容。——在本款下提交的受害人影响陈述应包括：

（A）在犯罪行为中受影响的合法作品的生产者和销售者；

（B）第（A）目所述作品的知识产权持有人；

（C）该生产者、销售者和知识产权持有人的合法代表。

（f）州法律不占先。——本条内容不应解释为废除或限制任何州法律下的任何权利或救济。

（g）定义——本条中，以下定义应适用：

（1）第 17 编定义。——术语"音像制品""复制品""版权人""电影""电影演播场所"和"传输"的含义已在第 17 编第 101 条给出。

（2）音像录制设备。——"音像录制设备"意为数字或模拟摄影机或摄像机，或任何其他可用于录制或传输某部受版权保护电影或其他音像作品，或其部分内容的技术或设备，无论录制音像是否为使用该设备的唯一或主要意图。

第 2323 条　没收、销毁和赔偿[6]

（a）民事没收。——

（1）财产没收。——美国政府可没收以下财产：

（A）根据第 17 编第 506 条,或第 2318 条、第 2319 条、第 2319A 条、第 2319B 条或第 2320 条,或本编第 90 章禁止制作或交易的任何物品。

（B）任何财产或其任何部分以任何方式被用于或意图用于实施或促进第（A）目所指的犯罪行为。

（C）任何通过违反第（A）目规定直接或间接获得的收入中的财产。

（2）程序。——第 46 章的关于民事没收的规定,需包括任何本条下的任何扣押和民事没收。根据本条规定作出的没收,法庭需就发现和使用已扣押的任何记录或信息启动一项适当的保护性命令。保护性命令将为合适的程序做准备,来确保该类记录中机密的、私人的、专利的、保密的信息不会被不正确地公开或使用。当没收程序结束后,除非美国政府部门特别要求,法庭应下令任何根据第（1）项没收的财产应被销毁,或根据法律进行处理。

（b）刑事没收。——

（1）财产没收。——法庭在对第 17 编第 506 条,或第 2318 条、第 2319 条、第 2319A 条、第 2319B 条或第 2320 条,或本编第 90 章的违反者进行裁定时,应下令除了其他裁定,美国政府将根据第（a）款规定没收其所有违法所得财产。

（2）程序。——

（A）总论。——除了该条的第（d）款规定,依据第（1）项没收财产,包括任何财产扣押和财产处置和所有相关的司法或行政程序,应根据 1970 年《综合性药物滥用预防和控制法案》(21 U.S.C. 853)第 413 条设立的程序执行。

（B）销毁。——当没收程序结束后,除非美国政府部门特别要求,法庭应下令任何——

（i）含有仿冒标记的没收物品或物品部件应进行销毁或根据法律进行处理;以及

（ii）侵权物品或其他第（a）款第（1）项第（A）目中描述的财产和根据第（1）项没收的物品,应进行销毁或根据法律进行处理。

（c）赔偿。——当根据第 17 编第 506 条,或第 2318 条、第 2319 条、第 2319A 条、第 2319B 条或第 2320 条,或本编第 90 章某人被宣判为进行了违法活动时,法庭应依照本编第 3556 条、第 3663A 条和第 3664 条,下令其就本编第 3663A 条第（c）款第（1）项第（A）目第（ii）段提及的案件所涉及财产,赔偿所有该犯罪行为的受害者。

————————

附录 G　尾注

1. 1962 年,题为"含有仿冒货或仿冒标签的录音制品的运输、销售或接收"的第 2318 条,被写入《美国法典》第 18 编。Pub.L.No.87—773,76 Stat.775.1974 年,对第 2318 条进行了修改,对处罚做出变动。Pub.L.No.93—573,88 Stat.1873.1976 年《版权法》修改了第 2318 条,对替代部分的本质进行了修改。Pub.L.No.94—553,90 Stat.2541,2600.1982 年《盗版和仿冒修正法案》再一次修改了第 2318 条,对替代部分的本质进行修改,包括新的一项"录音制品、电影复制品或其他音像制品的仿冒标签交易"。Pub.L.No.97—180,96 Stat.91.1990 年《犯罪控制法案》对第 2318 条进行了技术性的修改,在标题中删除了"录音制品"后面的逗号。Pub.L.No.101—647,104 Stat.4789,4928.1994 年,对第 2318 条第(c)款第(1)项进行了修改,插入了"第 49 编第 46501 条"替代"1958 年《联邦航空法案》第 101 条"。Pub.L.No.103—272,108 Stat.745,1374.1994 年《暴力犯罪控制和法律执行法案》修改了第 2318 条第(a)款,插入"在本编下",替代"不多于 25 万美元"。Pub.L.No.103—322,108 Stat.1796,2148.(如《美国法典》第 18 编第 3571 条,对个人的最高罚款额为 25 万美元,对组织的最大罚款额为 50 万美元)

1996 年《反仿冒消费者保护法案》修改了第 2318 条,改变了标题,修改了第(a)款,插入"一份计算机程序或文件"到"故意交易仿冒说明书或一份计算机程序的包装"替代"一部电影或其他音像制品",修改了第(b)款第(3)项,在"电影"后插入"计算机程序",Pub.L.No.104—153,110 Stat.1386.该法案还修改了第 2318 条第(c)款,在第(3)项中插入"一份注册了版权的计算机程序、说明书或计算机程序包装的备份",增加了第(4)项,Id. at 1387.

2004 年《反仿冒修正法案》修改了第 2318 条,改变标题并完全修改了第 2318 条第(a)款,完全修正第 2318 条第(c)款第(3)项。Pub.L.No.108—482,118 Stat.3912—3913.修改了第 2318 条第(c)款第(4)项,删除"包装"后的"为计算机程序的"。Id. at 3914.修改了第 2318 条第(d)款,在本条中出现的"仿冒标签"后插入"或非法标签",并在句末"此类附加的标签"后加上"或非法标签"。Id.该法案还加入新的第(f)款。Id.2008 年《知识产权的优化资源和组织法案》修改了第 2318 条,修改了第(a)款标题,完全修改了第(d)款,删去了第(e)款,并将第(f)款重新指定为新的第(e)款。Pub.L.No.110—403,122 Stat.4256,4261.

2. 1982 年《盗版和仿冒修正法案》加入了《美国法典》第 18 编第 2319 条。该条标题为"非法侵犯版权"。Pub.L.No.97—180,96 Stat.91,92.1992 年,对第 2319 条进行了修改,替换新的第(b)款内容,从第(c)款第(1)项中删除"录音""电影"和"音像制品",在第(c)款第(2)项中用"120"替换了"118"。Pub.L.No.102—561,106 Stat.4233.1997 年,对第(b)款第(1)项进行了一项技术修改,改正了"至少"的拼写错误。Pub.L.No.105—80,111 Stat.1529,1536.

1997 年,《禁止电子盗窃法案》第 18 编第 2319 条修正如下:1) 在第(a)款中"第(b)款"后插入"和第(c)款";2) 第(b)款中,在之前提到的第(1)项中,插入"第 17 编第 506 条第(a)

款第(1)项"替代"本条第(a)款,";3) 在第(b)款第(1)项中插入"包括通过电子方式",并插入"零售总价值"来代替"零售价值";4) 将第(c)款重新指定为第(e)款;5) 加入新的第(c)款和第(d)款。Pub.L.No.105—147,111 Stat.2678.该法案也指导美国裁定委员会来"确保可实施的准则范围对于制止侵犯知识产权的被告的犯罪行为足够严格以制止此类犯罪",并"确保该准则考虑到了零售价值和在侵犯知识产权过程中牵涉到的物品总量"。Id.也可参见之前的第5章尾注6。

2002年《知识产权和高科技技术修正法案》修正了第2319条第(e)款第(2)项,用"从第107条至第122条"代替"从第107条至第120条"。Pub.L.No.107—273,116 Stat.1758,1910.

2005年《艺术家权利和防盗窃法案》修正了《美国法典》第5章第2319条第(a)款首句的起始处,用"任何……者"代替"任何人"。Pub.L.No.109—9,119 Stat.218,220—221.修改了第2319条第(a)款、用"第(b)款、第(c)款和第(d)款"代替"第(b)款和第(c)款"。Id. at 221.修改了第2319条第(b)款第一行,插入"第506条第(a)款第(1)项第(A)目"替代"第506条第(a)款第(1)项"。Id.该法案修改了第2319条第(c)款的首行,插入"第17编第506条第(a)款第(1)项第(B)目"代替"《美国法典》第17编第506条第(a)款第(2)项"。Id.修改了第(e)款,加入了新的第(3)项。Id.最后,该法案修改了第2319条,加入新的第(d)款,并将以后各条款重新指定为第(e)款和第(f)款。Id.

3. 1994年,《乌拉圭回合协议法案》为《美国法典》第18编增加第2319A条。该条标题为"未经授权的录音及现场音乐演出录像之录制和交易"。Pub.L.No.103—465,108 Stat.4809,4974.1997年,《禁止电子盗窃法案》修改了第2319A条,分别重新指定第(d)款和第(e)款为第(e)款和第(f)款,并加入第(d)款。Pub.L.No.105—147,111 Stat.2678.可参见之前的尾注2中关于美国裁定委员会的内容。

2005年《美国商品与服务业保护法案》完全修改了第2319A条第(e)款第(2)项,以使"交易"的定义与《美国法典》第18编第2320条第(e)款相同。Pub.L.No.109—181,120 Stat.285,288.该法案同时修改了第2320条第(e)款第(2)项,将"交易"定义为"以商业利益或私人经济收益为目的,运输、转让或另外的方式处置给他人,或以运输、转让或处置为目的制作、进出口、控制或拥有某物"。

2008年《知识产权的优化资源和组织法案》修改了第2319A条,完全修改了第(b)款内容,加入新的语句代替第(c)款尾句。Pub.L.No.110—403,122 Stat.4256,4261.

4.《乌拉圭回合协议法案》于1994年12月8日颁布。

5. 2005年《艺术家权利和防盗窃法案》在《美国法典》第5编加入新的第2319B条。Pub.L.No.109—9,119 Stat.218.6.

6. 2008年《知识产权的优化资源和组织法案》修改了《美国法典》第18编第113章,加入了新的第2323条:"没收、销毁和赔偿"。Pub.L.No.110—403,122 Stat.4256,4262—63.第2323条代替了《美国法典》第17编第509条,该条已被废除。Id. at 122 Stat.4260.

附录 H　第 28 编——司法部门和司法程序,《美国法典》

第 IV 部分——司法管辖权和审判场所

第 85 章——地方法庭;司法管辖权

* * * * * * *

第 1338 条　专利、植物多样性保护、版权、掩膜作品、设计、商标和不公平竞争[1]

(a) 地方法庭应对所有根据与专利、植物多样性保护、版权和商标相关的国会法案提出的民事诉讼,具有初始司法管辖权。此类司法管辖权不包括州级法庭审理专利、植物多样性保护和版权的案例。

(b) 地方法庭应对所有维护不公平竞争且与版权、专利、植物多样性保护或商标法相关的民事诉讼,具有初始司法管辖权。

(c) 第(a)款和第(b)款适用于第 17 编第 9 章中掩膜作品的专有权,以及第 17 编第 13 章中设计的专有权,与适用于版权的程度相同。

第 87 章——地方法庭;审判场所

* * * * * * *

第 1400 条　专利和版权、掩膜作品和设计[2]

(a) 根据《国会法案》,关于掩膜作品或设计的版权或专有权的民事诉讼、诉讼案件或诉讼程序,可在被告或其代理人居住或可被找到的地方法庭提起。

(b) 专利侵权的任何民事诉讼可以在被告居住或被告进行侵权行为并拥有常规固定商业活动的司法区提起。

第 91 章——美国联邦索赔法庭

* * * * * * *

第 1498 条　专利和版权案例[3]

（b）今后，美国、美国国有或控股的公司、承包人、转包商或任何代表政府的个人、公司或企业，且在政府的授权和许可下侵犯任何受美国版权法保护的作品的版权时，对该类侵权案件的特别起诉应为版权人在联邦索赔法庭针对美国要求恢复该侵权行为的合理完整的损害赔偿金的起诉，包括《美国法典》第 17 编第 504 条第（c）款提出的最小的法定损害赔偿金：如果根据本款规定，一位政府雇员有对政府的起诉权，除非他能够命令、影响或引导政府使用享有版权的作品；但是，如果本款不能授予任何版权人或其代理人就任何享有版权的作品而言的起诉权，且该享有版权的作品是政府雇员在被雇佣或为美国政府服务期间制作的，该享有版权的作品的制作是该雇员行政职能的一部分，或该享有版权作品的制作花费了政府的时间、物资或设施：进一步来讲，如果在此类对美国政府的起诉提起前，相关的美国所有或控股的公司或相关政府部门负责人，在案件需要的情况下，为此类侵权对版权人造成的损失与版权人订约以达成完全的和解和折中解决方法，在可用行政款项外，支付行政赔偿金。

法律另有规定的除外，不需要为任何本款所提到的侵犯版权且发生在归档或反诉前三年的侵权行为支付任何赔偿，除了该侵权行为发生在有权处理此事的政府部门或美国国有或控股公司的手写赔偿金收据日期，与政府发给申请人通知其索赔无效邮件日期之间的时间，不算入上述三年之内，但如果诉讼案件在最后提到的日期之前被提出，则依旧算入三年之内。

（b）本条规定不适用于任何在国外提出的赔偿要求。

* * * * * * *

（e）本条第（b）款和第（c）款适用于第 17 编第 9 章规定的掩膜作品专有权以及基于第 17 编第 13 章的设计专有权，与适用于版权的程度相同。

附录 H　尾注

1. 1948 年，在《美国法典》第 28 编中加入了第 1338 条，标题为"专利、版权、商标和不公平竞争"。Pub. L. No. 773, 62 Stat. 869, 931. 1970 年，重新修改第 1338 条的标题和第（b）款内容，在"专利"后插入"植物多样性保护"。Pub. L. No. 91—577, 84 Stat. 1542, 1559. 1988 年,《司法促进和司法近用权法案》修改了第 1338 条，在标题中加入"掩膜作品"，并增加第（c）款。Pub. L. No. 100—702, 102 Stat. 4642, 4671. 1998 年,《千禧年数字版权法》(DMCA) 修改了标题，在"掩膜作品"后加入"设计"，Pub. L. No. 105—304, 112 Stat. 2860, 2917. DMCA 还修正了第（c）款，在"第 17 编第 9 章"后插入"，以及第 17 编第 13 章中设计的专有权"。Id. 1999 年,《反域名抢注消费者保护法》修改了第 1338 条，全篇将"商业图标"改为"商标"。Pub. L. No. 106—113, 113 Stat. 1501, 1501A—551, app. I.

2. 1948 年,《美国法典》第 28 编加入第 1400 条，标题为"专利和版权"。Pub. L. No. 773, 62 Stat. 869, 936. 1988 年,《司法促进和司法公正法案》修改了第（a）款，在"版权"后插入"或掩膜作品专有权"。Pub. L. No. 100—702, 102 Stat. 4642, 4671. 1998 年,《千禧年数字版权法》(DMCA) 修正了第（a）款，在"掩膜作品"后加入"或设计"。Pub. L. No. 105—304, 112 Stat. 2860, 2917.《千禧年数字版权法》还作了针对"专利和版权，掩膜作品，和设计。"的条款的修改。该修改在"设计"后于末尾处加入句号。1999 年，作了技术上的修改，删去了这个句号。Pub. L. No. 106—44, 113 Stat. 221, 223.

3. 1960 年，修改了《美国法典》第 1498 条，加入第（b）款和第（c）款。Pub. L. No. 86—726, 74 Stat. 855. 1976 年《版权法》修改了第 1498 条第（b）款，插入"第 17 编第 504 条第（c）款"替代"第 17 编第 101 条第（b）款"。Pub. L. No. 94—553, 90 Stat. 2541, 2599. 1982 年《联邦法庭促进法案》修改了第 1498 条第（a）款，插入"美国索赔法庭"替代"索赔法庭"，在第（b）款和第（d）款，插入"索赔法庭"替代"索赔的法庭"，无论其在何处出现。Pub. L. No. 97—164, 96 Stat. 25, 40. 1988 年,《司法促进和司法公正法案》修正了第 1498 条，增加第（e）款。Pub. L. No. 100—702, 102 Stat. 4642, 4671. 1992 年《联邦法庭管理法案》修正了第 1498 条，插入了"美国联邦索赔法庭"代替"美国索赔法庭"，在每一处都进行了修改，并用"联邦索赔法庭"替代"索赔法庭"，无论其在何处出现。Pub. L. No. 102—572, 106 Stat. 4506, 4516. 1997 年,《禁止电子盗窃法案》(NET) 修改了第 1498 条第（b）款，插入"因为此类侵权案件提出的诉讼应由版权人提出"替代"该版权人的补偿应经过诉讼提出"。Pub. L. No. 105—147, 111 Stat. 2678, 2680. 1998 年,《千禧年数字版权法》修改了第（e）款，在"第 17 编第 9 章"句后插入了"，以及基于第 17 编第 13 章的设计专有权"。Pub. L. No. 105—304, 112 Stat. 2860, 2917.

附录 I 第 44 编——公共印刷和档案,《美国法典》

第 21 章——国家档案和记录管理局

* * * * * * *

第 2117 条 责 任 限 制[1]

当信件及其他知识产品(独家的专利材料,受版权保护的出版作品,版权已注册的未出版作品)由档案保管员所属和托管时,由利用这些素材进行陈列、检阅、研究调查、复制或其他目的而产生的侵犯版权或其他类似权利的责任,美国政府及其机构不予承担。

附录 I 尾注

1. 1968 年,本条最初指派为第 2113 条,标题为"责任限制",被加入《美国法典》第 44 编。Pub.L.No.90—620,82 Stat.1238,1291.1976 年《版权法》完全修改了第 2113 条。Pub.L.No.94—553,90 Stat.2541,2599.1984 年《国家档案和记录管理法案》修改了第 2113 条,将其重新指定为第 2117 条,并插入"档案保管员"以替代"一般服务的管理人员"。Pub.L.No.98—497,98 Stat.2280 和 2286.

附录 J　1988 年《伯尔尼公约实施法案》[1]

第 1 条　《美国法典》第 17 编的简称和参考

（a）简称。——本法可被称为"1988 年《伯尔尼公约实施法案》"。

（b）《美国法典》第 17 编之参考。——无论何时,在本法案中表达的针对某一章节或其他条款的修改或废止,其参考均应被认为是对《美国法典》第 17 编的章节或其他条款作出的。

第 2 条　声　明

国会作出如下声明:

（1）1886 年 9 月 9 日,在瑞士伯尔尼签署《文学和艺术作品保护公约》,所有法令、协议和另外的修改意见(在本法案下文中简称为"《伯尔尼公约》")不会根据美国宪法和法律自行生效。

（2）根据《伯尔尼公约》,美国的义务只依据适当的国内法律执行。

（3）本法案以及本法案施行日期内的法令的修订,已充分明确了美国在遵守《伯尔尼公约》方面的义务,不应为了这一目的再确认或创造进一步的权利或利益。

第 3 条　对《伯尔尼公约》的解释

（a）与国内法的关系。——《伯尔尼公约》的条款——

（1）应当在第 17 编的规定下生效,如本法案的修改,以及其他任何联邦或州法律的相关条款,包括普通法的有关规定;以及

（2）不应在任何根据《伯尔尼公约》本身所提起的诉讼中被强制执行。

（b）某些权利不受影响——《伯尔尼公约》的条款,美国在此方面的遵守情况,对美国履行合同义务的满意,都不会扩大或减少任何一个作品的作者的权利,无论联邦、州或普通法中是否有此声明——

（1）声明作品的作者身份;或

（2）反对任何对作品的歪曲、毁损或其他修改，或其他与作品有关的将有损于作者的荣誉或声誉的诽谤行为。

* * * * * * *

第12条　公共领域的作品

《美国法典》第17编，如本法案修改所示，不对任何在美国的公共领域的作品提供版权保护。

第13条　生效日期：延缓判例的效力

（a）有效日期。——本法案及其中所作出的修改，于美国加入《伯尔尼公约》（如同在《美国法典》第17编第101条之定义）时起正式生效。[2]

（b）延缓判例的效力。——任何根据《美国法典》第17编的诉讼理由，在本法案生效日期之前，当提出诉讼理由的时候，都应在生效时由本编的条款进行管理。

附录J　尾注

1. 本附录包括1988年《伯尔尼公约实施法案》的条款。Pub. L. No. 100—568，102 Stat. 2853，并未修改《美国法典》第17编。

2.《伯尔尼公约》于1989年3月1日在美国生效。

附录 K　1994 年《乌拉圭回合协议法案》[1]

第 1 条　简称和目录表

（a）简称。本法案可被称为"《乌拉圭回合协议法案》"。

* * * * * * *

第 2 条　定　义

根据本法案：

（1）1947 年 GATT；1994 年 GATT——

（A）1947 年 GATT——术语"1947 年 GATT"是指 1947 年 10 月 30 日《关税与贸易总协定》，它是《联合国贸易与就业会议筹备委员会第二次会议结束时通过的最后文件》所附文件，该协定历经《世界贸易组织协定》生效之日前已实施的法律文件的条款更正、修正或修改；

（B）1994 年 GATT——术语"1994 年 GATT"是指 1994 年《关税与贸易总协定》，它是《世界贸易组织协定》所附的 GATT。

（2）HTS——术语"HTS"是指《美国统一关税表》（HTS）。

（3）国际贸易委员会——术语"国际贸易委员会"表示美国国际贸易委员会。

（4）多边贸易协定——术语"多边贸易协定"表示本法案第 101 条第（d）款描述的协定［而非本款第（17）项或第（18）项描述的协定］。

（5）附表 XX——术语"附表 XX"表示附表 XX——美利坚合众国的《马拉喀什议定书》所附的 1994 年《关税与贸易总协定》。

（6）贸易代表——术语"贸易代表"表示美国贸易代表。

（7）《乌拉圭回合协议》——术语"《乌拉圭回合协议》"表示由美国国会根据第 101 条第（a）款第（1）项通过的协议。

（8）世界贸易组织与 WTO——术语"世界贸易组织与 WTO"表示一个根据《世界贸易组织协定》建立的组织。

（9）《世界贸易组织协定》——术语"《世界贸易组织协定》"表示 1994 年 4 月 15 日签署的《建立世界贸易组织协定》。

（10）"WTO 成员"与"WTO 成员国"——术语"WTO 成员"与"WTO 成员国"表示与美国实行 WTO 协定有关的国家或关税独立地区（在 WTO 协定第七条的含义内）。

第 I 编——与《乌拉圭回合协议》有关的审批和总论
分编 A——协议审批及相关条款

第 101 条 《乌拉圭回合协议法案》的审批与生效

（a）协议审批与行政行为的声明。——根据 1988 年《综合贸易与竞争力法案》（19 U.S.C. 2903）和 1974 年《贸易法案》（19 U.S.C.2191）第 151 条，美国国会批准——

（1）在第（d）款中所描述的贸易协定，源于 1994 年 4 月 15 日签订，1994 年 9 月 27 日向国会提交的《关税与贸易总协定》保护下的乌拉圭回合多边贸易谈判；

（2）提议通过行政诉讼声明来执行 1994 年 9 月 27 日向国会提交的协定。

（b）生效。——当总统判定，已经有足够多的外国遵守《世界贸易组织协定》第 14 条并接受了《乌拉圭回合协议》的义务，以确保其有效运作并对美国有足够的益处时，总统可以接受《乌拉圭回合协议》并执行《世界贸易组织协定》第 8 条。

（c）拨款授权。——有相应授权，每年拨付相当款项用于美国支付其在 WTO 中应占份额的必要开支。

（d）本法案适用的贸易协定。——第（a）款适用于《世界贸易组织协定》及该协定的以下附属协议：

（1）1994 年《关税与贸易总协定》；

（2）《农业生产协议》；

（3）《实施卫生与植物卫生措施的协议》；

（4）《纺织品和服装协议》；

(5)《技术性贸易壁垒的协议》；

(6)《贸易相关投资措施的协议》；

(7)《执行 1994 年关税与贸易总协定第六条的协议》；

(8)《执行 1994 年关税与贸易总协定第七条的协议》；

(9)《装运前检验协议》；

(10)《原产地规则协议》；

(11)《进口许可程序协议》；

(12)《补贴和反补贴措施协议》；

(13)《保障措施协议》；

(14)《服务贸易总协议》；

(15)《贸易相关的知识产权协议》；

(16)《争端解决控制规则与程序协议》；

(17)《政府采购协议》；

(18)《国际牛肉协议》。

第 102 条　协议与美国法律和州法的关系

（a）协议与美国法律的关系。

（1）冲突中的美国法律优先权。——无论对于任何人或在任何情况下，如果《乌拉圭回合协议》中的任一条款或此类条款的应用违反了美国法律，它都将无法生效。

（2）解释。——本法的任何规定不得被解释为：

（A）修订或修改美国的任何法律，包括与以下内容相关的法律——

（i）对人类、动物或植物的生命或健康的保护，

（ii）对环境的保护，或

（iii）工人的安全，或

（B）目的是为了限制包括 1974 年《贸易法案》第 301 条在内的美国法律赋予的任何权利，除非在本法中有特别规定。

（b）协议与州法的关系。——

（1）联邦—州协商。——

（A）总论。——在本法案颁布之后，总统应当通过 1984 年《关税与贸易协定》[19U.S.C. 2114c(2)(A)]第 306 条第(c)款第(2)项第(A)目建立的政府间贸易政策咨询委员会，为实现国家法律和惯例与和《乌拉圭回合协议》相符合，与各州展开讨论。

（B）联邦—州协商流程。为解决与《乌拉圭回合协议》直接相关，或对各州有潜在影响的问题，贸易代表应在美国贸易代表办公室的框架内建立联邦—州协商流程。联邦—州协商流程应包括以下程序——

（i）将不断向各州通报《乌拉圭回合协议》中与各州直接相关，或对各州有潜在影响的事务；

（ii）各州将有机会不断向贸易代表提交有关第(i)段所述事项的信息和建议；以及

（iii）在确定与第(i)段有关事务的美国立场时，贸易代表将考虑第(ii)段中所述的从各州收到的信息与建议。

《联邦咨询委员会法》(5 U.S.C.App.)不适用于本款规定的联邦—州协商过程。

（C）世界贸易组织争端解决中的联邦—州合作。

（i）当一个 WTO 成员要求，在与第 101 条第(d)款第(16)项相关的《争端解决规则与程序谅解》第 4 条(本条款下文中简称为"《争端解决谅解》")的框架下，就"本国法律是否与《乌拉圭回合协议》的任何条款中美国所承担的义务一致"的问题，与美国进行磋商时，贸易代表应当在请求被接受后，尽快且无论如何不得迟于 7 天的时间内，通知州长、州长指定人员以及管辖范围内的涉及法律磋商主题的首席司法官员；

（ii）收到此类磋商请求的 30 天内，贸易代表应就该事务与州代表进行磋商。如果磋商涉及大量的州法，贸易代表可以与一个由这些州派出的有关代表团进行磋商；

（iii）贸易代表应当尽一切努力，确保在与该事务有关的接下来的每一阶段的磋商或争端解决程序中，有关州参与了美国立场的发展。特别需要指出的是，贸易代表应该——

（I）在一个 WTO 成员请求成立争端解决小组，或通知该 WTO 成员决定就该事项自争端解决小组提出上诉后,不超过 7 天的时间内,通知有关州。

(II) 在美国任何争端解决小组或与此事务有关的上诉机构,为进行书面或口头陈述准备相关事实资料和论证的过程中,为有关州提供建议或协助贸易代表的机会。

(iv) 如果争端解决小组或上诉机构发现有关州的法律与任何《乌拉圭回合协议》的条款不一致,贸易代表须与有关州进行磋商,以便达成一个双方都同意的对该小组或上诉机构关于此事务报告的回应,并且应该竭尽全力确保有关州参与制定美国在答复方面的立场。

(D) 给各州有关外国地方政府法规磋商的通知。——

(i) 根据上述第(ii)段,若要基于《争端解决规则与程序谅解》第 4 条就其他 WTO 成员的地方政府措施提出磋商要求,贸易代表应该在此前至少 30 天内通知并征求每个州的相应代表对此事的意见。

(ii) 在紧急情况下,第(i)段不适用,贸易代表应当在对第(i)段中所述情况提出磋商之后的 3 天之内,通知每个州的适当代表。

(2) 法律挑战。——

(A) 总论。——对于任何州法或法律的适用,如果美国没有提起诉讼以声明其无效,则无论任何人或在任何情况下,都不能以该法或法律的适用与《乌拉圭回合协议》不一致为理由而宣布其无效。

(B) 程序管理诉讼。——在第(A)目中描述的,由美国针对一个州及其任何分支机构所提起的诉讼中:

(i) 由一个争端解决小组或在《争端解决谅解》下组成的上诉机构所作出的,关于州法或任何行政区法律的报告,不得被视为具有约束力或以其他方式给予尊重;

(ii) 美国有责任证明作为诉讼主体的法律或法律适用与有关协议不一致;

(iii) 任何可能在诉讼中利益受损或受阻碍的州,作为当事方应无条件拥有干预诉讼的权利,同时美国应有权修改包括此类干预的索赔或交叉索赔在内的诉讼请求;以及

(iv) 任何被宣布无效的州法,在法庭裁定已最终生效并且对该裁定包括酌情审查在内的所有及时上诉已用尽之前的实施期间,不应被视为无效。

（C）给国会委员会的报告。——在美国提起第（A）目中所述诉讼至少 30 天之前，贸易代表应当向众议院委员会和参议院财政委员会提交报告——

（i）描述被提起的诉讼；

（ii）描述为通过其他方式解决有关州的问题，贸易代表所作出的努力；以及

（iii）如果有关州法是根据《争端解决谅解》进行磋商的主题，证明贸易代表已经充分遵守了与此事务相关的第（1）项第（C）目的要求。

在提交报告之后，提出诉讼之前，贸易代表应当同前文中提到的与此事务有关的委员会进行磋商。

（3）对州法的定义。——出于本款目的——

（A）"州法"包括——

（i）一个州行政地区的任何法律；以及

（ii）对保险业征税或规管的任何州法；以及

（B）术语"争端解决小组"和"上诉机构"的定义已在第 121 条给出。

（c）关于私力救济的协议的效果——

（1）限定。——除美国之外不得有其他人——

（A）凭借《乌拉圭回合协议》或通过此协议的国会批准，作为一切诉讼或抗辩的理由；

（B）挑战根据任何法律规定提起的诉讼，或在美国、任何州或行政区的任何部门、机构或其他媒介的与此协定不一致的诉讼或非诉讼。

（2）国会意向。——第（1）项中所述国会意向，即控制所有与《乌拉圭回合协议》有关或与诉讼或抗辩相关的领域，包括阻止除美国之外的任何人提起针对任何州或行政区的任何诉讼，以及杜绝根据或与《乌拉圭回合协议》有关的州法适用提出的任何抗辩——

（A）在根据任何此协议提起的诉讼中美国所获裁定的基础上，或者

（B）根据任何其他依据。

（d）行政诉讼的声明。——国会根据第 101 条第（a）款所通过的行政诉讼的声明，应当被视为美国在对《乌拉圭回合协议》的解释和应用及其相关问题的司法程序中的权威性表述。

第 103 条　在生效前履行诉讼权；法规

（a）履行诉讼权。——在本法案颁布日期之后——

（1）总统可以宣布这些诉讼，并且

（2）美国其他相关政府官员可发布此类规定，

有必要确保本法案的所有规定或修订，在《乌拉圭回合协议》中关于美国的有效部分已被恰当实施之后的当日生效。此类公告或规定的生效日期不能早于本协定中关于美国的部分生效之日。

（b）法规。——为实施第 101 条第（d）款第（7）项、第（12）项或第（13）项中所述协定，必要或适合于执行第 101 条第（a）款通过的"行政诉讼声明"中提议的一切诉讼的相关暂行条例，应当在本协议于美国生效的一年内被颁发。

附录 K　尾注

1. 本附录包括《乌拉圭回合协议法案》的条款，Pub. L. No. 103—465，108 Stat. 4809，未修改《美国法典》第 17 编。

附录 L 《关税与贸易总协定》(GATT)/《贸易相关的 知识产权协议》(TRIPs),第 II 部分[1]

* * * * * * *

第 6 条 集成电路布图设计(拓扑图)

* * * * * * *

第 35 条 与《集成电路知识产权协议》 (IPIC 协议)的关系

各成员一致同意,按照《集成电路知识产权协议》第 2—7 条(除了第 6 条第 3 段)、第 12 条和第 16 条第 3 段,对集成电路布图设计(拓扑图)(以下简称"布图设计")提供保护,并遵守以下规定。

第 36 条 保 护 范 围

根据以下第 37 条第 1 段,如果未获得权利人授权[2],各成员应当将以下行为判定为非法:引进、出售或出于商业目的而经销一些受保护的布图设计,含有受保护的布图设计的集成电路,或含有这样一个集成电路的数位板(该集成电路持续包含一个非法复制的布图设计)。

第 37 条 无需获得权利人授权的行为[3]

1. 尽管有上述第 36 条的规定,但如果一个人在不知道或没有途径了解到相关条款的情况下,做出了"订购集成电路或包含此类集成电路(该集成电路持续包含一个非法复制的布图设计)的数位板"的行为,则各成员不应将此视为违法行为。在一个人已收到布图设计为非法复制的充分警告时,他可能在此之前已经做出存货或订购的行为;此人有责任付给权利人一笔金额合理的版税,例如就此布图设计而言根据自由谈判许可支付。

2. 对于第 31 条第(a)款和第(k)款中的以上情况,如果关于此布图设计或其使用是非自愿许可的,且是在未获得权利人授权的情况下由政府使用,则应当作必要的修正。

第 38 条　保 护 期 限

1. 在要求把注册作为保护条件的成员中,布图设计的保护期限,自提交申请注册之日或在世界任何地方发生的首次商业利用之日起,不得在十年的截止日期内结束。

2. 在不要求把注册作为保护条件的成员中,从世界任何地方发生的首次商业利用之日起,布图设计被保护的期限应不少于十年。

3. 尽管有上述第 1 段和第 2 段的规定,各成员仍应规定,在布图设计创作15 年后,保护应当失效。

附录 L　尾注

1. 对《贸易相关的知识产权协议》(TRIPs)与《美国法典》第 17 编关系的解释,见之前的第 9 章尾注 8 的第 2 段。

2. 第 36 条包含脚注 9:“本条中术语‘权利人’应被理解为与《集成电路知识产权协议》(IPIC 协议)中的术语‘权利人’一样的含义。”IPIC 协议于 1989 年 5 月 26 日在华盛顿签署,也被称为《集成电路知识产权协议》。

3. 见之前的尾注 2。

附录 M　"《伯尔尼公约》作品"的定义

1998 年,《世界知识产权组织表演和录音制品条约》(WPPT)从第 101 节中删除了对于"《伯尔尼公约》作品"的定义。[1] Pub. L. No. 105—304, 112 Stat. 2861.被删除的"《伯尔尼公约》作品"的定义如下:

如果作品满足以下条件,将被视为"《伯尔尼公约》作品"——

(1) 如果是未出版的作品,一名或多名作者的国籍隶属于遵守《伯尔尼公约》的国家;或已出版的作品,在其最初发表之时的一名或多名作者的国籍隶属于遵守《伯尔尼公约》的国家;

(2) 作品最初在一个遵守《伯尔尼公约》的国家出版,或同时在一个遵守《伯尔尼公约》的国家和其他不遵守《伯尔尼公约》的国家第一次出版;

(3) 如果是音像作品——

(A) 如果其一个或多个作者是法人组织,且在一个遵守《伯尔尼公约》的国家设有总部;或者

(B) 如果其一个或多个作者是独立个体,作者定居于或惯常居住于一个遵守《伯尔尼公约》的国家;或者

(4) 如果图画、图形或雕塑作品,是一栋建筑或其他建筑物的一部分,且这栋建筑或建筑物位于一个遵守《伯尔尼公约》的国家;或者

(5) 如果是在一栋建筑中所包含的建筑作品,且这栋建筑被建立在一个遵守《伯尔尼公约》的国家。

对于第(1)项,一位定居于或惯常居住于一个遵守《伯尔尼公约》的国家的作者,将被视为那个国家的国民。对于第(2)项,如果作品在两个或多个国家出版的日期间隔在 30 天之内,将被视为同时出版。

附录 M　尾注

1. 关于"《伯尔尼公约》作品"定义的立法历史,参见前述第 1 章尾注 2。

后　记

我最终还是决定,以流水账的形式记录下翻译这些文字中发生的事,一是为了对参与了该译丛翻译出版者的辛勤工作,留下一点记忆;二是为了总结自己翻译过程中的心路历程,明晰我自己所走过的路原来是这样的。

2007年我留校工作,一直进行出版领域的研究,偶尔也会涉足到文化产业和数字人文领域。研究让我意识到:如果无法建构"利益均衡的版权法体系",中国的出版业乃至文化创意产业的健康、持续发展,是难以实现的。意识到这一问题,其实一点也不用刻意和"深刻",大凡是在文化产业领域谋求发展的企业都有这样的认识。因研究需要,在阅读版权相关研究文献的时候,我脑海中永远挥之不去的一个问题是:为什么动辄七八百页的版权法法条,永远只有几条被反复引用?本引用法条的前后文是什么样的?设定该法条的考量因素是什么?在我的观念里,因为中外制度环境、产业环境乃至技术环境的差异,弄清楚设定该法条的考量因素,往往比知道具体的法条如何规定更有启发意义。

版权法的先行者们曾经翻译过英美等国家的版权法,这为我国版权法的制定起到了重要的借鉴作用。但自20世纪80年代末期以来,因为数字技术浪潮的冲击,西方主要发达资本主义国家的版权法都先后进行了比较系统的调整,以重新建构"符合数字技术时代需求的、利益均衡的版权体系",并把其看作是关乎文化创意产业发展的关键性、基础性政策。对这些新法条和版权相关文件,我国还缺乏系统的翻译。

面对这种情况,我产生了翻译的冲动。当时我的想法很简单,和有志于此的几个学生一起为完善我国版权法律制度做一点力所能及的事情,即使翻译得不好,让专家来批评,并引起社会对版权法翻译的重视也是好的。后来才发现,版权法的翻译是十分专业的,即使大家很努力,也根本无法胜任这个工作。在这种情况下,幸亏几位翻译者王智丽、王灵丽、杨丽娟、马作鹏等人的加入和付出，才顺利地完成该译丛的初稿。

一天晚上，郑纳新先生给我打来电话，意思是东方出版中心可以出版这套译丛，问我有什么想法。我后来才知道，纳新先生是从我的学生那里知道我正在从事这方面的工作。能有什么想法呢？在学术著作出版需要"缴费"的情况下，法律译丛能入纳新先生的"法眼"，就足以说明他跟我还是有点"臭味相投"。不仅如此，纳新先生还委派东方出版中心十分优秀且富有工作经验的资深编辑张爱民、朱荣所两位先生具体负责该译丛的编辑与出版。团队希望译丛有一个引领性的序言，于是"大胆"地向阎晓宏先生发出邀请，希望他能为我们这次"存在诸多遗憾"的努力作个"序"，我们十分荣幸地得到了阎晓宏先生的肯定答复。

初稿完成后，修订工作持续了两年多的时间，我在上面提到的这些前辈、同仁和朋友，都为尽可能地提高翻译的质量在作着自己的努力。终于，在两位编辑的不断"催促"下，也在原国家新闻出版总署法规司司长王自强、复旦大学法学院教授马忠法等人的审定下，这套译丛才得以定稿。与此同时，我所在的复旦大学新闻学院领导米博华、张涛甫、尹明华、周晔诸先生，以及复旦大学国家文化创新中心孟建先生，都给本译丛的出版予以大力的支持，在此表示衷心的感谢！

我对版权法的了解不深，在翻译完这些重要的版权法文件之后，我深刻认识到这一点。如果研究本身存在"缘分"，我还想继续翻译"一带一路"沿线国家的版权法。当然，我们更期待国内的有识之士尤其是版权研究专家能够牵头翻译，从而为完善我国的版权法体系作出贡献。

张大伟

2019 年 4 月